# 기초 스페인어 1

# 기초 스페인어 1

Español básico 1

초판 1쇄 발행 2024년 10월 18일
초판 2쇄 발행 2026년 2월 9일

지은이 손지은·오민욱·정원석·황지희

펴낸곳 서울대학교출판문화원
주소 08826 서울 관악구 관악로 1
도서주문 02-889-4424, 02-880-7995
홈페이지 www.snupress.com
페이스북 @snupress1947
인스타그램 @snupress
이메일 snubook@snu.ac.kr
출판등록 제15-3호

ISBN 978-89-521-3917-7 04770
978-89-521-3918-4 (세트)

Español básico 1

# 기초 스페인어 1

손지은 · 오민욱 · 정원석 · 황지희 지음

서울대학교출판문화원

# 머리말

근래 생성형 AI의 발전과 함께 대학 교육, 특히 외국어 교육의 목적과 효용성에 대한 다양한 방향의 논의가 진행되고 있다. 이와 함께 여러 인터넷 번역서비스가 상용화되면서 외국어 교육에 관한 논의도 본격적으로 대두되기 시작했다. 이 논의는 한국 사회에서 영어를 제외한 외국어의 수요가 충분하지 않다는 문제 제기를 중심으로 형성되어 왔다.

이와 같은 문제 제기는 대부분 외국어 교육을 통번역의 관점에서만 바라보는 시각에 기반하고 있다. 만약 외국어 교육의 목표를 메시지의 기계적 전달로 가정한다면, 외국어 교육 무용론은 일견 타당해 보이기도 한다. 하지만 의사소통은 단지 기계적 메시지의 교환으로 한정할 수 없다. 언어는 한 문화를 구성하는 가장 중요한 축이자 우리가 세계를 인식하는 창이다. 따라서 외국어 학습은 단순히 상대의 메시지를 이해하기 위한 수단이 아니라, 다른 사회의 문화를 이해하기 위한 필수적인 과정이다.

대학 교육 전반에 관한 논의와 노력을 통해 이제는 대학을 단순히 지식을 전수받는 장소로 한정하지 않는다. 이제 우리 사회는 대학을 학생들 스스로 필요한 지식의 종류와 범위를 선택하고, 이를 상황에 맞게 구성하는 능력을 기르는 경험의 장으로 만들고자 노력하고 있다. 이와 같은 흐름에서 외국어 교육은 타문화를 이해하기 위한 지식을 습득하고 이를 문화적 맥락에 따라 재구축하는 경험을 제공함으로써 앞서 언급한 대학의 기능을 가장 잘 구현하는 교육 모델을 제시할 수 있다.

이러한 맥락에서 본 교재는 대학에서 외국어를 배우는 목적을 재고하고, 현재 우리 사회에 필요한 스페인어 교육을 제시하고자 기획되었다. 학습자는 플립드러닝 방식으로 강의실 밖에서 문법 지식과 어휘를 익히고, 강의실 안에서 다양한 활동을 통해 언어를 직접 활용해 볼 수 있을 것이다. 이 과정을 통해 문법 지식을 반복·기계적으로 연습하는 데 그치지 않고, 스스로 언어 처리 능력을 강화하여 학우들과의 소통 능력을 확장할 수 있다.

지금도 스페인어의 위상은 영어·중국어와 더불어 가장 중요한 국제어로 평가받는 수준에 있다. 이는 스페인어 학습을 통해 다양하고 폭넓은 문화를 경험하고 언어의 지평을 넓힐 수 있음을 의미한다. 본 교재를 활용하는 학습자들이 스페인어를 즐겁게 익히면서 언어와 문화 이해의 지평을 확장하는 기회를 얻게 되길 기대한다.

2024년 10월

저자 일동

# 교재 활용법

- 본 교재는 12개의 UNIDAD으로 구성되어 있으며 각 UNIDAD은 2개의 PARTE로 이루어져 있습니다.
- 각 PARTE는 한 수업(75분 기준)에 운영될 수 있도록 기획되었습니다.
- 각 PARTE는 문화 이해(CLAVES CULTURALES), 대화(DIÁLOGO), 활동(ACTIVIDADES), 복습(RECAPITULACIÓN) 등 주로 네 부분으로 구성되어 있습니다.
- 이 교재는 플립드러닝(Flipped Learning) 방식의 수업에 적합하도록 설계되었습니다. 수업 전후 복습(RECAPITULACIÓN)을 충분히 익혀, 본 교재를 보다 효과적으로 활용할 것을 권장합니다.

## A. CLAVES CULTURALES

- 스페인어권의 문화 현상을 간략하게 제시하는 부분입니다.
- 적정 소요 시간은 5분 내외입니다.

## B. DIÁLOGO

- 각 UNIDAD의 학습 목표를 기반으로 작성된 대화문을 읽고, 긴 텍스트를 이해하고 발음을 연습하도록 기획되었습니다.
- 본문(TEXTO), 어휘(VOCABULARIO) 및 문법(GRAMÁTICA), 이해(COMPRENSIÓN), 발음(PRONUNCIACIÓN) 4단계로 구성됩니다.
- 본문(TEXTO)은 일상생활에서 일어날 수 있는 에피소드로 구성되어 있으며, 학습자에게 다양한 어휘와 구문을 제공합니다.
- 어휘(VOCABULARIO) 및 문법(GRAMÁTICA)에서는 본문을 이해하기 위한 최소한의 어휘와 문법 내용을 제시합니다. 이 중 문법 내용은 각 PARTE의 마지막에 있는 복습(RECAPITULACIÓN)에서 자세하게 다룹니다.
- 이해(COMPRENSIÓN)는 학습자 스스로 긴 텍스트를 소화하는 능력을 기를 수 있도록 기획되었으며, 어휘 학습과 내용 이해 단계로 구성됩니다.

- 발음(PRONUNCIACIÓN)은 학습자 스스로 대화문을 읽고, 스페인어 발음에 익숙해지도록 구성되었습니다.
- 적정 소요 시간은 15분 내외입니다.

## C. ACTIVIDADES

- 학습자가 해당 UNIDAD의 주요 어휘, 구문, 문법을 직접 활용할 수 있도록 기획된 부분으로, 다양한 활동을 제시합니다.
- 한 PARTE는 주로 2개의 활동으로 구성됩니다.
- 학습자가 활동 내용을 직관적으로 이해할 수 있도록 단계(STEP)를 나누어 상세히 설명합니다.
- 활동의 효과적인 진행을 위해 단계별 수행 인원을 다음과 같이 〈개별활동〉(1명), 〈짝활동〉(2명), 〈모둠활동〉(4명)으로 나눠서 구성하였습니다.
- 활동 중 하나는 개인이나 짝 혹은 모둠이 작성한 1~2개의 문장을 온라인 플랫폼(예: eTL 등)에 게재하여, 수업의 전체 구성원과 피드백을 주고받을 수 있도록 구성되어 있습니다.
- 한 활동당 적정 소요 시간은 25분 내외입니다.

## D. RECAPITULACIÓN

- 수업 시간에 자세히 다루지 못한 문법 내용을 예·복습할 수 있는 부분입니다.
- 문법(GRAMÁTICA)과 예습(PREPARACIÓN)으로 구성됩니다.
- 문법(GRAMÁTICA)은 대화(DIÁLOGO)와 활동(ACTIVIDADES)에 활용된 문법 내용을 상세히 설명하고 충분한 예시를 제공합니다.
- 예습(PREPARACIÓN)은 다음 수업에서 활용될 필수 문법 및 어휘를 제시하므로 반드시 수업 전에 숙지하고 수업에 참여하시기 바랍니다.

## 교재 구성표

| 단원 | 소단원 | 문화 |
| --- | --- | --- |
| UNIDAD 1<br>Alfabeto y pronunciación | PARTE I Alfabeto | • 스페인어(Español) |
| | PARTE II Pronunciación | • 스페인 왕립 학술원<br>(Real Academia Española, RAE) |
| UNIDAD 2<br>¿Quién eres?<br>Soy Javier. | PARTE I Saludos y presentaciones | • 인사(Saludos) |
| | PARTE II Descripciones | • 스페인어권 나라들<br>(Los países hispanohablantes) |
| UNIDAD 3<br>¿Cómo estás?<br>Estoy bien. | PARTE I Estados y ubicaciones | • 키오스크(Quiosco) |
| | PARTE II El mapa de la universidad | • 중앙 광장(Plaza mayor) |
| UNIDAD 4<br>¿Tienes hambre?<br>Sí, tengo mucha hambre. | PARTE I Varias expresiones con el verbo TENER | • 엠파나다(Empanada) |
| | PARTE II En mi bolso | • 엘고르도 복권(El Gordo) |
| UNIDAD 5<br>¿Qué haces hoy?<br>Voy al cine. | PARTE I La vida cotidiana | • 몰레(Mole) |
| | PARTE II Organizar un plan semanal | • 치차 모라다(Chicha morada) |
| UNIDAD 6<br>¿Qué te gusta hacer?<br>Me gusta ver series. | PARTE I ¿Qué te gusta hacer? | • 타파스(Tapas) |
| | PARTE II ¿Puedo traer mi tableta a clase? | • 망자의 날(El Día de Muertos) |

| | 학습 목표 |
|---|---|
| | 1 스페인어 알파벳을 익힌다.<br>2 스페인어의 강세 규칙을 이해하고 정확하게 구사할 수 있다.<br>3 스페인어 텍스트를 소리 내어 읽을 수 있다. |
| | 1 스페인어권의 인사 문화를 이해하고 스페인어로 인사를 나눌 수 있다.<br>2 나와 타인을 소개하는 스페인어 표현을 사용할 수 있다.<br>3 성격이나 신체 특징을 스페인어로 표현할 수 있다. |
| | 1 기분 및 상태와 위치에 관해 묻고 답할 수 있다.<br>2 의문문을 정확하게 사용할 수 있다.<br>3 SER와 ESTAR 동사의 기본적인 차이를 이해하고 비교할 수 있다. |
| | 1 TENER 동사를 활용하여 다양한 표현을 할 수 있다.<br>2 스페인어로 0부터 30까지의 숫자를 말할 수 있다.<br>3 사람이나 사물에 대해 더욱 풍부하게 묘사하고 소개할 수 있다. |
| | 1 요일에 관련된 어휘를 익히고 일상생활을 표현할 수 있다.<br>2 동사의 현재형을 정확하게 활용할 수 있다.<br>3 부사를 활용하여 풍부한 의미로 동사를 사용할 수 있다. |
| | 1 GUSTAR 동사를 활용하여 나의 기호를 표현할 수 있다.<br>2 PODER와 QUERER 동사를 활용하여 할 수 있는 일과 하고 싶은 일을 표현할 수 있다.<br>3 전치사 para와 por를 적절하게 사용할 수 있다. |

| 단원 | 소단원 | | 문화 |
|---|---|---|---|
| UNIDAD 7<br>¿Adónde quieres viajar estas vacaciones?<br>Quiero viajar por España. | PARTE I | Un viaje por los países extranjeros | • 마테(Mate) |
| | PARTE II | Sé manejar autos. | • 반데하 파이사(Bandeja paisa) |
| UNIDAD 8<br>¿Con quién vas a pasar las Navidades?<br>Voy a pasarlas con mis amigos. | PARTE I | Mis vacaciones de Navidad | • 캘리포니아 선교회<br>(Las misiones en California) |
| | PARTE II | El Estadio Camp Nou está abierto casi todo el año. | • 히스패닉(Hispano, na) / 라티노(Latino, na) / 치카노 (Chicano, na) |
| UNIDAD 9<br>¿Dónde estás estudiando?<br>Estoy estudiando en la biblioteca. | PARTE I | ¿Qué estás haciendo ahora? | • 오늘의 메뉴(Menú del día) |
| | PARTE II | ¿Qué hay en esta tienda? | • 스페인어권 특산품<br>(Los productos típicos de los países hispanohablantes) |
| UNIDAD 10<br>¿Qué hiciste en Cancún?<br>Fui a la playa. | PARTE I | ¿Cómo pasaste el fin de semana? | • 핀쵸(Pincho) |
| | PARTE II | Mis vacaciones de verano / invierno | • 식사가 포함된 숙박<br>(Pensión completa) |
| UNIDAD 11<br>¿Disfrutaste mucho tu primer año de universidad? Sí, bastante. | PARTE I | La vida universitaria del semestre pasado | • 시험 성적<br>(Notas de exámenes) |
| | PARTE II | La narración de los hechos históricos | • 팁(Propina) |
| UNIDAD 12<br>¿Qué hacías de pequeño?<br>Iba al parque de atracciones con mis padres. | PARTE I | Recuerdos de la niñez | • 은행 업무시간<br>(El horario de los bancos) |
| | PARTE II | Amistades de la secundaria | • 하루 다섯 번 식사<br>(Comer cinco veces al día) |

| | 학습 목표 |
|---|---|
| | 1 현재 시제를 활용해 계획을 표현할 수 있다.<br>2 SABER와 CONOCER 동사를 정확하게 활용할 수 있다.<br>3 목적격 대명사를 적절하게 사용할 수 있다. |
| | 1 가까운 미래에 대한 표현을 정확히 사용할 수 있다.<br>2 건강에 관해 다양한 어휘를 활용하여 대화할 수 있다.<br>3 과거분사의 쓰임을 이해하고 활용할 수 있다. |
| | 1 현재분사 형태를 익히고 의사소통에 활용할 수 있다.<br>2 HABER 동사의 hay 형태를 이해하고 사용할 수 있다.<br>3 시간 표현을 활용할 수 있고, 물건의 가격을 묻고 답할 수 있다. |
| | 1 완료된 과거의 행위에 대해 표현할 수 있다.<br>2 단순과거를 적절하게 사용할 수 있다.<br>3 과거의 여행 경험을 이야기할 수 있다. |
| | 1 대학생활의 일상적 경험을 단순과거로 서술할 수 있다.<br>2 역사적 사건이나 사실을 정확히 표현할 수 있다.<br>3 과거의 특정 시점에서 발생하고 완료된 동작을 표현할 수 있다. |
| | 1 과거의 습관이나 반복 행동에 대해 이야기할 수 있다.<br>2 과거의 사건이나 상황을 묘사할 수 있다.<br>3 과거의 특정 시점에 진행되었던 동작이나 상태를 표현할 수 있다. |

# 차례

UNIDAD 01

# Alfabeto y pronunciación

PARTE I Alfabeto

PARTE II Pronunciación

A B C D E F G H I
J K L M N Ñ O P Q
R S T U V W X Y Z

*a b c d e f g h i j k l m n ñ*
*o p q r s t u v w x y z*

## OBJETIVOS

1 스페인어 알파벳을 익힌다.

2 스페인어의 강세 규칙을 이해하고 정확하게 구사할 수 있다.

3 스페인어 텍스트를 소리 내어 읽을 수 있다.

# PARTE I Alfabeto

## A. CLAVES CULTURALES

© Day Translation Team

### ◆◆◆ 스페인어(Español)

- 스페인어는 현재 전 세계 약 5억여 명이 사용하고 있습니다.
- 스페인어는 라틴어에서 파생된 언어를 의미하는 로망스어군에 속합니다. 로망스어군에는 스페인어 외에 루마니아어, 이탈리아어, 포르투갈어, 프랑스어 등이 있습니다.
- 스페인어의 특징으로는 명확한 발음 체계, 강세의 사용, 성수가 구분되는 명사 및 형용사, 격식체(높임 표현)의 사용, 주격 대명사의 생략 경향 등이 있습니다.
- 스페인어는 전 세계 많은 사람들이 사용하는 만큼 지역별로 다양한 차이를 보입니다. 특히 어휘나 발음의 차이가 두드러지는 경우가 많습니다. 본 교재는 지역별 차이를 최대한 존중하고 있습니다.

## B. ACTIVIDADES

### 1. 스페인어 알파벳 익히기

**Step 1.** 녹음을 듣고 다음 표의 스페인어 알파벳 이름을 따라 읽어 봅시다.

| A a | B b | C c | D d | E e | F f | G g | H h | I i |
|---|---|---|---|---|---|---|---|---|
| a | be | ce | de | e | efe | ge | hache | i |
| **J j** | **K k** | **L l** | **M m** | **N n** | **Ñ ñ** | **O o** | **P p** | **Q q** |
| jota | ka | ele | eme | ene | eñe | o | pe | cu |
| **R r** | **S s** | **T t** | **U u** | **V v** | **W w** | **X x** | **Y y** | **Z z** |
| erre | ese | te | u | uve | uve doble | equis | ye | zeta |

- 스페인어 알파벳은 영어 알파벳 구성과 유사합니다. 스페인어에서만 사용되는 알파벳으로는 Ñ ñ (eñe)가 있습니다.
- 스페인어 자음에는 거센소리(예: ㅍ, ㅌ, ㅋ)보다 **된소리(예: ㅃ, ㄸ, ㄲ)**에 가까운 발음이 많습니다. 유의해서 읽어 봅시다.
- 스페인어 모음에 해당하는 알파벳은 a, e, i, o, u 총 5개입니다. 아, 에, 이, 오, 우와 유사한 소리입니다.
- 음절은 한번에 발음할 수 있는 최소 단위입니다. 스페인어에서 하나의 음절은 주로 (자음) + 모음 + (자음) 구조로 형성됩니다. 본 교재에서는 마침표(.)로 음절을 구분합니다.

- 스페인어 모음은 강모음(a, e, o)과 약모음(i, u)으로 나뉩니다. 강모음과 약모음이 함께 나타나면 이중모음화됩니다. 강모음과 강모음이 연속으로 나타나면 이중모음이 아닌 2개의 서로 다른 음절로 구분됩니다.

| 유형 1 | 이중모음 예시 |
|---|---|
| 강모음 + 약모음 | ai.re, au.tor, bai.le, rei.na |
| 약모음 + 강모음 | a.gua, bue.no, cie.lo, i.dio.ma, pia.no, puer.ta |
| 약모음 + 약모음 | ciu.dad, cui.da.do |
| 유형 2 | 음절구분 예시 |
| 강모음 + 강모음 | po.e.ta, po.se.er, ra.íz, re.ír |

- 약모음 + 강모음 + 약모음 형태로 구성된 삼중모음도 있습니다. 주로 2인칭 복수 동사활용형에 나타납니다.

  예 estudiáis, Paraguay, Uruguay

- y가 모음 뒤에 오면 약모음 i와 유사한 기능을 합니다. ay, ey, oy, uy는 아이, 에이, 오이, 우이와 유사한 소리가 나지만, ai, ei, oi, ui와 같이 이중모음화되어 하나의 음절을 구성합니다.

  예 rey, doy, muy

- ya, ye, yi, yo, yu와 같이 y가 모음 앞에 오면 야, 예, 이, 요, 유와 유사한 소리가 납니다. y는 지역이나 화자에 따라 약한 마찰이 있는 'ㅈ'으로 발음되기도 합니다.

  예 ya, Yemen, yoga, ayuda

## 2. 스페인어 발음 연습하기

**Step 1.** 다음 예시(MODELO)에는 발음 연습을 위한 단어의 음절 분해와 그에 대응하는 한국어 발음 표기가 제시되어 있습니다. 예시와 같이 '스페인어의 알파벳' 표의 단어를 음절 단위로 나눠 봅시다.

**Step 2.** Step 1에서 음절 단위로 나눈 단어를 소리 내어 읽어 봅시다. ch, ll, rr는 스페인어 공식 알파벳 리스트에는 제시되지 않지만 초급 학습자에게 연습이 필요한 발음입니다. 유의하여 읽어 봅시다.

**MODELO**

| 단어 | 음절 단위 분해: (자음) 모음 (자음) | 한국어 발음 표기 |
|---|---|---|
| abuela | a.bue.la | [아.부엘.라] |
| amigo | a.mi.go | [아.미.고] |
| casa | ca.sa | [까.사] |

## 스페인어의 알파벳

<table>
<tr><th>알파벳</th><th>단어</th><th colspan="2">뜻</th></tr>
<tr><td rowspan="2">a</td><td>abuelo, abuela</td><td colspan="2">할아버지, 할머니</td></tr>
<tr><td>amigo, amiga</td><td colspan="2">친구</td></tr>
<tr><td rowspan="2">b</td><td>autobús</td><td colspan="2">버스</td></tr>
<tr><td>Barcelona</td><td colspan="2">바르셀로나</td></tr>
<tr><td rowspan="5">c</td><td>ca [까]: casa</td><td colspan="2">집</td></tr>
<tr><td>co [꼬]: comida</td><td colspan="2">음식</td></tr>
<tr><td>cu [꾸]: Cuba</td><td colspan="2">쿠바</td></tr>
<tr><td>ce [쎄]: celular</td><td>핸드폰</td><td rowspan="2">자음 'c'가 모음 'e, i'와 결합할 때 스페인 중북부 지방에서는 주로 [θe], [θi]로 발음하고, 대부분의 라틴아메리카 국가에서는 [se], [si]로 발음합니다.</td></tr>
<tr><td>ci [씨]: cine</td><td>영화관</td></tr>
<tr><td rowspan="3">ch</td><td>chaqueta</td><td colspan="2">자켓</td></tr>
<tr><td>chicle</td><td colspan="2">껌</td></tr>
<tr><td>chocolate</td><td colspan="2">초콜릿</td></tr>
<tr><td rowspan="2">d</td><td>doce</td><td colspan="2">12, 열둘</td></tr>
<tr><td>doctor, doctora</td><td colspan="2">의사, 박사 (학위자)</td></tr>
<tr><td rowspan="3">e</td><td>elefante</td><td colspan="2">코끼리</td></tr>
<tr><td>enero</td><td colspan="2">1월</td></tr>
<tr><td>estudiante</td><td colspan="2">학생</td></tr>
<tr><td rowspan="2">f</td><td>familia</td><td colspan="2">가족</td></tr>
<tr><td>febrero</td><td colspan="2">2월</td></tr>
<tr><td rowspan="5">g</td><td>ga [가]: gato, gata</td><td colspan="2">고양이</td></tr>
<tr><td>go [고]: goma</td><td colspan="2">고무, 지우개</td></tr>
<tr><td>gu [구]: gusto</td><td colspan="2">취향, 맛, 기쁨</td></tr>
<tr><td>ge [헤]: gente</td><td colspan="2">사람들</td></tr>
<tr><td>gi [히]: gimnasio</td><td colspan="2">헬스장, 체육관</td></tr>
</table>

| | | | |
|---|---|---|---|
| g | gue [게]: guerra | 전쟁 | |
| | gui [기]: guitarra | (악기) 기타 | |
| | güe [궤]: bilingüe | 이중언어 화자 | 모음 'u' 위에 점이 2개 있는 경우, 'ü'는 묵음이 아니며 '우' 모음이 뒤따라오는 모음과 함께 이중모음화됩니다. |
| | güi [귀]: pingüino | 펭귄 | |
| h | ahora | 지금 | 'h' 발음은 항상 묵음입니다. |
| | hospital | 병원 | |
| | hotel | 호텔 | |
| i | Iberia | 이베리아 | |
| | Inglaterra | 영국 | |
| j | jugo | 과일 주스 | |
| | julio | 7월 | |
| | junio | 6월 | |
| k | kilo | (무게 단위) 킬로그램 | |
| | kiwi | 키위 | |
| l | leer | 읽다 | |
| | libro | 책 | |
| ll | llave | 열쇠 | 'y'가 모음 앞에 오는 경우와 발음이 유사합니다. 'y'의 경우와 마찬가지로 한국어 'ㅈ'과 유사하게 발음하는 지역이나 화자도 있습니다. |
| | lluvia | (날씨) 비 | |
| m | madre | 어머니 | |
| | mesa | 테이블 | |
| n | Navidad | 성탄절 | |
| | noche | 밤 | |
| ñ | España | 스페인 | 스페인어에만 존재하는 알파벳으로, 'a, e, i, o, u'와 결합하여 '냐, 녜, 니, 뇨, 뉴'와 유사하게 발음됩니다. |
| | niño, niña | 어린이 | |
| o | ocho | 8, 여덟 | |
| | ojo | (신체 기관) 눈 | |
| p | padre | 아버지 | |
| | piano | 피아노 | |
| q | que [께]: quesadilla | (음식) 케사디야 | |
| | qui [끼]: quince | 15, 열다섯 | |

<table>
<tr><td rowspan="10">r</td><td>abril</td><td colspan="2">4월</td></tr>
<tr><td>barco</td><td colspan="2">(운송수단, 교통수단) 배</td></tr>
<tr><td>cara</td><td colspan="2">얼굴</td></tr>
<tr><td>pero</td><td colspan="2">그러나</td></tr>
<tr><td>radio</td><td>라디오</td><td rowspan="3">단어의 첫 자리에 오는 'r'은 단순히 'ㄹ'로 발음되지 않고 '르르(rr)'와 유사하게 발음됩니다.</td></tr>
<tr><td>regalo</td><td>선물</td></tr>
<tr><td>rosa</td><td>장미</td></tr>
<tr><td>alrededor</td><td>주변의</td><td rowspan="3">'l, n, s' 뒤에 오는 'r' 역시 '르르(rr)'와 유사하게 발음됩니다.</td></tr>
<tr><td>Enrique</td><td>(남성 이름) 엔리케</td></tr>
<tr><td>Israel</td><td>이스라엘</td></tr>
<tr><td rowspan="3">rr</td><td>carro</td><td colspan="2">자동차, 카트</td></tr>
<tr><td>error</td><td colspan="2">실수</td></tr>
<tr><td>perro, perra</td><td colspan="2">개</td></tr>
<tr><td rowspan="2">s</td><td>silla</td><td colspan="2">의자</td></tr>
<tr><td>sol</td><td colspan="2">태양</td></tr>
<tr><td rowspan="2">t</td><td>tarea</td><td colspan="2">숙제</td></tr>
<tr><td>tigre</td><td colspan="2">호랑이</td></tr>
<tr><td rowspan="2">u</td><td>uno</td><td colspan="2">1, 하나</td></tr>
<tr><td>Uruguay</td><td colspan="2">우루과이</td></tr>
<tr><td rowspan="2">v</td><td>Venezuela</td><td colspan="2">베네수엘라</td></tr>
<tr><td>vino</td><td colspan="2">와인</td></tr>
<tr><td rowspan="2">w</td><td>sándwich</td><td colspan="2">샌드위치</td></tr>
<tr><td>Taiwán</td><td colspan="2">타이완</td></tr>
<tr><td rowspan="3">x</td><td>examen</td><td colspan="2">시험</td></tr>
<tr><td>Texas</td><td colspan="2">텍사스</td></tr>
<tr><td>xilófono</td><td colspan="2">실로폰</td></tr>
<tr><td rowspan="2">y</td><td>yo</td><td colspan="2">나 (1인칭 단수)</td></tr>
<tr><td>yoga</td><td colspan="2">요가</td></tr>
<tr><td rowspan="3">z</td><td>Suiza</td><td>스위스</td><td rowspan="3">자음 'z'가 모음과 결합할 때 스페인 중북부 지방에서는 주로 [θa], [θe], [θi], [θo], [θu]로 발음하고, 대부분의 라틴아메리카 국가에서는 [sa], [se], [si], [so], [su]로 발음합니다.</td></tr>
<tr><td>zoo</td><td>동물원</td></tr>
<tr><td>zumo</td><td>과일 주스</td></tr>
</table>

## 3. 이름 정하고 소개하기

**Step 1.** 다음 표에 있는 이름을 음절 단위로 나누어 마침표(.) 부호로 구분해 봅시다.

**Step 2.** 〈모둠활동〉 돌아가면서 한 명씩 다음 표의 이름을 읽어 봅시다. 어색한 발음이 있다면 함께 이야기해 봅시다.

| | |
|---|---|
| 여성 이름 | Adriana, Alejandra, Alexa, Alicia, Ana, Andrea, Camila, Carmen, Cecilia, Celina, Constanza, Elena, Fátima, Gabriela, Irene, Isabela, Josefina, Leticia, Lorena, Lucía, Luisa, Luna, Margarita, María, Mariana, Marta, Mónica, Natalia, Olivia, Patricia, Paula, Rosa, Sara, Sofía, Teresa, Valentina, Valeria, Verónica, Ximena |
| 남성 이름 | Alejandro, Alfredo, Andrés, Antonio, Carlos, Daniel, David, Diego, Emiliano, Emilio, Emmanuel, Enrique, Fernando, Francisco, Gabriel, Gustavo, Iker, Javier, Jorge, José, Juan, Julio, Luis, Manuel, Mateo, Matías, Miguel, Nicolás, Pablo, Pedro, Rafael, Raúl, Ricardo, Roberto, Rodrigo, Rubén, Santiago, Sebastián |

**Step 3.** 〈모둠활동〉 Step 2의 표에서 각자 마음에 드는 이름을 5개 골라 봅시다. 원하는 이름이 없다면 인터넷에 스페인어 이름을 검색해도 좋습니다. 모둠별로 서로에게 가장 잘 어울리는 이름을 추천해 봅시다.

선호하는 이름: 1. ........................, 2. ........................, 3. ........................,

4. ........................, 5. ........................

선정된 나의 스페인어 이름: Me llamo ........................ .

## 4. 스페인어권의 유명인 찾기

**MODELO**

이름: Jorge Francisco Isidoro Luis Borges Acevedo
아버지 성: Borges
어머니 성: Acevedo
국적: 아르헨티나
직업: 작가
소개: 형이상학적인 주제의 단편소설 작가로 유명하며, 대표 작품집으로 『픽션들』, 『알렙』 등이 있다.

**Step 1.** 위의 예시(MODELO)처럼 스페인어권 유명인을 인터넷에서 검색해 보고, 이름과 성을 포함해 간략한 인물 정보와 사진을 찾아봅시다.

**Step 2.** 〈모둠활동〉 내가 찾은 유명인을 모둠원에게 소개해 봅시다.

## 5. 스페인어권 국가명 알아보기

**Step 1.** 교수자가 읽어 주는 스페인어권 국가명 5개를 듣고, 알파벳 철자를 추측하여 다음 표에 차례로 적어 봅시다.

**Step 2.** 이번에는 교수자가 불러 주는 국가명 5개의 알파벳 철자를 듣고, 다음 표에 받아 적어 봅시다.

| | Step 1. 받아쓰기 | Step 2. 알파벳 철자 |
|---|---|---|
| 1 | | |
| 2 | | |
| 3 | | |
| 4 | | |
| 5 | | |

**Step 3.** 〈짝활동〉 Step 1에서 적었던 국가명과 Step 2에서 받아쓴 알파벳 철자를 비교해 보고, 틀린 철자가 있는지 확인해 봅시다. 틀린 것이 있다면 그 이유를 짝과 함께 이야기해 봅시다.

**Step 4.** Step 1, 2에서 활용된 5개 국가의 수도를 인터넷에서 검색해 보고, Step 5의 표에 수도 이름(스페인어)과 예상 발음(한국어)을 적어 봅시다.

**Step 5.** 교수자가 올바른 발음으로 읽어 주는 수도 이름을 듣고, 실제 발음(한국어)을 적어 봅시다. 예상했던 발음과 실제 발음을 비교해 봅시다.

| | 수도 이름 | 예상 발음 | 실제 발음 |
|---|---|---|---|
| 1 | | | |
| 2 | | | |
| 3 | | | |
| 4 | | | |
| 5 | | | |

## 6. 단어 맞히기

**MODELO** 답: palabra

_ a _ a b _ a

A B C D E F G H I
J K L M N Ñ O P Q
R S T U V W X Y Z

맞춰야 할 단어(알파벳의 개수만큼 빈칸으로 표시):

A B C D E F G H I
J K L M N Ñ O P Q
R S T U V W X Y Z

**Step 1.** 〈모둠활동〉 **2. 스페인어 발음 연습하기**에서 연습한 단어를 모둠원 몰래 각자 하나씩 골라 봅시다.

**Step 2.** 〈모둠활동〉 모둠별로 서로가 선택한 단어를 추측해 봅시다. 이때 문제를 내는 사람은 선택한 단어의 철자가 몇 개인지 알려 주고, 단어를 맞추는 사람은 알파벳을 하나씩 추측하여 말해 봅시다.

**Step 3.** 〈모둠활동〉 모둠원이 추측한 알파벳이 문제 단어에 포함되어 있다면, 문제를 내는 사람은 해당 알파벳이 단어 내에 위치한 자리에 표시합니다. 그러나 추측한 알파벳이 포함되어 있지 않다면, 다음 알파벳 리스트에서 해당 알파벳을 지우고 왼쪽 하트를 하나씩 채워 나갑니다.

**Step 4.** 〈모둠활동〉 하트가 다 채워지기 전에 단어의 철자를 맞추면 모둠원이 이기고, 반대로 단어를 맞추기 전에 하트를 다 채우면 문제를 내는 사람이 이기는 게임입니다.

PARTE II **Pronunciación**

## A. CLAVES CULTURALES

© Biblioteca de la Real Academia Española

### 스페인 왕립 학술원(Real Academia Española, RAE)

- 스페인 왕립 학술원은 1713년에 설립된 기관으로, 스페인어의 표준화된 규칙과 사용 지침을 마련하고자 노력해 왔습니다.
- 스페인 왕립 학술원은 정기적으로 스페인어 사전(Diccionario de la lengua española, DLE)을 발간하고 있으며, 웹사이트(www.rae.es)를 통해 사전 서비스와 맞춤법 정보를 제공합니다.
- 스페인 마드리드에 본부를 두고, 스페인어권의 다른 학술원과 함께 스페인어 학술원 협회(Asociación de Academias de la Lengua Española, ASALE)를 운영하고 있습니다. 이 협회에는 미국과 필리핀의 학술원도 포함됩니다.

## B. ACTIVIDADES

### 1. 강세 소리 내어 읽기

**Step 1.** 다음 설명에 따라 강세 표시가 있는 단어를 소리 내어 읽어 봅시다.

- 강세는 단어 내의 특정 음절을 상대적으로 강하게 발음하는 것을 의미합니다.
- 스페인어 단어에는 일정한 규칙에 따라 강세가 부여됩니다.
- 강세 규칙을 따르지 않는 예외적인 경우에는 강하게 발음해야 하는 모음에 강세 부호를 표시합니다.
- 강세 표시는 모음에만 부여됩니다. (예: á, é, í, ó, ú)

| | |
|---|---|
| árbol | 나무 |
| bolígrafo | 볼펜 |
| jamón | 하몬(돼지 뒷다리를 소금에 절인 음식) |
| lámpara | 전등 |
| ópera | 오페라 |
| sofá | 소파 |
| televisión | 텔레비전 |
| teléfono | 전화기 |

**Step 2.** 다음 설명에 따라 강세 표시가 없는 단어를 소리 내어 읽어 봅시다.

- 단어에 별도의 강세 표시가 없을 경우에는 다음 표에서 설명하는 강세 규칙이 적용됩니다.
- 규칙 강세의 유형은 크게 두 가지입니다.
- 붉은색으로 표기된 σ 기호는 강세가 있는 음절을 의미합니다.

| 유형 | 세부 조건 | 예시 단어 |
|---|---|---|
| 끝에서 두 번째 음절에 강세 | • 모음 'a, e, i, o, u'로 끝나는 단어<br>• 자음 'n, s'로 끝나는 단어 | [σ. σ] casa, joven<br>[σ. σ. σ] verano, examen<br>[σ. σ. σ. σ] estudiante, cumpleaños |
| 마지막 음절에 강세 | • 'n, s'가 아닌 다른 자음으로 끝나는 단어 | [σ. σ] abril, arroz<br>[σ. σ. σ] caminar, libertad<br>[σ. σ. σ. σ] actividad, trabajador |

## 2. 음절과 강세 이해하기

**Step 1.** 다음 표에서 단어의 음절을 마침표(.)로 구분해 봅시다.

**Step 2.** 강세가 있는 음절을 밑줄로 표시해 봅시다.

| chico | mapa | cumpleaños | tomate | luna |
|---|---|---|---|---|
| bicicleta | agua | ciudad | libertad | facultad |
| clase | arroz | beber | actividad | tijeras |
| naranja | pastel | abril | paraguas | escuela |

- 스페인어에서 다음과 같이 bl, br, cl, cr, dr, fl, fr, gl, gr, pl, pr, tl, tr의 두 자음이 연속해서 올 경우 하나의 음절을 구성합니다.

  예 flor (꽃): flor 1음절
  fruta (과일): fru.ta 2음절
  libro (책): li.bro 2음절

- dl은 표준스페인어의 음절 구조에서 허용되지 않는 자음군으로, 하나의 음절을 이루는 두 자음 연속 형태로 사용되지 않습니다.

- tl은 주로 고유명사, 외래어, 차용어에서 관찰됩니다.

  예 el océano Atlántico (대서양)
  el náhuatl (나우아틀어)

## 3. 강세 부호 표시해 보기

**Step 1.** 다음에 제시된 단어는 본래 강세 부호를 함께 표기하는 단어입니다. 정확한 강세 부호의 위치를 알아보기에 앞서, 각 단어의 음절을 마침표(.)로 구분해 봅시다.

**Step 2.** 교수자가 읽어 주는 발음을 듣고, 올바른 위치에 강세 부호를 표시해 봅시다.

| arbol | lapiz | caracter | dificil | adios |
|---|---|---|---|---|
| jamon | violin | corazon | educacion | television |
| lampara | Mexico | opera | boligrafo | simpatico |
| xilofono | facilmente | dificilmente | | |

## 4. Trabalenguas

**Step 1.** 〈모둠활동〉 'Trabalenguas'는 발음이 어려운 단어를 나열하여 인위적으로 만든 텍스트를 의미합니다. 모둠원별로 다음 표를 한 개씩 맡아서 음절 단위를 빗금(/)으로 표시해 봅시다. 강세가 있는 모음은 밑줄로 표시해 봅시다.

**Step 2.** 〈모둠활동〉 내가 맡은 부분의 발음을 연습해 봅시다. **2. 음절과 강세 이해하기**에서 살펴본 '두 자음이 연속해서 나타나는 자음군'에 유의하여 발음해 봅시다.

| | |
|---|---|
| 1 | Erre con erre guitarra, erre con erre barril.<br>Rápido ruedan las ruedas por los rieles del ferrocarril.<br>Cuando cuentes cuentos, cuenta cuántos cuentos cuentas,<br>porque si no cuentas cuántos cuentos cuentas,<br>nunca sabrás cuántos cuentos cuentas tú. |

| | |
|---|---|
| 2 | Pablito clavó un clavito en la calva de un calvito.<br>Un clavito clavó Pablito en la calva de un calvito.<br>¿Qué clavito clavó Pablito? |

| | |
|---|---|
| 3 | Pedro Pablo Pérez Pereira, pobre pintor portugués,<br>pinta preciosos paisajes por poca plata, para poder pasar por París.<br>Tres tristes tigres comían trigo en tres tristes platos, sentados en un trigal.<br>Sentados en un trigal, en tres tristes platos, comían trigo tres tristes tigres. |

| | |
|---|---|
| 4 | ¿Por qué a la cama se le llama cama y a la cómoda cómoda,<br>si es más cómoda la cama que la cómoda?<br>Pancha plancha con cuatro planchas.<br>¿Con cuántas planchas plancha Pancha? |

**Step 3.** 〈모둠활동〉 한 명씩 돌아가면서 주어진 문장을 최대한 정확하게 읽어 봅시다. 발음하기 어려운 것이 있다면, 서로 정확한 발음을 알려 주고 왜 그렇게 발음되는지 설명해 봅시다.

**Step 4.** 〈모둠활동〉 Step 2의 표 순서대로 최대한 빨리 읽기를 연습해 봅시다. 준비가 되었으면 모둠별로 발음을 녹음해서 다 함께 들어 봅시다.

UNIDAD 02

# ¿Quién eres? Soy Javier.

PARTE I Saludos y presentaciones

PARTE II Descripciones

© Sin Mercy Sin doudt

## OBJETIVOS

1 스페인어권의 인사 문화를 이해하고 스페인어로 인사를 나눌 수 있다.

2 나와 타인을 소개하는 스페인어 표현을 사용할 수 있다.

3 성격이나 신체 특징을 스페인어로 표현할 수 있다.

# PARTE I Saludos y presentaciones

## A. CLAVES CULTURALES

© Dhiriart

© Gage Skidmore from Peoria

© Krists Luhaers

### 인사(Saludos)

• 다음을 읽고, 스페인어권의 인사 문화에 대한 참 혹은 거짓을 표시해 봅시다.

① 스페인어권 사람들은 만나고 헤어질 때 악수, 포옹, 볼 인사 등을 나눈다. (참 / 거짓)
② 스페인어권 사람들은 처음 만난 사이에도 볼 인사를 나눈다. (참 / 거짓)
③ 모든 스페인어권 국가에서는 양쪽 볼에 두 번의 볼 인사를 나눈다. (참 / 거짓)

• 〈모둠활동〉 스페인어권과 우리의 인사 문화를 비교하고, 모둠원과 다음 주제에 대해 이야기해 봅시다.

① 여러분은 친구와 만나고 헤어질 때 어떤 방식으로 인사를 나누나요?
② 다른 언어권의 친구가 있다면, 그 친구들과는 어떤 방식으로 인사를 나누나요?
③ 스페인어권의 인사 문화에 대해 어떻게 생각하나요? 더 알고 싶은 부분이 있나요?

## B. DIÁLOGO

| | |
|---|---|
| Profesora | ¡Hola! Bienvenidos a la clase de español. |
| Camila | ¡Hola! Buenos días. |
| Profesora | Soy la profesora, Paula. ¿Y ustedes? |
| Javier | Hola, profesora Paula. Soy Javier. |
| Profesora | Javier, mucho gusto. Y tú, ¿cómo te llamas? |
| Lucía | ¿Yo? Me llamo Lucía. |
| Profesora | Encantada, Lucía. |
| Camila | Hola, profesora. Soy Camila. |
| Profesora | Encantada, Camila. Y tú, ¿quién eres? |
| Carlos | Yo soy Carlos. Encantado. |
| Profesora | Igualmente. Bueno, chicos, hasta mañana. |
| Javier | ¡Adiós, profesora! |

### VOCABULARIO

¡Bienvenido/a/os/as!: 환영합니다!
la clase: 수업, 교실
el español: 스페인어
el profesor, la profesora: 선생님, 교수님
y: 그리고
Encantado/a.: 만나서 반갑습니다.
Igualmente.: 저도요., 마찬가지입니다.

### GRAMÁTICA

A: ¿Quién **eres**?
B: **Soy** Javier.

- SER 동사는 '~이다'라는 뜻으로 주어의 이름, 직업, 국적, 성격 등을 표현할 때 사용합니다.

A: ¿Cómo **te llamas**?
B: **Me llamo** Lucía.

- 주어의 이름을 표현할 때는 SER 동사뿐 아니라 LLAMARSE 동사 역시 사용할 수 있습니다.
- Me llamo는 LLAMARSE 동사의 1인칭 단수 활용형입니다. (자세한 설명은 RECAPITULACIÓN 참조)

## 1. COMPRENSIÓN

**Step 1.** 앞선 대화문에서 이미 아는 표현(단어)과 모르는 표현(단어)을 구분하여 다음 표를 작성해 봅시다.

| 아는 표현 | | 모르는 표현 | |
|---|---|---|---|
| 스페인어 | 한국어 뜻 | 스페인어 | 한국어 뜻 |
| | | | |
| | | | |
| | | | |
| | | | |
| | | | |

**Step 2.** 〈짝활동〉 대화문을 읽고, 다음 내용에 대해 짝과 함께 추론해 봅시다.

① 대화가 이루어지고 있는 장소는 어디인가요?
② 대화가 이루어지고 있는 시간은 언제인가요?
③ 대화에 등장한 인물들은 서로 어떤 관계인가요?

## 2. PRONUNCIACIÓN

**Step 1.** 〈짝활동〉 각자 역할을 정하여 앞선 대화문을 소리 내어 읽어 봅시다. 어색한 발음이 있다면 짝과 토의한 후 최대한 자연스럽게 읽을 수 있도록 연습해 봅시다.

**Step 2.** 녹음된 발음을 듣고 대화문을 따라 읽어 봅시다. 생각했던 발음과 다른 것이 있다면 교수자와 함께 올바른 발음에 대해 토의해 봅시다.

## C. ACTIVIDADES

### 1. 인사 표현 정리하기

**Step 1.** B. DIÁLOGO에 사용된 표현을 상황별로 구분해 봅시다.

| 만났을 때 | 헤어질 때 | 처음 만났을 때 | 이름 묻고 답하기 | 환영의 표현 |
|---|---|---|---|---|
| ① | ① | ① | ① | ① |
| ② | ② | ② | ② | ② |
| | | | ③ | |
| | | | ④ | |
| | | | | |

**Step 2.** 〈짝활동〉 Step 1에서 작성한 표를 짝과 비교해 보고 서로 의견을 나눠 봅시다.

**Step 3.** 다음은 스페인어의 다양한 인사 및 소개 표현입니다. 소리 내어 읽어 봅시다.

| 만났을 때 | 헤어질 때 | 처음 만났을 때 |
|---|---|---|
| ① Hola. | ① Hasta mañana. | ① Mucho gusto. |
| ② Buenos días. | ② Hasta luego. | ② Encantado/a.** |
| ③ Buenas tardes. | ③ Hasta pronto. | ③ Igualmente. |
| ④ Buenas noches. | ④ Nos vemos. | |
| ⑤ Buenas. | ⑤ Adiós. | |
| | ⑥ Buenas noches. | |
| | ⑦ Chao. | |

** 말하는 사람의 성별에 따라 형태를 변화하여 사용합니다.

| 이름 묻기*** | 이름 답하기*** | 출신지, 고향 묻고 답하기 |
|---|---|---|
| ① ¿Quién eres? | ① Soy... | ① ¿De dónde eres? |
| ② ¿Cómo te llamas? | ② Me llamo... | ② Soy de + 출신지 (= Soy...) |
| ③ ¿Cuál es tu nombre? | ③ Mi nombre es... | 예 Soy de Corea. = Soy coreano/a. |

*** 이름을 묻고 답할 때는 ①, ②, ③번 중 하나를 선택하여 활용할 수 있습니다.
예를 들어 ① ¿Quién eres?라는 질문을 받았을 때 반드시 같은 번호인 ① Soy... 로만 대답해야 하는 것이 아니라 ①, ②, ③ 중 어떤 표현을 선택해도 됩니다.

| 환영의 표현 | 감사 표현과 대답 | 사과 표현과 대답 |
| --- | --- | --- |
| ① Bienvenido(s)/a(s).**** | ① (Muchas / Mil) gracias.<br>② De nada.<br>③ No hay de qué. | ① Lo siento (mucho).<br>② Perdón.<br>③ No te preocupes.<br>④ No pasa nada.<br>⑤ Está bien.<br>⑥ No hay de qué. |

**** 듣는 사람의 성별과 수에 따라 형태를 변화하여 사용합니다.

## 2. 상황에 맞게 인사하기

**Step 1.** 〈짝활동〉 짝과 A와 B로 역할을 나누어 주어진 대답을 듣기 위해 건네야 할 말을 다음 빈칸에 써 봅시다.

| A | | B | |
| --- | --- | --- | --- |
| 선행 표현 | 대답 | 선행 표현 | 대답 |
| | Buenos días. | | Hola, buenas. |
| | Adiós. | | Soy de Seúl. |
| | Hasta luego. | | Buenas tardes. |
| | De nada. | | Chao. |
| | No te preocupes. | | Mucho gusto. |

**Step 2.** 〈짝활동〉 Step 1에서 작성한 내용을 확인하여 짝과 함께 자연스러운 인사 대화문을 만들어 봅시다. 대화문은 서로 역할을 바꿔 보며 소리 내어 읽어 봅시다.

## 3. 자기소개하기

**Step 1.** 〈모둠활동〉 모둠원에 대해 알아봅시다. 다음 순서로 이야기를 나누고, 대화 내용을 기반으로 표를 작성해 봅시다.

① 만났을 때 인사 → ② 이름 묻고 답하기 → ③ 출신지, 고향 묻고 답하기 → ④ 처음 만났을 때 인사 → ⑤ 헤어질 때 인사

| 모둠원 1 (나) | 모둠원 2 | 모둠원 3 | 모둠원 4 |
|---|---|---|---|
| 이름:<br>출신지, 고향: | 이름:<br>출신지, 고향: | 이름:<br>출신지, 고향: | 이름:<br>출신지, 고향: |

**Step 2.** 다음 예시(MODELO)를 활용하여 새로 알게 된 모둠원 중 한 명을 소개해 봅시다.

**MODELO**
Este / Ese / Aquel es ____________. Es de ____________.
Esta / Esa / Aquella es ____________. Es de ____________.

**VOCABULARIO**
este, esta 이것, 이 사람 ese, esa 그것, 그 사람 aquel, aquella 저것, 저 사람

**Step 3.** Step 2에서 작성한 문장 중 하나를 선택하여 온라인 Classroom에 올려 봅시다. 수업의 전체 구성원과 공유하고 피드백을 나눠 봅시다.

# D. RECAPITULACIÓN

## 1. GRAMÁTICA

### 1) 주격 인칭대명사

| 주어의 인칭 | 단수 | 복수 |
|---|---|---|
| 1인칭 | yo 나 | nosotros 우리들<br>nosotras |
| 2인칭 | tú 너 | vosotros 너희들<br>vosotras |
| 3인칭 (의미상 2인칭) | usted 당신 | ustedes 당신들, 너희들 |
| 3인칭 | él 그<br>ella 그녀 | ellos 그들, 그 사람들<br>ellas 그녀들 |

- '나', '너'와 같이 문장의 주어 역할을 하는 사람을 지칭하는 대명사를 주격 인칭대명사라고 합니다.
- 주격 인칭대명사는 1인칭 단·복수, 2인칭 단·복수, 3인칭 단·복수 6종류로 구분합니다.

- '나'와 대화를 하는 상대방을 '너'가 아닌, 격식을 갖춘 '당신'으로 표현할 경우 usted을 활용합니다.
- Usted은 '나'의 대화 상대방이라는 측면에서 의미상 2인칭이지만, 문법적으로는 3인칭입니다.

- 스페인어의 주격 인칭대명사 복수형은 남성형이 기본입니다.
- 여성 복수형은 모든 구성원이 여성인 경우에만 한정적으로 사용됩니다.

- 2인칭 복수형 vosotros/as는 스페인을 제외한 다른 스페인어권 국가에서는 잘 쓰이지 않습니다. 다른 스페인어권 국가에서는 vosotros/as 대신 ustedes를 주로 사용합니다.
- Ustedes만 사용하는 국가에서 이 표현은 맥락에 따라 존칭 표현인 '당신들'이 될 수도 있고, 비존칭 표현인 '너희들'이 될 수도 있습니다. 또한 ustedes는 vosotros/as와 달리 성의 구분이 없습니다.

## 2) LLAMARSE 동사

| LLAMARSE | |
|---|---|
| yo | me llamo |
| tú | te llamas |
| usted | se llama |
| él, ella | se llama |
| nosotros, nosotras | nos llamamos |
| vosotros, vosotras | os llamáis |
| ustedes | se llaman |
| ellos, ellas | se llaman |

- LLAMARSE 동사는 '이름이 ~이다'라는 뜻으로 이름을 묻고 답할 때 사용합니다.

- LLAMAR 동사에 se라는 대명사가 합쳐진 형태입니다. LLAMAR 동사와 대명사 se의 형태는 모두 주격 인칭대명사의 인칭과 수에 맞추어 활용됩니다. 이때 se는 동사활용형 앞에 위치합니다.

  예 (Yo) me llamo Javier.
  (Tú) te llamas Lucía.
  (Él) se llama Juan.

- 스페인어에서는 주어의 인칭과 수에 따라 동사가 활용되므로 모든 문장에 주격 인칭대명사를 사용하지는 않습니다. 즉, '(Yo) me llamo Javier.'라는 문장에서 특별히 '나'라는 의미가 강조될 필요가 없다면 주어(yo)는 생략하는 것이 대부분의 경우 훨씬 자연스럽습니다.

### 3) SER 동사

| SER | |
|---|---|
| yo | soy |
| tú | eres |
| usted | es |
| él, ella | es |
| nosotros, nosotras | somos |
| vosotros, vosotras | sois |
| ustedes | son |
| ellos, ellas | son |

- SER 동사는 '~이다'라는 뜻으로 굉장히 자주 활용됩니다.
- 이름, 직업, 국적 등 비교적 쉽게 변하지 않는 **지속적인 특징**을 표현하는 데 주로 쓰입니다.
- 전치사 de와 함께 주어의 **출신지, 고향, 소유, 재료 등을 나타낼 수도** 있습니다.

  예 Soy de Corea. 나는 한국 출신입니다.

## 2. PREPARACIÓN

- UNIDAD 2의 PARTE II에서는 스페인어를 이해하는 데 중요한 명사와 형용사의 성과 수를 학습합니다. 다음을 미리 읽어 봅시다.

### 1) 명사의 성과 수

- 스페인어의 명사에는 성(género)이 부여되어 있습니다.

  예 el hermano, la casa

- 명사의 성에는 생물학적 성과 문법적 성이 있습니다. 문법적 성은 생물학적 성이 없는 사물 등에 임의로 부여된 것입니다.
- 스페인어의 명사에는 수(número)의 구분 역시 있습니다.

  예 actor, actores

- 모음으로 끝나는 단수 명사에는 -s를 붙여서, 자음으로 끝나는 단수 명사에는 -es를 붙여서 복수 명사를 만듭니다.

  예 la casa → las casas
  la ciudad → las ciudades

- 자음 z로 끝나는 단수 명사를 복수형으로 만들 때는 z를 c로 바꾸고 -es를 붙입니다.

  예 el lápiz → los lápices

### 2) 형용사의 성과 수

- 스페인어의 형용사는 주로 **명사 뒤**에 위치합니다.

  예 mi actor favorito

- 형용사는 **명사의 성과 수**에 맞추어 변형됩니다.

  예 mi actriz favorita, mis actores favoritos

PARTE II **Descripciones**

## A. CLAVES CULTURALES

### ◆◆◆ 스페인어권 나라들(Los países hispanohablantes)

• 위의 지도에서 스페인어를 사용하는 나라를 찾아 나열해 봅시다.

• 〈알아봅시다〉 스페인어는 다양한 나라에서 사용됩니다. 다음 질문의 답을 조사해 봅시다.

① 스페인어를 사용하는 나라 중 인구가 가장 많은 나라는 어느 곳인가요?
② 스페인어권 나라 중 인구가 많은 국가 1~5위는 어디인가요?
③ 국가별 스페인어 사용 양상은 어떻게 다를까요?

## B. DIÁLOGO

**La presentación de Javier**

Hola. Me llamo Javier. Soy estudiante del Departamento de Español. Soy alto y un poco gordo. Además, soy optimista y extrovertido.

Mi mejor amigo es Carlos. Es estudiante de Ingeniería. No es alto. Es paciente y responsable.

Mi actor favorito es Tom Holland. Es de Inglaterra. Es bajo y delgado. Es muy divertido. Mi película favorita de Tom Holland es 〈El Hombre Araña: sin camino a casa (*Spider-Man: No Way Home*)〉.

Mi cantante favorita es Rosalía. Es española, de Barcelona. Es de estatura mediana. Es activa y sociable. Las canciones de Rosalía son muy buenas.

### VOCABULARIO

el, la estudiante: 학생
el departamento: 학과, 학부
alto, ta: 키가 큰
gordo, da: 뚱뚱한
optimista: 낙천적인, 긍정적인
extrovertido, da: 외향적인
el amigo, la amiga: 친구
la ingeniería: 공학
paciente: 차분한, 느긋한
responsable: 책임감 있는
el actor, la actriz: 연기자
favorito, ta: (가장) 좋아하는
bajo, ja: 키가 작은
delgado, da: 마른
divertido, da: 재미있는, 유쾌한
la película: 영화
el, la cantante: 가수
la estatura: 키, 신장
mediano, na: 중간의, 보통의
activo, va: 활동적인, 활발한, 적극적인
sociable: 사교적인
la canción: 노래
bueno, na: 좋은

## GRAMÁTICA

No es alto.

- 스페인어의 부정문은 동사활용형 앞에 부정어 no를 사용합니다.

Mi actor favorito es Tom Holland.
Mi actriz favorita es Jennifer Lawrence.

- 스페인어의 명사에는 성(género)이 부여되어 있습니다.
- 명사의 성에는 생물학적 성과 문법적 성이 있으며, 문법적 성은 생물학적 성이 없는 사물 등에 임의로 부여된 것입니다.

Mis actores favoritos son ellos.

- 스페인어의 명사에는 수(número)의 구분 역시 있습니다.
- 모음으로 끝나는 단수 명사에는 -s를 붙여서, 자음으로 끝나는 단수 명사에는 -es를 붙여서 복수 명사를 만듭니다.

Mi actor favorito es Tom Holland.
Mi actriz favorita es Jennifer Lawrence.
Mis actores favoritos son ellos.

- 스페인어의 형용사는 주로 명사 뒤에 위치합니다.
- 형용사는 수식하는 명사의 성과 수에 따라 변형됩니다.

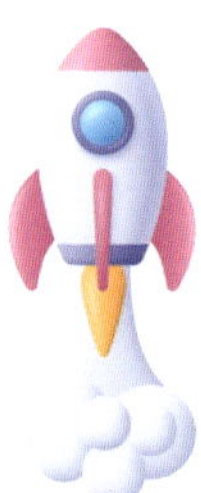

## 1. COMPRENSIÓN

**Step 1.** 앞선 지문에서 이미 아는 표현(단어)과 모르는 표현(단어)을 구분하여 다음 표를 작성해 봅시다.

| 아는 표현 | | 모르는 표현 | |
|---|---|---|---|
| 스페인어 | 한국어 뜻 | 스페인어 | 한국어 뜻 |
| | | | |
| | | | |
| | | | |
| | | | |

**Step 2.** 지문에 소개된 인물을 알맞은 특징과 연결해 봅시다.

| | | | |
|---|---|---|---|
| Javier | • | • | 공학을 공부하는 학생이다. |
| Carlos | • | • | 활발하고 사교적인 성격이다. |
| Tom Holland | • | • | 영국 출신의 배우이다. |
| Rosalía | • | • | 키가 크고 조금 통통한 편이다. |

**Step 3.** 〈짝활동〉 Step 2에서 연결한 특징 외에 지문에 소개된 또 다른 특징을 짝과 함께 찾아 다음 표를 완성해 봅시다.

| Javier | Carlos | Tom Holland | Rosalía |
|---|---|---|---|
| ① 직업(전공):<br>② 외모:<br>③ 성격: | ① 직업(전공):<br>② 외모:<br>③ 성격: | ① 직업(전공):<br>② 외모:<br>③ 성격: | ① 직업(전공):<br>② 외모:<br>③ 성격: |

## 2. PRONUNCIACIÓN

**Step 1.** 〈짝활동〉 앞선 지문을 소리 내어 읽어 봅시다. 어색한 발음이 있다면 짝과 토의한 후 최대한 자연스럽게 읽을 수 있도록 연습해 봅시다.

**Step 2.** 녹음된 발음을 듣고 지문을 따라 읽어 봅시다. 생각했던 발음과 다른 것이 있다면 교수자와 함께 올바른 발음에 대해 토의해 봅시다.

## C. ACTIVIDADES

### 1. 전공 이름 알아보기

**Step 1.** 스페인어로 전공 이름을 알아봅시다. 다음에 내 전공 이름이 없다면 인터넷에서 검색해 봅시다.

| **Humanidades**<br>**인문학** | **Ciencias sociales**<br>**사회과학** | **Ciencias naturales**<br>**자연과학** |
|---|---|---|
| Coreano 국어 | Política 정치학 | Estadística 통계학 |
| Español 스페인어 | Contabilidad 회계학 | Física 물리학 |
| Inglés 영어 | Economía 경제학 | Matemáticas 수학 |
| Filosofía 철학 | Geografía 지리학 | Química 화학 |
| Historia 역사학 | Periodismo 언론학 | Astronomía 천문학 |
| Lingüística 언어학 | Sociología 사회학 | Biología 생물학 |
| Literatura 문학 | (P)sicología 심리학 | |
| **Ingeniería**<br>**공학** | **Bellas Artes**<br>**예술** | **Otras carreras**<br>**이 외의 전공** |
| Ingeniería Mecánica 기계공학 | Pintura 회화 | Administración Empresarial<br>경영학 |
| Ingeniería Industrial 산업공학 | Escultura 조소 | Enfermería 간호학 |
| Ingeniería Arquitectónica 건축공학 | Música 음악 | Medicina 의학 |
| Ciencias de la Computación 컴퓨터공학 | Diseño 디자인 | Estudios Interdisciplinarios<br>융합 전공 |
| | | (Facultad de) Estudios<br>Liberales 자유 전공(학부) |

**Step 2.** 〈모둠활동〉 예시(MODELO)를 활용하여 모둠원과 함께 전공이 무엇인지 묻고 답해 봅시다. 모둠원의 전공은 다음 빈칸에 적어 봅시다.

**MODELO**

A: ¿Cuál es tu (segunda) carrera / especialidad?

B: Mi (segunda) carrera / especialidad es ..................... .

| | 모둠원 1 (나) | 모둠원 2 | 모둠원 3 | 모둠원 4 |
|---|---|---|---|---|
| (제2) 전공 이름 | | | | |

## 2. 신체 특징과 성격 묘사하기

**Step 1.** 스페인어로 신체 특징과 성격을 묘사할 때는 다음 표현을 활용합니다. 소리 내어 읽어 봅시다.

| | | | |
|---|---|---|---|
| 신체 특징 | alto, ta 키가 큰 | bajo, ja 키가 작은 | bonito, ta 예쁜, 귀여운 |
| | débil 연약한 | delgado, da 마른 | fuerte 힘이 센 |
| | feo, a 못생긴 | gordo, da 뚱뚱한 | guapo, pa 잘생긴 |
| | joven 젊은 | lindo, da 예쁜 | viejo, ja 늙은 |
| 성격 | agradable 붙임성이 좋은 | alegre 쾌활한 | amable 친절한 |
| | atento, ta 주의 깊은 | generoso, sa 관대한 | listo, ta 영리한 |
| | serio, ria 진지한 | simpático, ca 친절한 | sincero, ra 정직한 |
| | sociable 사교적인 | tímido, da 수줍은 | trabajador, ra 근면한, 성실한 |

**Step 2.** **B. DIÁLOGO**를 참고하여 나와 내 친구들, 내가 좋아하는 배우와 가수를 소개하는 글을 써 봅시다.

**MODELO**
Mi cantante favorito es Bruno Mars. (Él) es agradable y simpático.
Mi mejor amiga se llama Celia Cruz. (Ella) es sociable y linda.

**Step 3.** 〈짝활동〉 Step 2에서 쓴 소개글에 대해 짝과 함께 이야기해 봅시다. 이때 대화는 다음 질문을 이용하여 진행해 봅시다.

① ¿Quién / Cómo eres?
② ¿Quién / Cómo es tu (mejor) amigo o amiga?
③ ¿Quién / Cómo es tu actor favorito o actriz favorita?
④ ¿Quién / Cómo es tu cantante favorito o favorita?

**Step 4.** 〈모둠활동〉 모둠원이 좋아하는 유명인을 추측해 봅시다. 한 모둠원이 좋아하는 유명인의 외모와 성격의 특징을 3개 이야기하면, 나머지 모둠원들이 맞추는 게임을 해 봅시다. 이때 게임에서 나누는 대화는 예시(MODELO)를 참고하여 진행하고, 대화 내용은 다음 빈칸에 정리해 봅시다.

**MODELO (대화)**
A: Es ________ y ________. También es ________ y ________.
B, C, D: ¿Es ________?
A: Sí / No / Correcto (=Exacto).

| 모둠원 1 (나) | 모둠원 2 | 모둠원 3 | 모둠원 4 |
|---|---|---|---|
| 특징 1: | 특징 1: | 특징 1: | 특징 1: |
| 특징 2: | 특징 2: | 특징 2: | 특징 2: |
| 특징 3: | 특징 3: | 특징 3: | 특징 3: |
| 정답: | 정답: | 정답: | 정답: |

## 3. 인물 묘사하기

**Step 1.** 〈모둠활동〉 다음 인물의 외모와 성격을 묘사해 봅시다. 상상력을 발휘하여 자유롭게 표현해 봅시다.

| 1 | 2 | 3 |
|---|---|---|
|  |  |  |
| ① 외모:<br>② 성격: | ① 외모:<br>② 성격: | ① 외모:<br>② 성격: |

**Step 2.** 〈모둠활동〉 Step 1에서 작성한 내용 중 각 인물의 특징을 가장 잘 표현한 문장을 골라 온라인 Classroom에 올려 봅시다. 수업의 전체 구성원과 공유하고 피드백을 나눠 봅시다.

# D. RECAPITULACIÓN

## 1. GRAMÁTICA

### 1) 명사와 형용사의 성과 수

| | 단수 | 복수 |
|---|---|---|
| 남성 | -o | -os |
| 여성 | -a | -as |

- 스페인어의 명사는 문법적으로 **성과 수**를 구분합니다.

- 남성 명사는 주로 **-o**로 끝나며, 여성 명사는 **-a**로 끝납니다.

  예 el libro, la casa

- -ma, -pa, -ta로 끝나는 명사는 -a로 끝나더라도 남성 명사인 경우가 있습니다.

  예 el problema, el mapa, el planeta

- -ión과 -dad으로 끝나는 명사는 주로 여성 명사입니다.

  예 la educación, la universidad

- 사람을 지칭하는 명사는 **지시 대상의 성별**에 따라 형태가 달라집니다.

- 사람 명사의 남성 형태가 -o로 끝나는 경우, 여성 형태는 -o를 -a로 바꾸어 만듭니다.

  예 el compañero → la compañera

- 사람 명사의 남성 형태가 자음으로 끝나는 경우, 여성 형태는 마지막 자음 뒤에 -a를 붙여서 만듭니다.

  예 el profesor → la profesora

- -ante와 -ista로 끝나는 사람 명사는 남성과 여성 형태가 동일합니다. 이때는 명사 앞에 쓰인 관사나 문맥에 따라 성별을 구분합니다.

  예 el estudiante, la estudiante
  el pianista, la pianista

- 위의 규칙을 따르지 않는 명사들은 문법적 성을 따로 외워야 합니다. 조금 더 쉽게 기억하려면 새로운 명사를 알게 될 때 **정관사 el, la를 붙여** 'el día', 'la mano'와 같이 한 단위로 함께 외우는 것이 좋습니다.

- 모음으로 끝나는 단수 명사에는 -s를 붙여서, 자음으로 끝나는 단수 명사에는 -es를 붙여서 복수 명사를 만듭니다.

  예 el libro → los libros
  la universidad → las universidades

- 자음 z로 끝나는 단수 명사를 복수형으로 만들 때는 z가 **c로 바뀌고** -es가 추가됩니다.

  예 el pez → los peces

- 형용사 역시 명사와 마찬가지로 성과 수를 구분하며, 주로 명사 뒤에서 수식하는 명사의 성과 수를 기준으로 -o(s), -a(s)로 변형됩니다.

  예 el libro nuevo, los libros nuevos
  la casa nueva, las casas nuevas
  el estudiante trabajador, los estudiantes trabajadores
  la estudiante trabajadora, las estudiantes trabajadoras

- -e로 끝나는 형용사의 경우, 성의 구분 없이 수의 구분만 있습니다.

  예 el libro importante, los libros importantes
  la novela importante, las novelas importantes

### 2) 지시형용사

| | 단수 | | 복수 | |
|---|---|---|---|---|
| 이 | este | esta | estos | estas |
| 그 | ese | esa | esos | esas |
| 저 | aquel | aquella | aquellos | aquellas |

- 대화에 참여한 사람을 기준으로 말하는 사람에 가까우면 '이', 듣는 사람에게 가까우면 '그', 모두에게 멀면 '저'를 사용합니다.

- 지시형용사는 지시하는 사람이나 사물에 맞춰 **성과 수를 변형**하여 사용합니다.

  예 este libro, estos libros
  esta casa, estas casas

- 단독으로 사용할 경우 **지시대명사**(이것, 그것, 저것)로 활용할 수 있습니다.

### 3) 부정문

- 스페인어의 부정문은 **동사활용형 앞에 부정어 no**를 사용합니다.

  예 Soy estudiante. 나는 학생이다. → No soy estudiante. 나는 학생이 아니다.

## 2. PREPARACIÓN

- UNIDAD 3의 PARTE I에서는 자주 사용되는 동사 중 하나인 ESTAR 동사에 대해 학습합니다. 다음을 미리 읽어 봅시다.

### 1) 안부 묻고 답하기

- ESTAR 동사는 '~(한 상태)이다'라는 뜻으로 주로 주어의 상태와 기분을 표현할 때 사용됩니다.

- 스페인어 동사의 현재형은 주어의 인칭에 따라 여섯 가지 형태로 변하는데, 다음 과에서 주로 사용할 ESTAR 동사의 1인칭 단수(나)와 2인칭 단수(너) 활용형은 estoy, estás입니다.

  예 A: ¿Cómo estás? 오늘 기분 어때?
  B: Estoy bien. 좋아.

### 2) 위치 표현하기

- ESTAR 동사는 '~에 있다'라는 뜻으로도 사용되며, 대체로 주어의 위치를 나타낼 때 사용됩니다.

  예 A: ¿Dónde estás ahora? 지금 어디 있니?
  B: Estoy en Santiago de Chile. 칠레의 산티아고에 있어.

UNIDAD

# 03

# ¿Cómo estás? Estoy bien.

PARTE I **Estados y ubicaciones**

PARTE II **El mapa de la universidad**

## OBJETIVOS

1 기분 및 상태와 위치에 관해 묻고 답할 수 있다.

2 의문문을 정확하게 사용할 수 있다.

3 SER와 ESTAR 동사의 기본적인 차이를 이해하고 비교할 수 있다.

PARTE I

# Estados y ubicaciones

## A. CLAVES CULTURALES

© Eric Fischer

### 키오스크(Quiosco)

- 스페인어권에서 키오스크(Quiosco)는 일반적으로 공공 장소나 번화가에 위치한 작은 상점이나 판매대를 가리킵니다. 보통 신문, 잡지, 담배, 물, 음료수, 간단한 간식 등을 판매합니다. 주로 광장이나 공원, 시장 등 도시의 중심부에 자리 잡고 있으며, 사람들이 다양한 상품을 편리하게 구매하는 장소로 이용됩니다. 그러나 요즘은 점점 사라지고 있는 추세입니다.
- 한편, 한국에서 널리 사용되는 키오스크(*Kiosk*)라는 용어는 업무의 자동화를 통해 대중들이 특정 서비스를 쉽게 이용할 수 있도록 설치한 무인 단말기를 뜻합니다. 스페인어권의 키오스크와 지칭하는 대상은 다르지만, 사람들이 상품을 편리하게 구매하도록 하는 장소와 장치라는 점에서 공통점이 있습니다.

## B. DIÁLOGO

**[*Por teléfono*]**

| | |
|---|---|
| Lucía | Camila, ¡hola! ¡Cuánto tiempo! |
| Camila | Hola, Lucía. ¿Cómo estás? |
| Lucía | Estoy bien, ¿y tú? ¿Qué tal el viaje por Chile? |
| Camila | ¡Perfecto! Chile es un país maravilloso. |
| Lucía | ¡Qué bien! ¿Dónde estás ahora? |
| Camila | Estoy en Santiago de Chile. |
| Lucía | Es la capital de Chile, ¿verdad? |
| Camila | Sí, estoy muy feliz aquí. |
| Lucía | ¡Genial! Te echo de menos. ¡Hasta pronto! |

### VOCABULARIO

el teléfono: 전화
¡Cuánto tiempo!: 오랜만이야!
el viaje: 여행
perfecto, ta: 완벽한
el país: 국가
maravilloso, sa: 훌륭한, 환상적인
ahora: 지금, 이제
la capital: (한 나라의) 수도
¿verdad?: 맞지?, 그렇지? (부가의문문)
feliz: 기쁜, 행복한
aquí: 여기(에서)
genial: 멋진, 굉장한
Te echo de menos.: 보고 싶어.

### GRAMÁTICA

A: ¿Cómo **estás**?
B: **Estoy** bien.

- ESTAR 동사는 '~(한 상태)이다'라는 뜻으로, 주어의 상태와 기분을 표현할 때 사용합니다.

A: ¿Dónde **estás** ahora?
B: **Estoy** en Santiago de Chile.

- ESTAR 동사는 '~에 있다'라는 뜻으로도 활용되며, 이 경우 주어의 위치를 나타냅니다.

## 1. COMPRENSIÓN

**Step 1.** 앞선 대화문에서 이미 아는 표현(단어)과 모르는 표현(단어)을 구분하여 다음 표를 작성해 봅시다.

| 아는 표현 | | 모르는 표현 | |
|---|---|---|---|
| 스페인어 | 한국어 뜻 | 스페인어 | 한국어 뜻 |
| | | | |
| | | | |
| | | | |
| | | | |
| | | | |

**Step 2.** 〈짝활동〉 대화문을 읽고, 다음 내용에 대해 짝과 함께 추론해 봅시다.

① 카밀라는 지금 어디 있나요?
② 카밀라의 기분은 어떤가요?
③ 대화에 등장한 인물들은 서로 어떤 관계인가요?

## 2. PRONUNCIACIÓN

**Step 1.** 〈짝활동〉 각자 역할을 정하여 앞선 대화문을 소리 내어 읽어 봅시다. 어색한 발음이 있다면 짝과 토의한 후 최대한 자연스럽게 읽을 수 있도록 연습해 봅시다.

**Step 2.** 녹음된 발음을 듣고 대화문을 따라 읽어 봅시다. 생각했던 발음과 다른 것이 있다면 교수자와 함께 올바른 발음에 대해 토의해 봅시다.

## C. ACTIVIDADES

### 1. 안부 묻고 답하기

**Step 1.** 다음은 스페인어의 다양한 안부 표현입니다. 소리 내어 읽어 봅시다.

| 안부와 상태 묻기 | 안부 답하기 | 상태 답하기 |
|---|---|---|
| ¿Cómo estás? | Muy bien. | Estoy contento/a. |
| ¿Qué tal? | Bien. | Estoy alegre. |
| ¿Y tú? | Regular. | Estoy triste. |
| ¿Qué hay? | Así, así. | Estoy enfermo/a. |
| | Más o menos. | Estoy cansado/a. |

**Step 2.** 〈짝활동〉 UNIDAD 1에서 배운 인사 표현과 Step 1의 안부 표현을 활용하여 주어진 상황에 맞는 대화를 나눠 봅시다.

① 만났을 때 인사:

② 안부와 상태 묻기:

③ 안부와 상태 답하기:

④ 헤어질 때 인사:

**Step 3.** 〈모둠활동〉 예시(MODELO)를 참고하여 모둠원 2명에게 짝의 안부를 전하고, 모둠원의 안부를 물어봅시다. 내 짝을 포함한 모둠원 3명의 안부는 다음 빈칸에 적어 봅시다.

**MODELO**
Mi compañero/a __________ está __________ hoy.

| 모둠원 1 (짝) | 모둠원 2 | 모둠원 3 |
|---|---|---|
| | | |

**Step 4.** 〈모둠활동〉 사진 속 인물의 기분 및 상태에 대해 모둠원과 이야기해 보고, 주어진 표현을 활용하여 다음 빈칸을 채워 봅시다.

| 기분 및 상태 표현 | |
|---|---|
| enojado, da 화난 | nervioso, sa 긴장한, 불안해하는 |
| enfadado, da 화난 | sorprendido, da 놀란 |
| aburrido, da 지루한, 따분한 | ocupado, da 바쁜 |
| asustado, da 놀란 | preocupado, da 걱정하는 |
| emocionado, da 신이 난(*excited*) | irritado, da 짜증난 |

| | | |
|---|---|---|
|  © Dora Figueiredo |  | 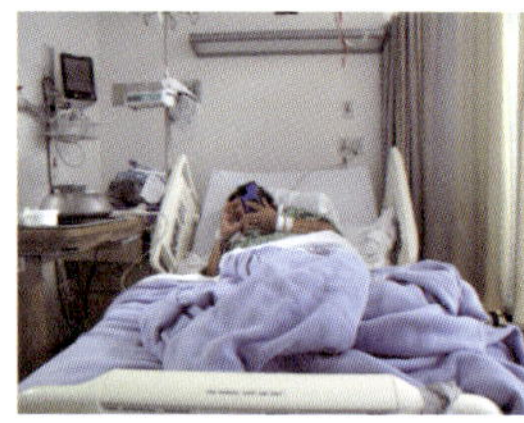 © Downtowngal |
| | | |

## 2. 위치와 장소 이야기하기

**Step 1.** 학교에서 자주 가는 장소의 스페인어 이름을 알아봅시다.

| | |
|---|---|
| la biblioteca 도서관 | el club de estudiantes 동아리실 |
| la librería 서점 | el estadio 경기장, 대운동장 |
| el centro estudiantil 학생회관 | el teatro 공연장, 극장 |
| la oficina del departamento 학과사무실 | la cafetería 카페 |
| la residencia (estudiantil) 기숙사 | el gimnasio 체육관, 짐(*gym*) |
| el dormitorio universitario 기숙사 | el restaurante 식당 |
| el aula 강의실, 교실 | la tienda de conveniencia 편의점 |
| el laboratorio 실험실, 랩실 | el centro de salud 보건소 |

**Step 2.** 〈짝활동〉 Step 1에 제시된 장소 중 세 곳을 골라 보고, 예시(MODELO)를 참고하여 그곳에서 어떤 기분을 느끼는지 짝과 이야기해 봅시다. 대화 내용은 다음 빈칸에 정리해 봅시다.

**MODELO (대화)**
Estoy en ______ ahora. Estoy ______.

| 장소 1: | 장소 2: | 장소 3: |
|---|---|---|
| 내 기분:<br><br>짝의 기분: | 내 기분:<br><br>짝의 기분: | 내 기분:<br><br>짝의 기분: |

**Step 3.** 〈모둠활동〉 모둠별로 학교의 특정 장소에 갔을 때 느끼는 기분과 상태에 대해 서로 이야기해 봅시다. 이때 대화는 예시(MODELO)를 참고하여 진행하되, 특정 장소의 이름은 말하지 않습니다. 모둠원들의 기분과 상태 표현을 다음 빈칸에 정리하면서 표현이 지시하는 장소를 다 함께 맞춰 봅시다.

**MODELO (대화)**
A: Estoy ______ y ______. ¿Dónde estoy?
B, C, D: ¿Estás en ______?

| 모둠원 1 (나) | 모둠원 2 | 모둠원 3 | 모둠원 4 |
|---|---|---|---|
| 기분, 상태:<br><br>장소: | 기분, 상태:<br><br>장소: | 기분, 상태:<br><br>장소: | 기분, 상태:<br><br>장소: |

**Step 4.** 〈모둠활동〉 Step 3에서 작성한 내용을 기반으로 예시(MODELO)와 같이 문장을 만들어 봅시다.

**MODELO**
Mi compañero/a ______ está ______. Ahora, está en ______.

______

______

**Step 5.** 〈모둠활동〉 Step 4에서 작성한 내용을 기반으로 모둠별로 가장 잘 쓴 문장 하나를 골라 온라인 Classroom에 올려 봅시다. 수업의 전체 구성원과 공유하고 피드백을 나눠 봅시다.

# D. RECAPITULACIÓN

## 1. GRAMÁTICA

### 1) ESTAR 동사

| ESTAR | |
|---|---|
| yo | estoy |
| tú | estás |
| usted | está |
| él, ella | está |
| nosotros, nosotras | estamos |
| vosotros, vosotras | estáis |
| ustedes | están |
| ellos, ellas | están |

- ESTAR 동사는 '~(한 상태)이다'라는 뜻으로, 주어의 **기분이나 상태를** 나타낼 때 사용합니다.
- 따라서 서로의 안부를 묻고 답할 때 활용할 수 있습니다.

- ESTAR 동사는 주어의 **위치**를 나타내는 데도 쓰이며, 이때는 '~에 있다'라는 뜻을 가집니다.
- 위치를 묻는 질문을 만들 때는 의문사 dónde(어디)를 활용합니다.

  예 ¿Dónde está Carlos?

### 2) 의문문

- 스페인어 의문문에는 문장의 **앞과 뒤에 의문 부호(¿ ?)**를 표기해야 합니다.

- 일반의문문은 평서문에서 주어와 동사의 위치를 바꾸거나, 평서문의 억양을 올리거나, 문장 끝에 부가의문문 ¿verdad? 또는 ¿no?를 추가하여 만들 수 있습니다. 이때 답변은 예(sí) 혹은 아니요(no)를 사용합니다.

  예 ¿Eres (tú) coreano?
  ¿Ella es estudiante?
  Él es estudiante, ¿no?

- 의문사 의문문은 의문사에 해당하는 정보를 물어볼 때 쓰는 표현으로, 주로 **의문사 + 동사활용형 + (주어)** 형태로 만듭니다.

  예 ¿Quién eres (tú)?
  ¿Cómo estás (tú)?

- 필요한 경우 의문사 앞에 전치사를 붙여 의문문을 만들기도 합니다.

  예 ¿De dónde eres (tú)?

## 2. PREPARACIÓN

- UNIDAD 3의 PARTE II에서는 이제까지 연습한 SER와 ESTAR 동사에 대해 조금 더 알아볼 예정입니다. 두 동사는 각각 다른 상황이나 문맥에서 활용되는데, 다음을 미리 읽어 봅시다.

### 1) SER와 ESTAR 동사

- SER와 ESTAR 동사는 영어의 *be* 동사와 같이 주어에 대해 이야기할 때 사용한다는 점에서 공통되지만, 서로 대체할 수 없습니다.

- 두 동사 모두 형용사와 함께 주어를 묘사할 수 있습니다. SER 동사는 **비교적 변하기 어렵거나 본질적인 속성**을 나타낼 때 사용합니다. 반면 ESTAR 동사는 **비교적 변하기 쉬운, 일시적인 특징**을 나타낼 때 활용됩니다.

  예 Soy aburrido/a. *vs.* Estoy aburrido/a.
  나는 따분한 사람이다. *vs.* 나는 지금 따분한 상태다.

# PARTE II El mapa de la universidad

## A. CLAVES CULTURALES

© Suicasmo

La Plaza Mayor de Madrid

© Edison Umasi Thea

La Plaza de Armas del Cuzco

© Itzae Itayetzi

La Plaza de Constitución (el Zócalo)

### 중앙 광장(Plaza mayor)

- 중앙 광장을 의미하는 plaza mayor는 스페인어권 도시 대부분에 있습니다.
- La Plaza Mayor de Madrid, La Plaza de Armas del Cuzco 등 도시별로 서로 다른 고유한 이름이 있습니다.
- 대체로 중앙 광장을 중심으로 주요 건물이 배치돼 있고, 1층에는 바(bar)나 카페(cafetería) 등이 있습니다.
- 중앙 광장은 스페인어권 사람들이 일상에서 만남이나 행사를 위한 장소로 활용하는 중요한 공간입니다.

## B. DIÁLOGO

Camila Perdona, soy turista y estoy perdida. ¿Dónde estoy?

Transeúnte Estás en la Plaza de Armas.

Camila Muchas gracias. Y, ¿dónde está la Catedral Metropolitana?

Transeúnte Está a la izquierda de esta plaza, muy cerca de aquí.

Camila ¿A la izquierda?

Transeúnte Sí, o sea, está entre esta plaza y el Palacio del ex Congreso Nacional de Chile.

Camila ¡Vale! ¡Mil gracias!

Transeúnte De nada. ¡Buen viaje!

### VOCABULARIO

el, la turista: 여행객
perdido, da: 길을 잃은
el, la transeúnte: 행인
la plaza: 광장
la catedral: 대성당
a la izquierda: 왼쪽에, 왼편에
aquí: 여기, 이곳
o sea: 다시 말하면, 즉, 그러니까
entre A y B: A와 B 사이에
el palacio: 회관, (극장이나 관청 등) 큰 건축물, 궁전
¡Vale!: 좋아!, 오케이! (*Okay*)
¡Buen viaje!: 좋은 여행 되길!

### GRAMÁTICA

A: ¿Dónde **está** la Catedral Metropolitana?
B: **Está** a la izquierda de aquí.

- 주어의 위치를 나타내는 ESTAR 동사는 다양한 위치 표현과 함께 쓰입니다.

Está entre esta plaza y el Palacio **del** ex Congreso Nacional de Chile.

- 정관사 el은 전치사 a나 de와 함께 나올 경우 축약하여 사용합니다.

예 a + el → al
de + el → del

## 1. COMPRENSIÓN

**Step 1.** 앞선 대화문에서 이미 아는 표현(단어)과 모르는 표현(단어)을 구분하여 다음 표를 작성해 봅시다.

| 아는 표현 | | 모르는 표현 | |
|---|---|---|---|
| 스페인어 | 한국어 뜻 | 스페인어 | 한국어 뜻 |
| | | | |
| | | | |
| | | | |
| | | | |
| | | | |

**Step 2.** 〈짝활동〉 대화문을 읽고, 다음 내용에 대해 짝과 함께 추론해 봅시다.

① 대화가 이루어지고 있는 장소는 어디인가요?
② 대화에 등장한 인물들은 서로 어떤 관계인가요?
③ 대화 이후에 Camila는 어떤 행동을 할 예정인가요?

## 2. PRONUNCIACIÓN

**Step 1.** 〈짝활동〉 각자 역할을 정하여 앞선 대화문을 소리 내어 읽어 봅시다. 어색한 발음이 있다면 짝과 토의한 후 최대한 자연스럽게 읽을 수 있도록 연습해 봅시다.

**Step 2.** 녹음된 발음을 듣고 대화문을 따라 읽어 봅시다. 생각했던 발음과 다른 것이 있다면 교수자와 함께 올바른 발음에 대해 토의해 봅시다.

# C. ACTIVIDADES

## 1. 관광지 위치 소개하기

**Step 1.** 〈짝활동〉 다음은 칠레의 유명 관광지 목록입니다. 짝과 함께 각 관광지가 칠레의 어떤 도시에 위치하는지 인터넷에서 찾아보고, 관광지의 위치를 소개해 봅시다.

| 관광지 | 도시 | 위치 소개 |
|---|---|---|
| Catedral Metropolitana | Santiago de Chile | La Catedral Metropolitana está en Santiago de Chile. |
| (Región de) Los Lagos | | |
| Desierto de Atacama | | |
| Isla de Pascua | | |
| Parque Nacional Torres del Paine | | |

## 2. 다양한 위치 표현 알아보기

**Step 1.** 다양한 스페인어 위치 표현을 알아봅시다. 다음 표현을 익히고 소리 내어 읽어 봅시다.

| 위치 표현 | 뜻 |
|---|---|
| cerca (de) | ~가까이 |
| lejos (de) | ~멀리 |
| enfrente de | ~의 맞은편에 |
| a la derecha (de) | ~의 오른편에 |
| a la izquierda (de) | ~의 왼편에 |
| aquí / ahí / allí | 여기 / 거기 / 저기 |
| al lado de | ~의 측면에, ~의 옆에 |

**Step 2.** 학교에서 자주 가는 장소들을 기준으로 간단한 약도를 그려 보고, 각 장소의 위치를 설명하는 문장을 작성해 봅시다.

| 약도 | 1) ............ está ............ . |
|---|---|
| | 2) |
| | 3) |

**Step 3.** 〈짝활동〉 Step 2에서 작성한 내용을 바탕으로 짝에게 자주 가는 장소의 위치를 설명해 봅시다. 서로 번갈아 가며 설명한 내용을 듣고, 다음 빈칸에 약도를 그려 봅시다. 나의 약도와 짝의 약도가 얼마나 비슷하고 다른지 확인해 봅시다.

| 짝의 약도 |
|---|
| |

## 3. ¿Dónde está la biblioteca? ¿Cómo es?

**Step 1.** 다음 글을 소리 내어 읽어 봅시다.

| La biblioteca de la universidad está al lado del centro estudiantil. | 대학 도서관은 학생회관 옆에 있다. |
|---|---|
| Es muy moderna y casi siempre está bien limpia. | 도서관은 매우 현대적이고 거의 항상 깨끗하다. |
| También es muy grande. Pero, durante los exámenes finales, está llena de gente. | 또한 매우 거대하다. 하지만 기말고사 기간 동안에는 사람들로 가득 찬다. |

**Step 2.** 〈짝활동〉 Step 1에 쓰인 문장을 다음 두 카테고리로 나눈 기준이 무엇인지 짝과 함께 유추해 봅시다.

| La biblioteca de la universidad está al lado del centro estudiantil.<br>Casi siempre está bien limpia.<br>Pero, durante los exámenes finales, está llena de gente. | Es muy moderna.<br>También es muy grande. |
|---|---|
| 위 문장들의 공통점 | 위 문장들의 공통점 |

**Step 3.** 〈짝활동〉 학교에서 가장 좋아하거나 자주 가는 장소를 설명하는 짧은 글을 작성해 봅시다. 짝에게 해당 글을 읽어 주고 작성한 내용에 대해 서로 묻고 답해 봅시다.

| | 내가 선택한 장소 | 짝이 선택한 장소 |
|---|---|---|
| ¿Dónde está? | | |
| ¿Cómo es? | | |

**Step 4.** 〈짝활동〉 Step 3에서 짝이 선택한 장소에 대해 짧은 문장으로 정리하여 온라인 Classroom에 올려 봅시다. 수업의 전체 구성원과 공유하고 피드백을 나눠 봅시다.

# D. RECAPITULACIÓN

## 1. GRAMÁTICA

### 1) SER와 ESTAR 동사

- SER와 ESTAR 동사는 영어의 *be* 동사와 같이 주어에 대해 이야기할 때 사용한다는 점에서 유사하지만, 대체로 상호 교환할 수 없습니다.

- 두 동사 모두 형용사와 함께 주어를 묘사할 수 있습니다. SER 동사는 **비교적 변하기 어렵거나 본질적인 속성**을 나타낼 때 사용합니다. 반면 ESTAR 동사는 **비교적 변하기 쉬운, 일시적인 특징**을 표현할 때 활용됩니다.

  예 Soy alegre. *vs.* Estoy alegre.

## 2. PREPARACIÓN

- UNIDAD 4의 PARTE I에서는 다양한 의미와 용도로 사용되는 TENER 동사에 대해 학습합니다. 또한 간단한 시간 표현을 알아볼 예정입니다. 다음을 미리 예습해 봅시다. (자세한 시간 표현은 UNIDAD 9 참조)

### 1) TENER 동사

- '(~을/를) 가지고 있다'라는 뜻을 가진 동사입니다.

- 이 동사는 다양한 표현에서 활용되는데, TENER hambre와 같이 주어의 상태를 나타내는 경우에 자주 쓰입니다.

  예 A: ¿Tienes hambre? (너) 배고프니?
  B: Sí, tengo mucha hambre. 응, 매우 배고파.

### 2) 시간 표현

- 스페인어로 시간을 묻고 답할 때 쓰는 대표적인 표현은 다음과 같습니다.

  예 A: ¿Qué hora es? 몇 시야?
  B: Son las doce. 12시야.

- 시간을 말할 때는 SER 동사의 3인칭 활용형을 사용합니다. 1시일 때는 단수형 es를, 나머지 시간대에는 복수형 son을 써서 표현합니다.

- 시간을 나타내는 숫자 앞에는 여성 명사 hora(s)와 연결되는 정관사 la 또는 las가 반드시 위치해야 합니다. (UNIDAD 4의 PARTE II 참조)

  예 Es la una. *vs.* Son las dos, tres, cuatro ...

UNIDAD 04

# ¿Tienes hambre? Sí, tengo mucha hambre.

**PARTE I** Varias expresiones con el verbo TENER

**PARTE II** En mi bolso

## OBJETIVOS

1. TENER 동사를 활용하여 다양한 표현을 할 수 있다.
2. 스페인어로 0부터 30까지의 숫자를 말할 수 있다.
3. 사람이나 사물을 더욱 풍부하게 묘사하고 소개할 수 있다.

PARTE I

# Varias expresiones con el verbo TENER

## A. CLAVES CULTURALES

© stu_spivack

### 엠파나다(Empanada)

- 엠파나다는 다수의 스페인어권 국가에서 즐겨 먹는 요리로, 특히 아르헨티나와 칠레의 대표 음식입니다.
- 반죽 안에 고기, 채소, 치즈 등 다양한 속재료를 넣어 작은 반달 모양으로 만듭니다.
- 재료와 모양 면에서 만두와 비슷하다고 볼 수 있으나, 겉의 피가 두꺼워 빵의 느낌에 가깝습니다.

## B. DIÁLOGO

Javier Lucía, hola. ¿Qué tal?
Lucía Hola, Javier. ¿Cómo estás?
Javier Bien, pero tengo hambre. ¿También tienes hambre?
Lucía Sí, tengo mucha hambre. ¿Qué hora es?
Javier Son las doce y media. ¿Te apetece algo de comer?
Lucía Vale. ¿Qué tal unas empanadas?
Javier ¡Perfecto! Hoy te invito yo.
Lucía ¿De verdad? ¡Eres el mejor! ¡Gracias!
Javier Jaja, no hay de qué.

### VOCABULARIO

Tengo (mucha) hambre.: 나는 (매우) 배고파.
¿Te apetece algo de comer?: 뭐 좀 먹는 게 어때?
algo: 어떤 것, 무언가 (*something*)
Te invito.: 내가 살게.
¿De verdad?: 진짜?, 정말?
Eres el/la mejor.: 네가 최고야. (*You are the best.*)
No hay de qué.: 천만에요.

### GRAMÁTICA

A: ¿**Tienes** hambre?
B: Sí, **tengo** mucha hambre.

- TENER 동사는 '(~을/를) 가지고 있다'라는 뜻을 가집니다.
- TENER 동사는 다양한 표현에서 활용되는데, TENER hambre와 같이 주어의 상태를 나타낼 때 자주 쓰입니다.
- 1인칭 단수 활용형은 tengo, 2인칭 단수 활용형은 tienes, 3인칭 단수 활용형은 tiene입니다.

A: ¿**Qué hora es**?
B: **Son las** doce y media.

- 위는 스페인어로 시간을 묻고 답할 때 쓰는 대표적인 표현입니다.
- 시간을 말할 때는 SER 동사의 3인칭 활용형을 사용하며, 1시일 때는 es, 나머지는 son을 써서 나타냅니다.

## 1. COMPRENSIÓN

**Step 1.** 앞선 대화문에서 이미 아는 표현(단어)과 모르는 표현(단어)을 구분하여 다음 표를 작성해 봅시다.

| 아는 표현 | | 모르는 표현 | |
|---|---|---|---|
| 스페인어 | 한국어 뜻 | 스페인어 | 한국어 뜻 |
| | | | |
| | | | |
| | | | |
| | | | |
| | | | |

**Step 2.** 〈짝활동〉 대화문을 읽고, 다음 내용에 대해 짝과 함께 추론해 봅시다.

① 대화에 등장한 인물들은 서로 어떤 관계인가요?
② 두 사람은 무엇에 대해 이야기를 나누고 있나요?
③ 대화가 끝나고 두 사람은 무엇을 할 예정인가요?

## 2. PRONUNCIACIÓN

**Step 1.** 〈짝활동〉 각자 역할을 정하여 앞선 대화문을 소리 내어 읽어 봅시다. 어색한 발음이 있다면 짝과 토의한 후 최대한 자연스럽게 읽을 수 있도록 연습해 봅시다.

**Step 2.** 녹음된 발음을 듣고 대화문을 따라 읽어 봅시다. 생각했던 발음과 다른 것이 있다면 교수자와 함께 올바른 발음에 대해 토의해 봅시다.

# C. ACTIVIDADES

## 1. 스페인어로 숫자 읽기

**Step 1.** 스페인어로 0부터 30까지 숫자를 큰 소리로 세어 봅시다.

| | | |
|---|---|---|
| 0 cero | | |
| 1 uno | 11 once | 21 veintiuno** |
| 2 dos | 12 doce | 22 veintidós |
| 3 tres | 13 trece | 23 veintitrés |
| 4 cuatro | 14 catorce | 24 veinticuatro |
| 5 cinco | 15 quince | 25 veinticinco |
| 6 seis | 16 dieciséis | 26 veintiséis |
| 7 siete | 17 diecisiete | 27 veintisiete |
| 8 ocho | 18 dieciocho | 28 veintiocho |
| 9 nueve | 19 diecinueve | 29 veintinueve |
| 10 diez | 20 veinte | 30 treinta |

** 명사 años를 활용하여 21살을 표현할 때는 veintiún años라고 말합니다.

**Step 2.** 〈짝활동〉 예시(MODELO)와 같이 짝과 함께 서로의 나이를 묻고 답해 봅시다. 각자의 나이는 다음 빈칸에 스페인어로 적어 봅시다.

**MODELO (대화)**
A: ¿Cuántos años tienes?
B: Tengo ________ años.

| 나의 나이: | 짝의 나이: |
|---|---|
| | |

## 2. 암산하기

**Step 1.** 예시(MODELO)와 같이 간단한 암산 문제를 3개씩 만들어 봅시다.

**MODELO**

A: ¿Cuánto(s) es/son ______ más ______?
¿Cuánto(s) es/son ______ menos ______?
¿Cuánto(s) es/son ______ por ______?
¿Cuánto(s) es/son ______ dividido por/entre ______?
B: Es/Son ______.

**VOCABULARIO**

más 더하기　menos 빼기　por 곱하기　dividido por, entre 나누기

**Step 2.** 〈모둠활동〉 Step 1에서 작성한 암산 문제를 모둠원과 함께 풀어 봅시다. 한 명씩 돌아가며 문제를 내고 다 같이 정답을 맞혀 봅시다.

## 3. TENER 동사 활용하기

**Step 1.** 다음은 TENER 동사를 활용한 표현입니다. 소리 내어 읽어 봅시다.

| 상태 표현 | 기타 표현 |
|---|---|
| TENER (mucho) calor 덥다 | TENER...años (나이가) ~살이다 |
| TENER (mucho) frío 춥다 | TENER (mucho) cuidado 조심하다 |
| TENER (mucha) hambre 배고프다 | TENER (mucho) éxito 성공하다 |
| TENER (mucha) sed 목마르다 | TENER (mucha) suerte 운이 좋다 |
| TENER (mucha) prisa 급하다 | TENER razón ~이/가 옳다, 일리가 있다 |
| TENER (mucho) sueño 졸리다 | |
| TENER (mucho) miedo 겁이 나다 | |
| TENER gripe 독감에 걸리다 | |

**Step 2.** 〈짝활동〉 UNIDAD 3에서 배운 ESTAR 동사의 기분 및 상태 표현과 TENER 동사의 상태 표현을 비교해 봅시다. 짝과 함께 두 표현의 차이점을 이야기해 봅시다.

| ESTAR 동사의 기분 및 상태 표현 | |
|---|---|
| Estoy contento/a. 행복하다., 만족하다. | Estoy aburrido/a. 지루하다. |
| Estoy alegre. 즐겁다. | Estoy nervioso/a. 불안하다. |
| Estoy emocionado/a. 기쁘다., 설레다. | Estoy asustado/a. 놀라다., 겁이 나다. |
| Estoy triste. 슬프다. | Estoy sorprendido/a. 놀라다. |
| Estoy enojado/a. 화나다. | Estoy ocupado/a. 바쁘다. |
| Estoy enfadado/a. 화나다. | Estoy preocupado/a. 걱정되다. |
| Estoy irritado/a. 화나다. | Estoy cansado/a. 피곤하다. |
| Estoy enfermo/a. 아프다. | Estoy resfriado/a. 감기에 걸리다. |

## 4. 스피드 퀴즈: 표정 + 몸으로 말해요!

4명의 모둠원 중 2명씩 짝을 지어 2개의 팀을 만들어 봅시다.
3분 동안 더 많은 표현을 맞히는 팀이 우승하는 스피드 퀴즈 게임을 해 봅시다.

https://www.youtube.com/watch?v=NorTwrlfhxc&t=46s

**Step 1.** 〈모둠활동〉 상대 팀에서 맞힐 감정 표현 리스트를 만들어 봅시다.

| | |
|---|---|
| 1. | 2. |
| 3. | 4. |
| 5. | 6. |
| 7. | 8. |
| 9. | 10. |

**Step 2.** 〈모둠활동〉 Step 1에서 작성한 내용을 바탕으로 팀원 중 한 명이 상대팀에 감정 표현 리스트를 제시하고, 다른 한 명은 시간을 재도록 합시다. 이때 시간은 팀당 1분 30초가 주어집니다.

**Step 3.** 〈모둠활동〉 게임 결과를 확인하고, 가장 기발했던 문장을 온라인 Classroom에 올려 봅시다. 수업의 전체 구성원과 공유하고 피드백을 나눠 봅시다.

# D. RECAPITULACIÓN

## 1. GRAMÁTICA

### 1) TENER 동사

| TENER | |
|---|---|
| yo | tengo |
| tú | tienes |
| usted | tiene |
| él, ella | tiene |
| nosotros, nosotras | tenemos |
| vosotros, vosotras | tenéis |
| ustedes | tienen |
| ellos, ellas | tienen |

- TENER 동사는 '(~을/를) 가지고 있다'라는 뜻으로, 주어가 무언가를 **소유**하고 있음을 나타낼 때 씁니다.
- TENER 동사는 소유를 나타내는 표현 외에도 **상태, 나이 표현 등**에서 다양하게 활용됩니다.

## 2. PREPARACIÓN

- UNIDAD 4의 PARTE II에서는 스페인어의 정관사와 부정관사에 대해 학습합니다. 스페인어의 관사를 올바르게 사용하려면 명사의 성과 수를 고려하는 것이 중요합니다. 다음을 미리 읽어 봅시다.

### 1) 스페인어의 관사

- 스페인어의 관사는 정관사(el, la, los, las)와 부정관사(un, una, unos, unas)로 구분됩니다.
- 정관사는 이미 언급되었거나 현재 대화에 참여하는 사람이 모두 특정할 수 있는 대상 앞에 사용합니다. 반면 부정관사는 주로 처음 언급되는 대상 앞에 씁니다.

  예 A: Por último, tengo un libro. 끝으로, 나는 책 한 권을 가지고 있어.
  B: Ah, el libro de tu escritor favorito, ¿no? 아, 네가 가장 좋아하는 작가의 책 맞지? 안 그래?

# PARTE II En mi bolso

## A. CLAVES CULTURALES

© Urci dream

### ◆◆◆ 엘고르도 복권(El Gordo)

- 스페인에는 다양한 복권이 있습니다. 그중 엘고르도는 스페인의 크리스마스를 기념하는 복권입니다.
- 스페인에서는 매년 크리스마스 이브에 복권 당첨행사가 TV로 생중계됩니다. 당첨금은 매우 거액이며, 이 복권을 엘고르도라고 부르는 이유입니다.
- 이 밖에 매주 진행되는 복권으로 ONCE, Primitiva, Quiniela, Euromillones, Bonoloto 등이 있습니다.

## B. DIÁLOGO

Camila ¡Hola, Lucía!

Lucía ¡Hola, Camila! ¿Es este tu nuevo bolso?

Camila Sí, ¿quieres verlo? Tengo muchas cosas dentro.

Lucía ¡Por supuesto, venga!

Camila Primero, tengo mi iPad. Y luego, tengo un chocolate.

Lucía ¿Un chocolate?

Camila Sí, es que siempre tengo hambre.

Lucía ¿Ah, sí? Jaja. ¿Qué más tienes?

Camila Algunos perfumes.

Lucía ¿Algunos? ¿Cuántos?

Camila Tres, soy fanática de los perfumes.

Lucía ¡Ah, ya veo! ¿Algo más?

Camila Bueno, por último, tengo un libro.

Lucía Ah, es el libro de tu escritor favorito, ¿verdad?

Camila: ¡Exacto!

### VOCABULARIO

nuevo, va: 새로운
el bolso: 핸드백
dentro: 안에, 속에
Por supuesto.: 당연하지.
¡Venga!: 어서 (해 봐요)!, 빨리! (*Come on!*)
primero: 우선
siempre: 항상, 늘, 언제나
más: 더
el perfume: 향수
cuántos: 얼마나 (많이)
fanático, ca: 열렬히 좋아하는, ~에 대해 광적인
¿Algo más?: 무언가 더 (있니)? (*anything/ something else?*)
último, ma: 마지막의
el libro: 책
el escritor, la escritora: 작가
favorito, ta: 가장 좋아하는
exacto, ta: 정확한, 옳은

## ◎ GRAMÁTICA

A: Por último, tengo **un** libro.

B: Ah, **el** libro de tu escritor favorito, ¿verdad?

- 스페인어의 관사는 정관사(el, la, los, las)와 부정관사(un, una, unos, unas)로 구분됩니다.
- 정관사는 이미 언급되었거나 현재 대화에 참여하는 사람들이 모두 특정할 수 있는 대상 앞에 사용합니다. 반면 부정관사는 주로 처음 언급되는 대상 앞에 씁니다.

## 1. COMPRENSIÓN

**Step 1.** 앞선 대화문에서 이미 아는 표현(단어)과 모르는 표현(단어)을 구분하여 다음 표를 작성해 봅시다.

| 아는 표현 | | 모르는 표현 | |
|---|---|---|---|
| 스페인어 | 한국어 뜻 | 스페인어 | 한국어 뜻 |
| | | | |
| | | | |
| | | | |
| | | | |

**Step 2.** 대화문을 읽고, 다음 중 무엇에 관한 내용인지 추론해 봅시다. 전체 내용 중 가장 중요하다고 생각하는 문장을 선택하고, 문장 의미를 해석해 봅시다.

① 친구가 가장 좋아하는 작가　② 좋아하는 소설 장르
③ 좋아하는 향수 브랜드　④ 친구가 가장 좋아하는 음식
⑤ 가방 속 소지품

중요 문장: ....................................................

**Step 3.** 〈짝활동〉 중요 문장의 의미를 활용하여 Step 2에서 답안을 고른 이유를 짝에게 설명해 봅시다.

## 2. PRONUNCIACIÓN

**Step 1.** 〈짝활동〉 각자 역할을 정하여 앞선 대화문을 소리 내어 읽어 봅시다. 어색한 발음이 있다면 짝과 토의한 후 최대한 자연스럽게 읽을 수 있도록 연습해 봅시다.

**Step 2.** 녹음된 발음을 듣고 대화문을 따라 읽어 봅시다. 생각했던 발음과 다른 것이 있다면 교수자와 함께 올바른 발음에 대해 토의해 봅시다.

## C. ACTIVIDADES

### 1. 가방 속 소지품 소개하기

**Step 1.** 〈짝활동〉 가방 속 소지품을 표현하는 단어를 인터넷에서 찾아 정리해 봅시다.

| 나의 소지품 | | 짝의 소지품 | |
|---|---|---|---|
| 한국어 | 스페인어 | 한국어 | 스페인어 |
| | | | |
| | | | |
| | | | |
| | | | |

**Step 2.** 〈짝활동〉 예시(MODELO)를 활용하여 서로의 소지품을 소개해 봅시다.

**MODELO**

A: ¿Qué tienes en tu mochila / bolso / bolsa?

B: En mi mochila / bolso / bolsa, tengo ________, ________ y ________. ¿Y tú, qué tienes?

A: A ver... Tengo ________, ________ y ________.

|  |  |  |
|---|---|---|
| la mochila: 백팩, 책가방 | el bolso: 핸드백 | la bolsa: (에코백, 비닐 봉투 등) 모든 종류의 가방 |

## 2. 스페인어로 색깔 말하기

**Step 1.** 다양한 스페인어 색깔 형용사를 알아봅시다. 대표 사물을 통해 해당 스페인어가 무슨 색깔을 의미할지 유추해 봅시다.

| 색깔 | 대표 사물 | 뜻 |
|---|---|---|
| rojo, ja | las manzanas rojas | |
| naranja | las zanahorias naranjas | |
| amarillo, lla | la luna amarilla | |
| verde | el árbol verde | |
| azul | el mar azul | |
| marrón / café | las bolsas marrones / cafés | |
| violeta | las flores violetas | |
| rosado, da | el vino rosado | |
| blanco, ca | la hoja blanca | |
| negro, ra | la noche negra | |
| gris | el cielo gris | |

**Step 2.** 〈짝활동〉 **1. 가방 속 소지품 소개하기**에서 정리한 소지품을 색깔 형용사나 일반 형용사를 활용하여 짝에게 소개해 봅시다.

| 나의 소지품 | 특징 | 짝의 소지품 | 특징 |
|---|---|---|---|
| | | | |
| | | | |
| | | | |
| | | | |

## 3. 인물 소개하기

**Step 1.** 다음 글을 소리 내어 읽어 보고, 새롭게 알게 된 단어와 그 뜻을 정리해 봅시다.

| | |
|---|---|
| Hola, me llamo Lucía.<br>Tengo veintiún años.<br>Soy muy activa y extrovertida.<br>Tengo ojos grandes y negros. | 안녕, 내 이름은 루시아야.<br>나는 21살이야.<br>나는 매우 활발하고 외향적이야.<br>내 눈은 크고 검은색이야. |
| Este es Max, mi mascota.<br>Max es un perro pequeño.<br>Tiene pelo largo y ojos muy grandes.<br>Es súper amable y listo. | 얘는 내 반려동물 막스야.<br>막스는 조그마한 개야.<br>이 아이는 긴 털과 매우 큰 눈을 가졌어.<br>정말 친절하고 영리해. |
| Mi actriz favorita es Jennifer Lawrence.<br>Es muy talentosa.<br>Tiene pelo rubio y ojos azules. | 내가 가장 좋아하는 배우는 제니퍼 로렌스야.<br>그녀는 재능이 매우 많아.<br>머리카락은 금발이고 눈은 푸른색이야. |

나의 단어장

| 스페인어 | 한국어 뜻 |
|---|---|
| | |
| | |
| | |
| | |
| | |

**Step 2.** Step 1을 참고하여 나와 내 주변 인물, 내가 좋아하는 인물을 간략하게 소개하는 글을 써 봅시다.

**Step 3.** 〈짝활동〉 Step 2에서 작성한 소개글을 짝에게 읽어 주고, 다음 빈칸에 짝이 소개한 인물의 특징을 적어 봅시다.

| 인물 1 (이름: ) | | 인물 2 (이름: ) | | 인물 3 (이름: ) | |
|---|---|---|---|---|---|
| 특징 1 | | 특징 1 | | 특징 1 | |
| 특징 2 | | 특징 2 | | 특징 2 | |

**Step 4.** Step 3에서 짝이 소개한 세 인물 중 한 명을 골라 짧은 소개글을 써 보고, 작성한 글을 온라인 Classroom에 올려 봅시다. 수업의 전체 구성원과 공유하고 피드백을 나눠 봅시다.

# D. RECAPITULACIÓN

## 1. GRAMÁTICA

### 1) 정관사와 부정관사

| | 정관사 | | 부정관사 | |
|---|---|---|---|---|
| | 남성 | 여성 | 남성 | 여성 |
| 단수 | el | la | un | una |
| 복수 | los | las | unos | unas |

- 스페인어의 관사는 정관사와 부정관사로 구분됩니다.
- 정관사는 이미 언급되었거나 대화에 참여하는 사람이 모두 특정할 수 있는 대상 앞에 씁니다.
- 부정관사는 주로 처음 언급되는 대상 앞에 사용합니다.
- 정관사와 부정관사는 뒤에 오는 **명사의 성과 수를** 기준으로 변형됩니다.

  예 el/un libro *vs.* los/unos libros
  la/una casa *vs.* las/unas casas

- TENER 동사의 목적어는 관사를 동반하지 않기도 하는데, 이 경우 목적어를 구체화하지 않은 채로 주어의 목적어 소유 여부를 나타내는 표현으로 해석됩니다.

  예 ¿Tienes coche? 너는 차가 있니?
  ¿Tienes hermanos? 너는 형제가 있니?

### 2) 의문사 qué

- Qué는 일반적으로 **무엇**이라는 뜻의 의문명사로 사용됩니다.

  예 ¿Qué tienes en la mano?

- 뒤에 오는 명사를 수식하는 의문형용사처럼 활용할 수도 있습니다.

  예 ¿Qué tipo de bolsa tienes?

- Qué를 비롯한 스페인어 의문사에는 모두 강세 부호가 있습니다.

## 2. PREPARACIÓN

- UNIDAD 5의 PARTE I에서는 규칙에 따라 일정하게 변하는 현재 시제 규칙변화 동사에 대해 학습합니다. 지금까지 연습한 SER, ESTAR, TENER 동사는 모두 불규칙변화 동사였습니다. UNIDAD 5에서 배우게 될 동사변화의 규칙을 이해하면 많은 동사를 현재 시제로 활용할 수 있게 됩니다. 다음을 미리 읽어 봅시다.

### 1) 현재 시제 규칙변화 동사

- 스페인어 동사의 현재형은 1인칭 단·복수, 2인칭 단·복수, 3인칭 단·복수 주어에 따라 총 6가지 형태로 활용(conjugación)됩니다. 하지만 본 교재에서는 RAE의 최신 표기법에 따라, 기존에 3인칭 단·복수에 포함되어 있던 usted과 ustedes를 독립된 형태로 간주하여 표기합니다.

- 본 교재는 대화(DIÁLOGO)와 활동(ACTIVIDADES)에서 1, 2, 3인칭 단수 활용형을, 복습(RECAPITULACIÓN)에서 동사의 모든 활용형을 제시하니 참고 바랍니다.

- 규칙동사의 경우 동사원형의 어미 -ar, -er, -ir를 인칭에 따라 다음과 같이 변화시킵니다.**
  - -ar형: -o, -as, -a, -a, -amos, -áis, -an, -an
  - -er형: -o, -es, -e, -e, -emos, -éis, -en, -en
  - -ir형: -o, -es, -e, -e, -imos, -ís, -en, -en

  ** 순서: 1인칭 단수, 2인칭 단수, 3인칭 단수, 1인칭 복수, 2인칭 복수, 3인칭 복수

### 2) 부사의 위치

- 스페인어 부사는 형용사의 여성형에 접미사 -mente를 붙여 구성합니다.

  예 alta + -mente → altamente

- 동사를 수식할 때는 대체로 수식하는 동사 뒤에 위치합니다.

  예 Vengo muy rápido a la universidad. 나는 학교에 매우 빨리 온다.

- 형용사나 다른 부사를 수식할 때는 주로 수식하는 대상 앞에 위치하며, 문장 전체를 수식할 때는 대체로 활용된 동사 앞에 위치합니다.

  예 Generalmente vengo a la universidad a pie. 일반적으로 나는 학교에 걸어서 온다.

UNIDAD 05

# ¿Qué haces hoy? Voy al cine.

**PARTE I** La vida cotidiana

**PARTE II** Organizar un plan semanal

© Lucis García

## OBJETIVOS

1 요일에 관련된 어휘를 익히고 일상생활을 표현할 수 있다.

2 동사의 현재형을 정확하게 활용할 수 있다.

3 부사를 활용하여 풍부한 의미로 동사를 사용할 수 있다.

# PARTE I La vida cotidiana

## A. CLAVES CULTURALES

© Alejandro Linares Garcia

### 몰레(Mole)

- 몰레는 멕시코를 대표하는 음식 중 하나입니다. 이 걸쭉한 질감의 소스는 다양한 고추, 향신료, 초콜릿을 섞어 만듭니다.
- 몰레는 멕시코 지역별로 그 구성이 다양합니다. 푸에블라(Puebla) 지역에서 먹는 몰레 포블라노(mole poblano)가 가장 유명한데, 주로 육류에 곁들여 먹습니다.

예 Cocino bien la comida mexicana. 나는 멕시코 음식을 잘 만든다.
Hoy preparo el mole poblano para mi familia. 나는 오늘 우리 가족을 위해 몰레 포블라노를 준비한다.

## B. DIÁLOGO

Javier ¿Qué haces por la mañana, Lucía?

Lucía Antes de ir a la universidad, desayuno con mis padres en casa.

Javier ¡Qué envidia! Yo vivo en la residencia universitaria y desayuno solo en el comedor estudiantil. ¿Cómo vienes al campus?

Lucía Vivo cerca del campus. Entonces, generalmente vengo a pie. A veces, tomo el autobús universitario. ¿Qué haces después de desayunar?

Javier Voy a la piscina en el complejo deportivo universitario y nado allí por una hora, tres días a la semana. Y tú, ¿también haces algún ejercicio?

Lucía Sí, por supuesto. Corro por el parque en mi barrio con mi hermana menor todos los días.

### VOCABULARIO

**antes de + 동사원형:** ~하기 전에
**desayuno:** DESAYUNAR 동사 1인칭 단수 현재형 / 아침 먹다
**el comedor estudiantil:** 학생식당
**vienes:** VENIR 동사 2인칭 단수 현재형 / ~(으)로 오다
**el campus:** 캠퍼스
**vivo:** VIVIR 동사 1인칭 단수 현재형 / 살다
**entonces:** 그래서
**vengo:** VENIR 동사 1인칭 단수 현재형 / ~(으)로 오다
**a pie:** 걸어서
**a veces:** 가끔, 때때로
**tomo:** TOMAR 동사 1인칭 단수 현재형 / (교통수단을) 타다
**después de + 동사원형:** ~한 후에
**la piscina:** 수영장
**el complejo deportivo:** 스포츠 콤플렉스
**nado:** NADAR 동사 1인칭 단수 현재형 / 수영하다
**a la semana:** 일주일에, 일주일을 기준으로
**también:** 역시
**hacer ejercicio:** 운동을 하다
**corro:** CORRER 1인칭 단수 현재형 / 뛰다
**el barrio:** 동네
**el hermano, la hermana menor:** 남동생, 여동생
**todos los días:** 매일

## ◎ GRAMÁTICA

Yo **vivo** en la residencia universitaria y **desayuno** solo en el comedor estudiantil.

- 스페인어 동사의 현재형은 6가지 활용형으로 나뉩니다. 하지만 본 교재에서는 RAE의 최신 표기법에 따라, 기존에 3인칭 단·복수에 포함되어 있던 usted과 ustedes를 독립된 형태로 간주하여 표기합니다.

| -ar 형 | -o, -as, -a, -a,<br>-amos, -áis, -an, -an | -er 형 | -o, -es, -e, -e,<br>-emos, -éis, -en, -en | -ir 형 | -o, -es, -e, -e,<br>-imos, -ís, -en, -en |
|---|---|---|---|---|---|

- 본 교재는 활동별로 필요한 최소한의 활용형을 점진적으로 제공할 예정입니다. 이후 D. RECAPITULACIÓN에서 모든 활용형을 제시합니다.

Entonces, **generalmente** vengo a pie.

- 부사는 동사를 수식할 때 대체로 **동사 뒤에 위치**합니다. 형용사나 다른 부사를 수식할 때는 주로 **수식하는 대상 앞에 위치**합니다. 문장 전체를 수식할 때는 대체로 활용된 동사 앞에 위치합니다.

  예 Mi amigo corre muy rápido. 내 친구는 매우 빠르게 뛴다.

**Antes de** ir a la universidad desayuno con mis padres en casa.

- **Antes de + 동사원형**과 **antes de + 정관사 + 명사**는 모두 '~(하기) 전에'라는 뜻을 가집니다.

¿Qué haces **después de** desayunar?

- **Después de + 동사원형**과 **después de + 정관사 + 명사**는 모두 '~(한) 후에'라는 뜻입니다.

## 1. COMPRENSIÓN

**Step 1.** 앞선 대화문에서 이미 아는 표현(단어)과 모르는 표현(단어)을 구분하여 다음 표를 작성해 봅시다.

| 아는 표현 | | 모르는 표현 | |
|---|---|---|---|
| 스페인어 | 한국어 뜻 | 스페인어 | 한국어 뜻 |
| | | | |
| | | | |
| | | | |
| | | | |
| | | | |

**Step 2.** 대화문을 읽고, 다음 중 무엇에 관한 내용인지 추론해 봅시다. 전체 내용 중 가장 중요하다고 생각하는 문장을 선택하고, 문장 의미를 해석해 봅시다.

① 친구 생일선물 고민 ② 일상 이야기 ③ 해외여행 계획수립
④ 시험공부 ⑤ 점심식사 메뉴

중요 문장: ..................................................

**Step 3.** 〈짝활동〉 중요 문장의 의미를 활용하여 Step 2에서 답안을 고른 이유를 짝에게 설명해 봅시다.

## 2. PRONUNCIACIÓN

**Step 1.** 〈짝활동〉 각자 역할을 정하여 앞선 대화문을 소리 내어 읽어 봅시다. 어색한 발음이 있다면 짝과 토의한 후 최대한 자연스럽게 읽을 수 있도록 연습해 봅시다.

**Step 2.** 녹음된 발음을 듣고 대화문을 따라 읽어 봅시다. 생각했던 발음과 다른 것이 있다면 교수자와 함께 올바른 발음에 대해 토의해 봅시다.

## C. ACTIVIDADES

### 1. 현재 행동 표현하기

**Step 1.** 다음 표의 어휘를 이용해 단어 주머니(la bolsa de palabras)를 만들어 봅시다. 동사를 고르고 어울릴 만한 목적어(와 부사구)를 조합해 봅시다.

| 동사원형 | 명사(목적어로 활용) | 부사(구) |
|---|---|---|
| HABLAR 말하다 | el idioma extranjero 외국어 | mucho** 많이 |
| ESCUCHAR 듣다 | la lengua extranjera 외국어 | solo*** 단지 |
| TRABAJAR 일하다 | la música 음악 | con amigos 친구들과 함께 |
| ESTUDIAR 공부하다 | el agua 물 | con frecuencia 자주 |
| USAR 사용하다 | la cerveza 맥주 | con alegría 기쁘게 |
| COMER 먹다 | el vino 와인 | a veces 때때로 |
| LEER 읽다 | el correo electrónico 이메일 | siempre 항상 |
| BEBER 마시다 | el bocadillo 샌드위치 | en casa 집에서 |
| APRENDER 배우다 | la ensalada 샐러드 | en mi habitación 내 방에서 |
| VIVIR 살다 | el libro 책 | en el aula 교실에서 |
| ABRIR 열다 | el periódico 신문 | en la biblioteca 도서관에서 |
| ESCRIBIR 쓰다 | la puerta 문 | en el campus 캠퍼스에서 |
| | la ventana 창문 | en el club 동아리에서 |
| | | en el restaurante 식당에서 |
| | | ** mucho/a는 '많은'이라는 뜻의 형용사로도 사용 가능합니다.<br>*** solo/a는 '혼자의'라는 뜻의 형용사로도 사용 가능합니다. |

| | 동사원형 | 명사 y/o 부사(구) | |
|---|---|---|---|
| **MODELO** | ESTUDIAR | español | siempre, en casa |
| Bolsa 1 | | | |
| Bolsa 2 | | | |
| Bolsa 3 | | | |
| Bolsa 4 | | | |
| Bolsa 5 | | | |
| Bolsa 6 | | | |
| Bolsa 7 | | | |
| Bolsa 8 | | | |

**Step 2.** Step 1에서 만든 단어 주머니를 활용하여 '나'를 주어로 하는 문장을 만들어 봅시다.

**MODELO**
Siempre estudio español en casa. 나는 언제나 집에서 스페인어를 공부한다.

1. (Yo) ____________________
2. ____________________
3. ____________________
4. ____________________
5. ____________________
6. ____________________
7. ____________________
8. ____________________

**Step 3.** 〈짝활동〉 Step 1에서 짝이 선택한 단어 주머니의 어휘를 활용하여 '너'를 주어로 하는 문장을 작성해 봅시다.

**MODELO**
Trabajas mucho en la biblioteca. 너는 도서관에서 많이 공부한다.

1. (Tú) ____________________
2. ____________________
3. ____________________
4. ____________________
5. ____________________
6. ____________________
7. ____________________
8. ____________________

**Step 4.** 〈짝활동〉 Step 2, 3에서 서로가 만든 문장을 읽어 보고, 짝이 쓴 문장의 의미를 말해 봅시다. 이때 같은 단어 주머니를 사용했음에도 주어 외에 의미나 어순이 달라지는 경우가 있는지 살피고, 만약 그렇다면 그 이유가 무엇일지 이야기해 봅시다.

## 2. 일상 묻고 답하기

**Step 1.** 다음 표에 제시된 단어를 활용하여 일상을 표현해 봅시다. 최소 7개의 서로 다른 시간대를 정한 후, 필요한 동사원형과 시간 및 빈도부사를 선택해 시간표를 작성해 봅시다.

<table>
<tr><th>주어</th><th>동사활용</th><th>시간 및 빈도부사</th></tr>
<tr><td>Yo</td><td>toco la guitarra 기타를 연주하다</td><td rowspan="6">todos los días 매일<br>todas las mañanas / tardes / noches<br>매일 아침 / 오후 / 저녁에<br>por la mañana / tarde / noche<br>아침에 / 오후에 / 저녁에<br>antes de ~하기 전에<br>después de ~한 후에<br>siempre 항상<br>con frecuencia / frecuentemente<br>빈번히, 자주<br>a menudo 종종<br>a veces 가끔씩<br>no... nunca 절대 ~하지 않다</td></tr>
<tr><td>Tú</td><td>tocas el piano 피아노를 연주하다</td></tr>
<tr><td>Usted</td><td>toca el violín 바이올린을 연주하다</td></tr>
<tr><td>Él, Ella</td><td>toca la batería 드럼을 연주하다</td></tr>
<tr><td colspan="2">주요 동사</td></tr>
<tr><td colspan="2">DESAYUNAR: desayuno, desayunas, desayuna, desayuna<br>아침을 먹다<br>ALMORZAR: almuerzo, almuerzas, almuerza, almuerza<br>점심을 먹다<br>CENAR: ceno, cenas, cena, cena 저녁을 먹다<br>ASISTIR a la clase de Español 1 / Inglés avanzado / Chino 1 / Economía: asisto, asistes, asiste, asiste<br>(수업, 행사 등)에 출석하다<br>TOMAR el autobús universitario / un taxi / un metro:<br>tomo, tomas, toma, toma (교통수단을) 타다<br>APRENDER a cocinar / nadar / pintar / cantar / bailar:<br>aprendo, aprendes, aprende, aprende (~하는 법을) 배우다<br>LEER un periódico / un libro / una revista:<br>leo, lees, lee, lee (~을/를) 읽다<br>IR al cine / a la universidad / al centro estudiantil:<br>voy, vas, va, va (~에) 가다</td></tr>
</table>

| 시간대 | 동사원형 | 명사 y/o 부사(구) | |
|---|---|---|---|
| | | | |
| | | | |
| | | | |
| | | | |
| | | | |
| | | | |
| | | | |

**Step 2.** Step 1에서 만든 시간표를 활용하여 하루 일상을 표현하는 문장을 작성해 봅시다.

1. Por la mañana, (yo) ______________________________.

2. ______________________________

3. ______________________________

4. ______________________________

5. ______________________________

6. ______________________________

7. ______________________________

**Step 3.** 시간부사구를 적절히 활용하여 일상을 묻는 문장을 만들어 봅시다.

1. ¿Qué haces ______________________________?

2. ______________________________

3. ______________________________

4. ______________________________

5. ______________________________

**Step 4.** 〈모둠활동〉 Step 3에서 만든 질문을 이용하여 모둠원과 함께 각자의 일상에 대해 이야기를 나눠 봅시다. 이때 모둠원의 대답은 3인칭으로 변형하여 다음에 기록해 봅시다.

1. Mi compañero/a se llama ______________. (Él/Ella) ______________.

2. ______________________________

3. ______________________________

4. ______________________________

5. ______________________________

**Step 5.** Step 4에서 작성한 문장 중 하나를 골라 온라인 Classroom에 올려 봅시다. 수업의 전체 구성원과 공유하고 피드백을 나눠 봅시다.

# D. RECAPITULACIÓN

## 1. GRAMÁTICA

### 1) 동사의 활용

| | HABLAR | LEER | ESCRIBIR |
|---|---|---|---|
| yo | hablo | leo | escribo |
| tú | hablas | lees | escribes |
| usted | habla | lee | escribe |
| él, ella | habla | lee | escribe |
| nosotros, nosotras | hablamos | leemos | escribimos |
| vosotros, vosotras | habláis | leéis | escribís |
| ustedes | hablan | leen | escriben |
| ellos, ellas | hablan | leen | escriben |

- 주어에 따라 동사 형태를 변화시키는 것을 활용(conjugación)이라고 부릅니다.
- 스페인어 동사의 현재 시제 활용형은 전통적으로 6가지 형태(1인칭 단·복수, 2인칭 단·복수, 3인칭 단·복수)로 분류됩니다.
- 본 교재에서는 RAE의 최신 표기법에 따라 기존에 3인칭 단·복수에 포함되어 있던 usted과 ustedes를 독립된 형태로 간주하여, 동사활용을 8개로 표기합니다.
- 스페인어 동사의 원형은 어미가 -ar, -er, -ir 중 하나로 이루어져 있습니다. 동사의 활용은 어미를 탈락시킨 후 인칭에 맞는 활용 어미를 추가하는 것입니다.
- 스페인어는 동사활용이 일정하게 이루어지는 규칙동사와 주로 어간에 일정하지 않은 변화가 있는 불규칙동사로 나뉩니다. 위의 표는 대표적인 규칙동사입니다.
- 스페인어는 대부분의 시제에서 공통적으로 주어를 생략하는 경향이 있으며, 이때 문장의 주어는 대체로 동사활용형을 통해 유추합니다. 특정 주어를 강조하고자 하거나, 주어를 생략했을 때 의미가 모호해지는 3인칭 문장의 경우, 화자의 판단에 따라 주어를 표시하기도 합니다.
- 동사의 목적어가 사람이나 동물이면 전치사 a를 목적어 앞에 사용해야 합니다.

## 2) 부사(구)의 활용

- 부사는 동사, 형용사, 다른 부사, 문장 전체를 수식하는 기능을 하며, 적절히 사용하면 문장의 의미를 상세히 표현할 수 있습니다.

- 스페인어의 부사 위치는 일반적으로 수식하는 대상에 따라 변화합니다.

- 동사를 수식하는 부사(구)는 대체로 수식하고자 하는 동사의 뒤에 위치합니다.

  예 (Yo) hablo mucho con mis amigos. 나는 내 친구들과 많이 이야기한다.

- 형용사나 다른 부사를 수식하는 부사(구)는 대체로 수식하고자 하는 단어 앞에 위치합니다.

  예 Mi amigo corre bien rápido. 내 친구는 매우 빠르게 뛴다.
  Mis padres son muy buenos. 우리 부모님은 매우 좋은 분들이다.

- 부사가 문장 전체를 수식하는 경우 혹은 특정 부사(casi, todavía, también, nunca, tampoco)가 사용되는 경우 해당 부사는 주로 주어와 동사 사이에 위치합니다.

  예 (Yo) nunca estudio español. 나는 절대 스페인어를 공부하지 않는다.

- 부정 의미를 가진 특정 부사(nunca, tampoco)가 동사 뒤에 위치하면 동사 앞에 반드시 no를 써야 합니다.

  예 No estudio para preparar el examen tampoco. 나는 시험을 준비하기 위한 공부도 하지 않았다.

## 3) 부사(구)의 종류

- 부사에는 여성 단수 형용사의 어미에 **-mente**를 추가한 형태가 있습니다.

  예 rápidamente, frecuentemente, generalmente

- 남성 단수 형용사와 동일한 형태로 쓰이는 부사도 있습니다.

  예 rápido, solo

- **전치사 + 명사**와 같은 형태도 부사(구)의 종류 중 하나입니다.

  예 con mis padres, en casa, por la mañana, con frecuencia

- **정관사 / 지시대명사 + 명사 (+ 형용사)**의 경우도 부사(구)로 분류할 수 있습니다.

  예 el viernes (pasado), este fin de semana, todos los días

그 밖에 자주 사용되는 빈도부사는 다음과 같습니다. (장소부사 및 부사구는 UNIDAD 4 참조)

| 빈도부사 | 의미 | 빈도부사 | 의미 |
|---|---|---|---|
| siempre | 항상 | generalmente | 일반적으로 |
| frecuentemente | 빈번히, 자주 | a menudo | 종종 |
| muchas veces | 여러 차례 | a veces | 때때로 |
| dos veces al mes | 한 달에 두 번 | pocas veces | 거의 ~하지 않다 |
| una vez a la semana | 일주일에 한 번 | nunca | 절대 ~하지 않다 |

예 Visito frecuentemente a mis padres. 나는 우리 부모님을 자주 방문한다.
Corro por el parque cerca de mi casa todas las mañanas. 매일 아침 나는 집 주변의 공원을 뛴다.
Voy al cine este fin de semana. 나는 이번 주말에 극장에 간다.
Nado en la piscina tres veces a la semana. 나는 일주일에 세 번 수영장에서 수영을 한다.

### 4) 소유사의 전치형

다음은 소유사의 전치형으로, 1인칭 복수형과 2인칭 복수형은 소유자가 남성인지 여성인지에 따라 -o/a로 구분합니다.

| 인칭(의미) | 단수형 | 복수형 |
|---|---|---|
| 1인칭 단수(나의) | **mi** amigo, ga | **mis** amigos, gas |
| 2인칭 단수(너의) | **tu** amigo, ga | **tus** amigos, gas |
| 3인칭 단수<br>(그의, 그녀의, 당신의, etc.) | **su** amigo, ga | **sus** amigos, gas |
| 1인칭 복수(우리의) | **nuestro** amigo, ga<br>**nuestra** amigo, ga | **nuestros** amigos, gas<br>**nuestras** amigos, gas |
| 2인칭 복수(너희의) | **vuestro** amigo, ga<br>**vuestra** amigo, ga | **vuestros** amigos, gas<br>**vuestras** amigos, gas |
| 3인칭 복수<br>(그들의, 그녀들의, 당신들의, etc.) | **su** amigo, ga | **sus** amigos, gas |

## 2. PREPARACIÓN

- UNIDAD 5의 PARTE II에서는 요일에 관한 표현을 배웁니다. PARTE I에서 배운 현재 시제 동사의 기초적인 활용법과 함께 이를 사용하여 한 주간의 일상을 전달하는 표현을 학습할 것입니다. 다음을 미리 학습하도록 합시다.

### 1) 요일 표현

| el lunes | 월요일 | el viernes | 금요일 |
|---|---|---|---|
| el martes | 화요일 | el sábado | 토요일 |
| el miércoles | 수요일 | el domingo | 일요일 |
| el jueves | 목요일 | el fin de semana | 주말 |

- 스페인어 요일명은 모두 남성 명사입니다.

- **정관사 + 요일명**은 시간부사구처럼 활용됩니다. 이때 시간부사구는 전치사와 함께 쓰지 않습니다.

  예 el lunes 월요일에
  en el lunes (X)

- '요일마다'라는 의미를 표현하고자 할 때는 관사와 명사를 모두 복수로 사용합니다.

  예 los martes 화요일마다

# PARTE II Organizar un plan semanal

## A. CLAVES CULTURALES

### 치차 모라다(Chicha morada)

- 치차 모라다는 페루 안데스 지역의 대표적인 전통음료로, 16세기 스페인의 지배가 시작되기 전에 존재한 아메리카 원주민 문명에서 기원했습니다.
- 자색 옥수수에 과일을 넣고 끓여서 만들며, 주로 차게 마시고 칵테일로 마시기도 합니다.

  예 Después de almorzar, tomo un vaso de chicha morada todos los días.
  점심을 먹은 후 나는 매일 치차 모라다를 한 잔 마신다.

## B. DIÁLOGO

Carlos ¿Tenemos alguna tarea de español para este viernes?

Camila Sí, ¿todavía no la haces? Tenemos que organizar nuestro plan semanal para este semestre.

Carlos ¡Oh, no! Hoy es jueves. No tengo mucho tiempo para hacer esa tarea. ¿Y tú?

Camila Yo tampoco. Entonces, vamos a hacerla juntos ahora. ¿Qué te parece?

Carlos ¡Muy buena idea! Totalmente de acuerdo.

Camila Yo empiezo. ¿Qué haces todos los lunes?

Carlos Todos los lunes aprendo Python en una academia. Últimamente, me gusta mucho estudiar lenguajes de programación. Y tú, ¿qué haces los martes?

Camila Yo juego (al) tenis con mi compañera de cuarto todos los martes. Hay una cancha de tenis cerca del dormitorio universitario. Después de terminar el partido, siempre tomamos cerveza en mi bar favorito.

### VOCABULARIO

la tarea: 과제
este: 이 (*this*)
el tiempo: 시간
vamos a + 동사원형: ~을/를 하자 (청유형)
¿Qué te parece?: 네 생각은 어때?
empiezo: EMPEZAR 동사 1인칭 단수 현재형 / 시작하다
todo(s): 모든 (형용사 혹은 명사)
la academia: 학원
últimamente: 최근에는
el lenguaje de programación: 프로그래밍 언어
juego: JUGAR 동사 1인칭 단수 현재형 / (운동 종목을) 하다, 놀다
el compañero, la compañera de cuarto: 룸메이트
la cancha: 경기장
TERMINAR: 끝내다
el partido: 운동 경기

## GRAMÁTICA

A: ¿Tenemos **alguna tarea de español** para este viernes?
B: Sí, ¿todavía no **la** haces?

- 이미 언급된 직접목적어를 반복하지 않기 위해 사용하는 대명사를 직접목적격 대명사라고 부릅니다. 위의 경우 alguna tarea de español을 반복하지 않기 위해 3인칭 단수 여성 직접목적격 대명사 la를 해당 직접목적어 대신 썼습니다. 3인칭 단수 남성 직접목적격 대명사는 lo입니다. (목적격 대명사의 자세한 사용법은 UNIDAD 7 PARTE I RECAPITULACIÓN 참조)

¿Qué haces **los martes**?

- 스페인어 요일명은 모두 남성 명사입니다.
- **정관사 + 요일명**은 시간부사구처럼 활용됩니다.

  예 el lunes 월요일에는

- '요일마다'라는 의미를 표현하고자 할 때는 관사와 명사를 모두 복수로 사용하며, 형용사 todos를 추가해 의미를 강조할 수 있습니다.

  예 todos los miércoles 매주 수요일마다

- 요일을 묻는 표현과 그 답변은 SER 동사를 써서 다음과 같이 표현할 수 있습니다.

  예 A: ¿Qué día es hoy? 오늘 무슨 요일이니?
  B: Hoy es jueves. 오늘은 목요일이야.

## 1. COMPRENSIÓN

**Step 1.** 앞선 대화문에서 이미 아는 표현(단어)과 모르는 표현(단어)을 구분하여 다음 표를 작성해 봅시다.

| 아는 표현 | | 모르는 표현 | |
|---|---|---|---|
| 스페인어 | 한국어 뜻 | 스페인어 | 한국어 뜻 |
| | | | |
| | | | |
| | | | |
| | | | |
| | | | |

**Step 2.** 대화문을 읽고, 다음 중 무엇에 관한 내용인지 추론하여 정답 2개를 골라 봅시다. 전체 내용 중 가장 중요하다고 생각하는 문장을 선택하고, 문장 의미를 해석해 봅시다.

① 주말 계획 수립 ② 복권 번호 예상 ③ 주간 계획 수립
④ 수업 과제 수행 ⑤ 점심 식사 메뉴

중요 문장: ______________________

**Step 3.** 〈짝활동〉 중요 문장의 의미를 활용하여 Step 2에서 답안을 고른 이유를 짝에게 설명해 봅시다.

## 2. PRONUNCIACIÓN

**Step 1.** 〈짝활동〉 각자 역할을 정하여 앞선 대화문을 소리 내어 읽어 봅시다. 어색한 발음이 있다면 짝과 토의한 후 최대한 자연스럽게 읽을 수 있도록 연습해 봅시다.

**Step 2.** 녹음된 발음을 듣고, 대화문을 따라 읽어 봅시다. 생각했던 발음과 다른 것이 있다면 교수자와 함께 올바른 발음에 대해 토의해 봅시다.

## C. ACTIVIDADES

### 1. 한 주 계획 만들기

**Step 1.** 제시된 단어를 활용하여 다음 계획표에 어휘를 적어 봅시다. (장소부사는 UNIDAD 4 참조)

| 동사 표현 및 활용형 | 시간부사(구) |
|---|---|
| VISITAR (a mis padres): visito, visitas, visita, visita (부모님을) 방문하다 | el lunes 월요일 |
| LIMPIAR (mi habitación): limpio, limpias, limpia, limpia (내 방을) 청소하다 | este lunes 이번 월요일 |
| PREPARAR (el examen): preparo, preparas, prepara, prepara (시험을) 준비하다 | el martes 화요일 |
| ESTUDIAR (mucho): estudio, estudias, estudia, estudia (많이) 공부하다 | este martes por la mañana 이번 화요일 아침 |
| HACER (ejercicio): hago, haces, hace, hace (운동을) 하다 | el miércoles 수요일 |
| PASEAR (por el campus): paseo, paseas, pasea, pasea (캠퍼스 주변을) 산책하다 | el miércoles por la tarde 수요일 오후 |
| SALIR (con amigos): salgo, sales, sale, sale (친구들과) (놀러) 나가다 | el jueves 목요일 |
| IR de campamento: voy, vas, va, va 캠핑 가다 | el jueves por la noche 목요일 밤 |
| IR de compras: voy, vas, va, va 쇼핑하다 | el viernes 금요일 |
| TOMAR (cerveza): tomo, tomas, toma, toma (맥주를) 마시다 | todos los viernes 매주 금요일 |
| | el sábado 토요일 |
| | todos los sábados 매주 토요일 |
| | el domingo 일요일 |
| | los domingos 일요일마다 |

| lunes | martes | miércoles | jueves | viernes | sábado | domingo |
|---|---|---|---|---|---|---|
| | | | | | | |

**Step 2.** Step 1에서 작성한 내용을 바탕으로 예시(MODELO)와 같이 요일별 한 주 계획을 나타내는 문장을 써 봅시다.

**MODELO**
El viernes por la noche, (yo) tomo cerveza con mis amigos.
나는 이번 주 금요일 밤 친구들과 맥주를 마신다.

1. ..........
2. ..........
3. ..........
4. ..........
5. ..........
6. ..........
7. ..........

**Step 3.** 〈짝활동〉 Step 2에서 작성한 내용을 기반으로 서로의 한 주 계획에 대해 이야기를 나눠 봅시다. 짝의 한 주 계획은 다음 빈칸에 3인칭 단수 주어를 활용하여 정리해 봅시다.

**MODELO**
El viernes por la noche, mi compañero/a toma cerveza con sus amigos.
금요일 저녁에 내 짝은 친구들과 맥주를 마신다.

1. ..........
2. ..........
3. ..........
4. ..........
5. ..........
6. ..........
7. ..........

## 2. 여행 계획하기

**Step 1.** 〈모둠활동〉 모둠별로 오늘부터 스페인어권 국가 중 한 곳을 여행한다고 가정해 보고, 모둠원이 모두 여행하고 싶은 스페인어권 국가를 정해 봅시다.

국가명: ..............................

**Step 2.** 〈모둠활동〉 Step 1에서 작성한 내용을 바탕으로 요일별 여행계획을 써 봅시다. 이때 계획표에는 다음 어휘를 활용하여 요일별 아침, 점심, 오후, 저녁 일정을 정리해 봅시다.

| 주어 |
|---|
| Yo, Tú, Usted, Él/Ella |
| 동사 표현 및 활용형 |
| **IR** al museo: voy, vas, va, va 박물관에 가다<br>**VISITAR** un museo famoso: visito, visitas, visita, visita 유명한 박물관에 방문하다<br>**COMPRAR** regalos para mis padres: compro, compras, compra, compra 부모님을 위해 선물을 사다<br>**BUSCAR** los lugares turísticos por internet: busco, buscas, busca, busca 인터넷에서 여행지를 찾아보다<br>**RESERVAR** un hotel: reservo, reservas, reserva, reserva 호텔을 예약하다<br>**TOMAR** una bebida tradicional: tomo, tomas, toma, toma 전통음료를 마시다<br>**TENER** que + 동사원형: tengo, tienes, tiene, tiene ~을/를 해야 하다<br>**NECESITAR** + 동사원형: necesito, necesitas, necesita, necesita ~을/를 할 필요가 있다 |
| 시간부사(구) |
| hoy 오늘<br>mañana 내일<br>mañana por la mañana 내일 아침<br>por la mañana / tarde / noche 아침에 / 오후에 / 저녁에<br>pasado mañana 모레 |

| lunes | martes | miércoles | jueves | viernes | sábado | domingo |
|---|---|---|---|---|---|---|
| | | | | | | |

**Step 3.** 〈모둠활동〉 모둠원 한 명의 계획표에 모둠 전체의 일정을 정리해 봅시다. 이때 일정은 하루에 3~4개로 구성해 봅시다.

**Step 4.** 〈모둠활동〉 Step 3에 정리한 내용을 바탕으로 각자 요일을 나누어 하루 일정을 표현하는 문단을 작성해 봅시다. 이때 하루 일정은 3가지로 하고, 문단은 3문장 이상으로 구성해 봅시다.

| 요일 | 일정 |
|---|---|
| | 1. |
| | 2. |
| | 3. |
| | 4. |
| | 5. |
| | 6. |

**Step 5.** 〈모둠활동〉 Step 3, 4에서 작성한 내용을 기반으로 온라인 Classroom에 모둠별 여행일정을 올려 봅시다. 수업의 전체 구성원과 공유하고 피드백을 나눠 봅시다.

# D. RECAPITULACIÓN

## 1. GRAMÁTICA

### 1) 1인칭 단수 완전 불규칙동사

| | HACER (하다, 만들다) | PONER (놓다) | SALIR (나가다) |
|---|---|---|---|
| yo | ha**go** | pon**go** | sal**go** |
| tú | haces | pones | sales |
| usted | hace | pone | sale |
| él, ella | hace | pone | sale |
| nosotros, nosotras | hacemos | ponemos | salimos |
| vosotros, vosotras | hacéis | ponéis | salís |
| ustedes | hacen | ponen | salen |
| ellos, ellas | hacen | ponen | salen |

- 위의 표는 1인칭 단수형이 완전 불규칙인 동사 중 대표적인 동사의 활용을 정리한 것입니다.
- 1인칭 단수를 제외한 나머지 형태는 규칙동사의 활용형과 동일합니다.

### 2) 요일 표현

| | | | |
|---|---|---|---|
| el lunes | 월요일 | el viernes | 금요일 |
| el martes | 화요일 | el sábado | 토요일 |
| el miércoles | 수요일 | el domingo | 일요일 |
| el jueves | 목요일 | el fin de semana | 주말 |

- 스페인어 요일명은 모두 남성 명사입니다.
- **정관사 + 요일명**은 시간부사구처럼 활용됩니다.

  예 el lunes 이번 월요일에는

- '요일마다'라는 의미를 표현하고자 할 때는 관사와 명사를 모두 복수로 사용하며, 형용사 todos를 추가해 의미를 좀 더 강조할 수 있습니다.

  예 todos los miércoles 매주 수요일마다

- 요일을 묻는 표현과 그 답변은 SER 동사를 사용하여 다음과 같이 표현할 수 있습니다.

  예 A: ¿Qué día es hoy? 오늘 무슨 요일이니?
  B: Hoy es jueves. 오늘은 목요일이야.

## 2. PREPARACIÓN

- UNIDAD 6의 PARTE I에서는 GUSTAR 동사를 활용하여 기호를 표현하는 연습을 할 것입니다. GUSTAR 동사는 다른 동사와 구문의 구조가 다릅니다. 다음을 읽고 GUSTAR 동사의 용법을 예습해 봅시다.

### 1) GUSTAR와 ENCANTAR 동사

- GUSTAR와 ENCANTAR 동사는 일상에서 대부분의 경우 3인칭 단수와 3인칭 복수인 gusta, encanta와 gustan, encantan의 형태로 사용됩니다.

- GUSTAR와 ENCANTAR 동사는 주어 자리에 기호의 대상이 되는 단어 또는 구를 사용하며, 이때 주어는 동사원형(구)이나 명사(구)로 표현합니다. 다음 예문에서 파란색으로 표시된 부분이 문법상의 주어입니다.

  예 Me gusta aprender español. 나는 스페인어 배우기를 좋아한다.
  Me gustan las manzanas. 나는 사과를 좋아한다.

- 동사원형은 항상 단수 취급합니다. 즉, 여러 개의 동사원형이 나열되더라도 단수 취급합니다.

  예 Me gusta leer libros. 나는 책 읽기를 좋아한다.
  Me gusta cantar y bailar. 나는 노래하고 춤추기를 좋아한다.

UNIDAD 06

# ¿Qué te gusta hacer? Me gusta ver series.

**PARTE I** ¿Qué te gusta hacer?

**PARTE II** ¿Puedo traer mi tableta a clase?

© ANK KUMAR

## OBJETIVOS

1 GUSTAR 동사를 활용하여 나의 기호를 표현할 수 있다.

2 PODER와 QUERER 동사를 활용하여 할 수 있는 일과 하고 싶은 일을 표현할 수 있다.

3 전치사 para와 por를 적절하게 사용할 수 있다.

PARTE I ¿Qué te gusta hacer?

## A. CLAVES CULTURALES

© Hakam Goneli

© Arnaud 25

### 타파스(Tapas)

- 스페인은 바(bar) 문화가 발달되어 있습니다. 일상에서 여가 공간으로 자주 활용되며 간단한 커피와 빵 또는 주류와 안주로 식사를 대신하거나 지인을 만나기 위한 장소로 활용됩니다.
- 바에서 무료 혹은 저렴한 가격으로 제공하는 간단한 안주를 타파스라고 부릅니다. 바에 따라 특색 있는 타파스를 제공하는 곳이 많습니다.

  예 Me gustan mucho las tapas del bar "El Quijote." 나는 "엘키호테" 바의 타파스를 좋아한다.

## B. DIÁLOGO

| | |
|---|---|
| Javier | ¿Qué te gusta hacer los fines de semana? |
| Lucía | Me gusta ver series de Netflix. |
| Javier | ¿Cuál es tu serie favorita? |
| Lucía | 〈La casa de papel〉, una serie española. |
| Javier | ¿En serio? La mía también. Me gustan mucho las series de suspenso, acción y misterio. |
| Lucía | Sale el nuevo episodio este fin de semana. ¿Quieres verlo conmigo? |
| Javier | Sí, por supuesto. Voy a visitar tu casa el sábado por la tarde. |

### VOCABULARIO

HACER: ~을/를 하다
el fin de semana: 주말
VER: ~을/를 보다
la serie: (TV) 시리즈
favorito, ta: 선호하는
el mío, la mía: 나의 것 (소유대명사)
IR + a + 동사원형: ~을/를 할 것이다
voy: IR 동사 1인칭 단수 현재형

### GRAMÁTICA

Me **gusta** ver series de Netflix.

- GUSTAR 구문에서는 간접목적격 대명사(me)로 좋아하는 감정을 느끼는 사람을 표현합니다.
- 위 구문에서 GUSTAR 동사의 문법적 주어는 VER로, 동사원형은 단수 취급하므로 3인칭 단수 gusta를 사용합니다.
- 문법적 주어가 복수일 경우에는 gustan을 사용합니다.

  예 Me gust**an las series** de suspenso, acción y misterio.

## 1. COMPRENSIÓN

**Step 1.** 앞선 대화문에서 이미 아는 표현(단어)과 모르는 표현(단어)을 구분하여 다음 표를 작성해 봅시다.

| 아는 표현 | | 모르는 표현 | |
|---|---|---|---|
| 스페인어 | 한국어 뜻 | 스페인어 | 한국어 뜻 |
| | | | |
| | | | |
| | | | |
| | | | |
| | | | |

**Step 2.** 대화문을 읽고, 다음 중 무엇에 관한 내용인지 추론해 봅시다. 전체 내용 중 가장 중요하다고 생각하는 문장을 선택하고, 문장 의미를 해석해 봅시다.

① 장래 희망 ② 축구 경기 일정 ③ 조별과제 수행 계획
④ 강의 평가 ⑤ 주말 여가활동

중요 문장: ..........................................

**Step 3.** 〈짝활동〉 중요 문장의 의미를 활용하여 Step 2에서 답안을 고른 이유를 짝에게 설명해 봅시다.

## 2. PRONUNCIACIÓN

**Step 1.** 〈짝활동〉 각자 역할을 정하여 앞선 대화문을 소리 내어 읽어 봅시다. 어색한 발음이 있다면 짝과 토의한 후 최대한 자연스럽게 읽을 수 있도록 연습해 봅시다.

**Step 2.** 녹음된 발음을 듣고 대화문을 따라 읽어 봅시다. 생각했던 발음과 다른 것이 있다면 교수자와 함께 올바른 발음에 대해 토의해 봅시다.

## C. ACTIVIDADES

### 1. 취미 묻고 대답하기

**Step 1.** 다음 표에 제시된 단어를 활용하여, 선호하는 여가활동을 표현하는 문장을 5개 만들어 봅시다. 이때 각각의 문장은 서로 다른 (시간)부사구를 활용하여 구성해 봅시다.

| 간접목적격 대명사 | 동사 | 동사원형 | 부사(구) |
|---|---|---|---|
| Me<br>Te<br>Le | gusta | DESCANSAR en casa 집에서 쉬다<br>COCINAR en casa 집에서 요리하다<br>PINTAR / DIBUJAR 그림을 그리다<br>TOCAR la guitarra / el piano 기타 / 피아노를 연주하다<br>VER series / películas TV 시리즈 / 영화를 보다<br>LEER libros 책을 읽다<br>JUGAR (al) fútbol / baloncesto / tenis / golf 축구 / 농구 / 테니스 / 골프를 하다<br>SUBIR a la montaña 산을 오르다<br>IR de compras 쇼핑을 가다<br>IR de paseo 산책을 가다<br>IR de senderismo 트레킹을 가다<br>IR de campamento 캠핑을 가다<br>VISITAR / CONOCER restaurantes famosos 유명한 레스토랑을 방문하다 | por la mañana / la tarde / la noche<br>los fines de semana 주말마다<br>en las vacaciones de verano / invierno 여름/겨울방학 동안<br>después de las clases<br>antes de dormir<br><br>con mi mejor amigo/a 가장 친한 친구와<br>con mi familia<br>con mis padres<br>con mi hermano/a |

- 간접목적격 대명사(me, te, le, nos, os, les)로 좋아하는 행위 주체를 나타냅니다.
- 문법적 주어가 단수인지 복수인지에 따라 gusta(encanta) 혹은 gustan(encantan)을 사용합니다. 문법적 주어가 동사원형(구)일 경우, 동사원형의 개수와는 상관없이 단수 취급합니다.
- 3인칭 간접목적격 대명사의 경우 특히 **전치사 a + (대)명사**를 활용하여 (좋아하는) 감정을 느끼는 주체를 명확히 하는 경향이 있습니다.

  예 (A usted, A él, A ella, A mi compañero/a, A mi padre/madre) le encantan las comidas mexicanas.

**MODELO**

Me gusta salir con mis amigos. 친구들과 놀러 나가는 것을 좋아해.

1. Me gusta ______.
2. ______
3. ______
4. ______
5. ______

**Step 2.** 2인칭 단수 주어를 사용하여 상대가 무엇을 하고 싶은지 묻는 질문을 5개 만들어 봅시다. 이때 각각의 질문은 서로 다른 (시간)부사구를 활용하여 구성해 봅시다.

**MODELO**

¿Qué te gusta hacer los fines de semana? 너는 주말에 뭐 하는 것을 좋아하니?

1. ______
2. ______
3. ______
4. ______
5. ______

**Step 3.** 〈짝활동〉 Step 2에서 작성한 내용을 기반으로 짝과 함께 좋아하는 여가활동에 대해 이야기해 봅시다. 대화 내용은 '내 친구는' 혹은 '내 동료는'이 의미상의 주어가 되도록 다음에 정리해 봅시다.

1. A mi compañero/a ______ le gusta ______.
2. ______
3. ______
4. ______
5. ______

## 2. 문제해결방법과 MBTI

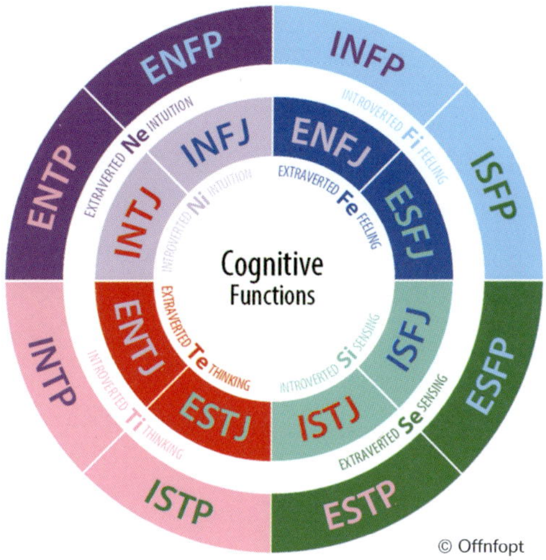

© Offnfopt

**Step 1.** 위 그림을 보고 나의 MBTI를 (예측하여) 적어 봅시다.

..............................

**Step 2.** Step 1에서 적은 MBTI와 다음 표의 단어를 활용하여 내 성격을 묘사하는 문장을 작성해 봅시다. 이때 문장에는 SER 동사를 활용해 봅시다.

| | |
|---|---|
| Tipo E | extrovertido, da 외향적인　activo, va 활발한　entusiasta 열정적인 |
| Tipo I | introvertido, da 내향적인　serio, a 진지한　tranquilo, la 차분한 |
| Tipo S | concreto, ta 구체적인　realista 현실적인　juicioso, sa 분별력이 있는 |
| Tipo N | abstracto, ta, 추상적인　imaginativo, va 상상력이 풍부한　teórico, ca 이론적인 |
| Tipo T | lógico, ca 논리적인　razonable 합리적인　crítico, ca 비판적인 |
| Tipo F | empático, ca 공감능력이 높은　compasivo, va 다정한　tolerante 참을성이 많은 |
| Tipo J | sistemático, ca 구조적인　planeador, ra 계획적인　metódico, ca 꼼꼼한 |
| Tipo P | informal 격식을 따지지 않는　abierto, ta 개방적인　espontáneo, nea 즉흥적인 |

Yo .............................., .............................. y .............................. .

**Step 3.** 다음 단어를 활용하여 나의 MBTI에 어울리는 문제해결방식을 표현해 봅시다. 부정문을 사용해도 좋습니다.

| 간접목적격 대명사 | 동사 | 동사원형 | 부사구 |
|---|---|---|---|
| Me<br>Te<br>Le | gusta | TRABAJAR mucho 일을 열심히 하다<br>PENSAR solo/a 혼자 생각하다<br>CONSULTAR con (mi / tu / su) mejor amigo 가장 친한 친구에게 상의하다<br>HABLAR por teléfono con (mis / tus / sus) padres 부모님과 통화하다<br>NAVEGAR por internet 인터넷을 검색하다<br>CHATEAR / HABLAR con ChatGPT ChatGPT와 대화하다<br>PASEAR por el parque 공원을 산책하다<br>HACER ejercicio 운동을 하다<br>ESTAR de acuerdo con los demás 다른 이의 의견에 동의하다 | para preparar los exámenes 시험을 준비하기 위해<br>para preparar las entrevistas de trabajo 면접을 준비하기 위해<br>para viajar por países extranjeros 외국여행을 가기 위해<br>para salir con mi familia 가족들과 놀러 나가기 위해<br>para mejorar la salud 건강을 증진하기 위해<br>para comprar regalos 선물을 사기 위해<br>para ganar mucho dinero 돈을 많이 벌기 위해<br>para buscar buenos restaurantes 좋은 식당을 찾기 위해<br>para felicitar a mis amigos 친구를 축하하기 위해 |

1. Me gusta ________ para ________.
2. No me gusta ________ para ________.
3. ________
4. ________
5. ________

**Step 4.** 다음에 다른 사람의 문제해결방식을 묻는 질문을 작성해 봅시다.

1. ¿Qué te ________ para ________?
2. ________

**Step 5.** 〈모둠활동〉 Step 4에서 작성한 질문을 바탕으로 모둠원과 대화를 나눠 봅시다. 다음 빈칸에 모둠원의 답변을 정리하고, 모둠원의 MBTI를 예상해 적어 봅시다. 실제 MBTI와 예상한 것을 비교해 봅시다.

| 모둠원 | 답변 | 예상 MBTI | 실제 MBTI |
|---|---|---|---|
| | 1. (A mi compañero/a ______ ) le ______ para ______.<br>2. ______ | | |
| | 1. ______<br>2. ______ | | |
| | 1. ______<br>2. ______ | | |

**Step 6.** Step 5에서 작성한 문장 중 하나를 골라 온라인 Classroom에 올려 봅시다. 수업의 전체 구성원과 공유하고 피드백을 나눠 봅시다.

# D. RECAPITULACIÓN

## 1. GRAMÁTICA

### 1) 기호 표현: GUSTAR와 ENCANTAR 동사

| GUSTAR | ENCANTAR |
| --- | --- |
| gusta | encanta |
| gustan | encantan |

- GUSTAR와 ENCANTAR 동사는 많은 경우 위와 같은 3인칭 단·복수 형태로 활용됩니다.

- 주어 자리에는 기호의 대상이 되는 동사원형(구)이나 명사(구)를 사용합니다.

  예 Me gusta aprender español. 나는 스페인어 배우기를 좋아한다.
  Me gustan las manzanas. 나는 사과를 좋아한다.

- 문법적 주어 자리에 동사원형이 올 경우, 여러 개의 동사원형이 나열되더라도 단수 취급하며 이때 동사는 3인칭 단수로 활용됩니다.

  예 Me gusta leer libros. 나는 책 읽기를 좋아한다.
  Me gusta cantar y bailar. 나는 노래하고 춤추기를 좋아한다.

- ENCANTAR 동사는 '매우 좋아한다'라는 의미를 가지고 있어 부사 mucho와 함께 쓰지 않습니다.

  예 Me encanta viajar. 나는 여행하기를 매우 좋아한다.
  Me gusta mucho viajar.

### 2) 전치사 para와 por의 사용

| para | por |
|---|---|
| (1) ~위하여 (목적)<br>Yo trabajo para vivir bien.<br>나는 잘 살기 위해 일한다.<br><br>(2) ~향해서 (방향, 최종 목적지)<br>El profesor va para el centro estudiantil.<br>선생님이 학생회관 방향으로 간다.<br><br>(3) ~까지 (기한)<br>Esta tarea es para este viernes.<br>이 과제는 이번 주 금요일까지다.<br><br>(4) 수신자<br>Este correo electrónico (email) es para mí.<br>이 이메일은 나에게 온 거야. | (1) ~때문에 (이유, 원인)<br>Yo trabajo por necesidad.<br>나는 필요하기 때문에 일한다.<br><br>(2) ~(으)로 (수단)<br>Hablo por teléfono con mi madre tres veces a la semana.<br>나는 일주일에 세 번 엄마와 전화로 이야기한다(통화한다).<br><br>Voy en coche, pero te envío el paquete por avión.<br>나는 차를 타고 갈 거야. 하지만 소포는 항공편으로 네게 보낼게.<br><br>(3) ~둘레로<br>Paseo por el barrio todos los días.<br>나는 매일 동네를 한 바퀴 산책한다.<br><br>(4) 동작이 이루어지는 대략적인 장소나 시간<br>Viajo por Europa.<br>나는 유럽 일주 여행을 한다.<br><br>Desayuno por la mañana.<br>나는 오전에 아침 식사를 한다.<br><br>(5) ~통해 (경유)<br>Voy al cine por el parque central de la ciudad.<br>나는 도심 공원을 통해 영화관에 간다.<br><br>(6) ~근처에<br>Mi casa está por la estación del metro.<br>우리 집은 지하철역 근처에 있다.<br><br>(7) 퍼센트<br>treinta por ciento 30% |

### 3) 전치격 인칭대명사

- 전치사 뒤에 인칭대명사가 쓰이는 경우 이를 전치격 인칭대명사라고 부릅니다.
- 1인칭 단수 mí와 2인칭 단수 ti를 제외하고, 주격 대명사와 동일한 형태로 사용됩니다.

  예 para mí, para ti, para él, para ella
  por mí, por ti, por él, por ella

- 예외적으로 전치격 인칭대명사 1인칭 단수와 2인칭 단수가 전치사 con과 함께 사용될 경우에는 conmigo, contigo와 같이 형태가 변합니다. 3인칭에 해당하는 con él, con ella는 형태가 바뀌지 않습니다.

## 2. PREPARACIÓN

- UNIDAD 6의 PARTE II에서는 PODER(~할 수 있다)와 QUERER(~하고 싶다) 동사의 용법을 다룹니다. 두 동사 모두 일상에서 자주 쓰이지만 불규칙으로 활용됩니다. 다음을 읽고 두 동사의 용법과 활용을 파악해 봅시다.

### 1) PODER와 QUERER 동사

- PODER와 QUERER 동사는 모두 동사원형과 함께 사용할 수 있습니다.

  예 (Yo) puedo terminar la tarea de la clase de Economía para este domingo.
  나는 경제 수업과제를 이번 주 일요일까지 끝낼 수 있다.
  (Yo) quiero visitar a mis hermanos todos los fines de semana.
  나는 주말마다 내 형제들을 방문하고 싶다.

- 두 동사 모두 어간의 형태가 다르게 변화하는 불규칙동사입니다.

| | PODER | QUERER |
|---|---|---|
| yo | puedo | quiero |
| tú | puedes | quieres |
| usted | puede | quiere |
| él, ella | puede | quiere |

memo

# PARTE II ¿Puedo traer mi tableta a clase?

## A. CLAVES CULTURALES

© COD Newsroom

### ◆◆◆ 망자의 날(El Día de Muertos)

- 매해 11월 1일과 2일 멕시코에서 망자의 날이라는 축제가 열립니다.
- 멕시코에서는 이날 사랑하는 사람들 중 죽은 이들이 잠시 돌아온다고 믿으며, 제단을 만들고 축제를 벌이며 그들을 기립니다.
- 망자의 날은 유네스코세계문화유산으로 등재되어 있으며, 멕시코의 가장 전통적인 축제로 꼽힙니다.

예 A: ¿Qué haces en el Día de Muertos? 넌 망자의 날에 무엇을 하니?
B: Hago una fiesta grande con toda mi familia. 우리 가족과 성대한 파티를 해.

## B. DIÁLOGO

| | |
|---|---|
| Carlos | ¿Cómo estás, Camila? Pareces muy cansada. |
| Camila | Estoy muy agotada. Hoy tengo cuatro clases en total, dos por la mañana y dos por la tarde. |
| Carlos | ¿Qué clase tienes ahora? |
| Camila | Ahora voy a la clase de español. Me gusta mucho aprender nuevos idiomas. |
| Carlos | A mí también. ¿Cómo es la clase? ¿Es interesante? |
| Camila | Sí, es muy divertida. Hablo mucho en español con mis compañeros y hacemos varias actividades creativas. |
| Carlos | ¡Genial! Yo también quiero tomar esa clase. Una pregunta. ¿Puedo llevar mi tableta a clase? |
| Camila | Sí, por supuesto. La profesora nos recomienda tomar apuntes de la clase en la tableta. |

### VOCABULARIO

agotado, da: 매우 지친, 매우 피곤한
hoy: 오늘
en total: 모두, 총 (부사구)
APRENDER: 배우다
nuevo, va: 새로운
el idioma: 언어
interesante: 흥미로운
A mí también.: 나도 그래.
hablo: HABLAR 동사 1인칭 단수 현재형 / 말하다
la actividad: 활동
compañero, ra: 동료
creativo, va: 창의적인
TOMAR: 먹다, 타다
la pregunta: 질문
LLEVAR: 가져가다
la tableta: 태블릿 PC
recomienda: RECOMENDAR 동사 3인칭 단수 현재형 / 추천하다
TOMAR apuntes: 필기를 하다

### GRAMÁTICA

Yo también **quiero** tomar esa clase.

- **QUERER + 동사원형**은 '~을/를 하고 싶다'라는 뜻으로 쓰입니다.

  예 Quiero tomar café con leche.

¿**Puedo** llevar mi tableta a clase?

- **PODER + 동사원형**은 '~ 할 수 있다'라는 뜻으로 쓰입니다.

  예 No puedo utilizar la tableta.

## 1. COMPRENSIÓN

**Step 1.** 앞선 대화문에서 이미 아는 표현(단어)과 모르는 표현(단어)을 구분하여 다음 표를 작성해 봅시다.

| 아는 표현 | | 모르는 표현 | |
|---|---|---|---|
| 스페인어 | 한국어 뜻 | 스페인어 | 한국어 뜻 |
| | | | |
| | | | |
| | | | |
| | | | |

**Step 2.** 대화문을 읽고, 다음 중 무엇에 관한 내용인지 추론하여 정답을 2개 골라 봅시다. 전체 내용 중 가장 중요하다고 생각하는 문장을 선택하고, 문장 의미를 해석해 봅시다.

① 테니스장 예약　　② 선호하는 수업
③ 수업 중 태블릿 사용　　④ 친구와의 불화

중요 문장: ............................................................

**Step 3.** 〈짝활동〉 중요 문장의 의미를 활용하여 Step 2에서 답안을 고른 이유를 짝에게 설명해 봅시다.

## 2. PRONUNCIACIÓN

**Step 1.** 〈짝활동〉 각자 역할을 정하여 앞선 대화문을 소리 내어 읽어 봅시다. 어색한 발음이 있다면 짝과 토의한 후 최대한 자연스럽게 읽을 수 있도록 연습해 봅시다.

**Step 2.** 녹음된 발음을 듣고 대화문을 따라 읽어 봅시다. 생각했던 발음과 다른 것이 있다면 교수자와 함께 올바른 발음에 대해 토의해 봅시다.

## C. ACTIVIDADES

### 1. 할 수 있는 일과 하고 싶은 일 분류하기

**Step 1.** 학기 초 룸메이트에게 함께 할 수 있는 일과 할 수 없는 일을 메모로 전한다고 가정해 봅시다. 이때 내가 전하고 싶은 말을 1인칭과 2인칭 주어를 모두 활용하여 다음 빈칸에 작성해 봅시다.

| 주어 | 동사활용 | 동사원형 | 시간부사(구) |
|---|---|---|---|
| Yo<br>Tú<br>Usted<br>Él, Ella | (no) puedo<br>(no) puedes<br>(no) puede<br>(no) puede | CANTAR con voz alta 큰소리로 노래하다<br>TOCAR la guitarra 기타를 연주하다<br>COMER 먹다<br>BEBER 마시다<br>INVITAR a los amigos 친구들을 초대하다<br>VER videos sin auriculares 이어폰 없이 동영상을 보다<br>COCINAR comida tradicional 전통음식을 요리하다<br>HABLAR por teléfono 전화로 통화하다<br>LIMPIAR la habitación 방을 청소하다<br>HACER la tarea con la computadora / el ordenador 컴퓨터로 과제를 하다<br>LAVAR la ropa 빨래를 하다 | por la mañana<br>por la tarde<br>por la noche<br>de madrugada 새벽에<br>antes de las siete de la mañana 아침 7시 전에<br>después de las nueve de la noche 밤 9시 이후에 |

| 할 수 있는 일 | 할 수 없는 일 |
|---|---|
| 1. | 1. |
| 2. | 2. |
| 3. | 3. |

**Step 2.** 학기 초 룸메이트와 함께 하고 싶은 활동을 생각해 보고, 다음 어휘를 활용하여 문장으로 표현해 봅시다.

| 주어 | 동사활용 | 동사원형 | |
|---|---|---|---|
| Yo<br>Tú<br>Usted<br>Él, Ella | quiero<br>quieres<br>quiere<br>quiere | IR al cine 영화관에 가다<br>IR de compras 쇼핑을 가다<br>IR de campamento 캠핑을 가다<br>VER el partido de fútbol 축구 경기를 보다<br>BUSCAR un restaurante de comida extranjera 외국 음식점을 찾다<br>VIAJAR por un país extranjero 외국으로 여행을 하다 | TOMAR una clase juntos/as 수업을 함께 듣다<br>DESAYUNAR en el restaurante estudiantil juntos/as 학생식당에서 아침을 함께 먹다<br>PASEAR por el parque del barrio 동네 공원을 산책하다<br>INVITAR a nuestros amigos comunes para cenar fuera 외식을 하기 위해 함께 아는 친구를 초대하다 |

| 룸메이트와 하고 싶은 일 | |
|---|---|
| 1. | 4. |
| 2. | 5. |
| 3. | 6. |

**Step 3.** 〈짝활동〉 짝에게 Step 1, 2에서 작성한 문장을 읽어 주고 의미를 설명해 봅시다.

**Step 4.** 〈짝활동〉 Step 3에서 짝이 읽은 문장 중 PODER와 QUERER 동사를 활용한 것을 2개씩 뽑아 3인칭으로 적어 봅시다.

1. Mi compañero/a puede ............................................................

............................................................................................................ .

2. Mi compañero/a quiere ............................................................

............................................................................................................ .

## 2. 어서 와! 한국은 처음이지?

**Step 1.** 〈모둠활동〉 한국에 교환학생으로 온 스페인어권 친구를 만났다고 가정해 봅시다. 이 친구에게 한국의 고유한 문화를 설명하는 가이드북을 만들어 준다고 했을 때 다음 빈칸에 필요한 정보를 채워 봅시다.

| 할 수 있는 일 | 할 수 없는 일 |
|---|---|
| **MODELO** 기숙사에서 치킨 주문하기 | **MODELO** 할아버지에게 반말하기 |
| 1. | 1. |
| 2. | 2. |
| 3. | 3. |
| 4. | 4. |
| 5. | 5. |

**Step 2.** 〈모둠활동〉 Step 1에서 선정한 정보를 스페인어 문장으로 바꿔 봅시다. 모둠원 중 2명은 '할 수 있는 일'을, 다른 2명은 '할 수 없는 일'을 맡아서 다음 빈칸에 적어 봅시다.

| 할 수 있는 일 | 할 수 없는 일 |
|---|---|
| **MODELO**<br>(Yo) puedo pedir/ordenar** los pollos fritos*** a mi dormitorio.<br>** PEDIR / ORDENAR: 요청하다, 주문하다<br>*** los pollos fritos: 프라이드 치킨 | **MODELO**<br>Los nietos** no pueden tutear*** a sus abuelos.<br>** el nieto, la nieta: 손자, 손녀<br>*** TUTEAR: 반말하다, tú를 사용하다 |
| 1. | 1. |
| 2. | 2. |
| 3. | 3. |
| 4. | 4. |
| 5. | 5. |

**Step 3.** Step 2에서 작성한 문장 중 한국에서 할 수 있는 일과 없는 일을 표현하는 것을 각각 2개씩 골라 봅시다. 온라인 Classroom에 올려 수업의 전체 구성원과 공유하고, 피드백을 나눠 봅시다.

# D. RECAPITULACIÓN

## 1. GRAMÁTICA

### 1) PODER와 QUERER 동사

| | PODER | QUERER |
|---|---|---|
| yo | puedo | quiero |
| tú | puedes | quieres |
| usted | puede | quiere |
| él, ella | puede | quiere |
| nosotros, nosotras | podemos | queremos |
| vosotros, vosotras | podéis | queréis |
| ustedes | pueden | quieren |
| ellos, ellas | pueden | quieren |

- PODER와 QUERER 동사는 동사원형과 함께 사용할 수 있습니다.

  예 (Yo) puedo terminar la tarea de la clase de Economía para este domingo.
  나는 경제 수업 과제를 이번 주 일요일까지 끝낼 수 있다.
  (Yo) quiero visitar a mis hermanos todos los fines de semana.
  나는 주말마다 내 형제들을 방문하고 싶다.

- 두 동사 모두 어간의 형태가 다르게 변화하는 불규칙동사입니다. 다만, nosotros/as와 vosotros/as에 해당하는 활용형은 규칙동사처럼 원래의 어간 모음 형태를 유지합니다.

### 2) 의문사 cómo

- Cómo는 주로 '어떻게'라는 의미로 사용되는 의문부사이며, 명사의 성과 수에 일치시키지 않습니다.

- 주요 의미인 '어떻게'로 활용되는 예시 중 교통수단을 묻는 경우도 있습니다.

  예 A: ¿Cómo vienes a la universidad? 학교에 어떻게 오니?
  B: Vengo en autobús. 버스 타고 와.

- ¿Cómo está?는 ESTAR 동사와 함께 상대의 안부를 묻는 표현에 자주 사용됩니다.
- ¿Cómo es?는 SER 동사와 함께 주어에 대한 묘사를 요청하는 의미로 사용됩니다.
- ¡Cómo no!는 관용 표현으로, '물론이지!'라는 의미로 사용됩니다.

### 3) 의문사 quién

- Quién은 주로 '누구'라는 의미로 사용되는 의문대명사입니다.

예 A: ¿Quién es aquel hombre? 저 남자는 누구니?
B: Es mi padre. 내 아버지야.

A: ¿Quién es aquella niña? 저 여자아이는 누구니?
B: Es mi hermana. 내 여동생이야.

- 전치사 con과 같이 '누구와 함께'라는 의미로도 쓰입니다.

예 A: ¿Con quién vas al cine? 누구와 함께 극장에 가니?
B: Voy al cine con mi amigo. 내 친구와 함께 극장에 가.

- Quién의 복수형 quiénes는 질문 대상의 수가 여러 명일 경우에 사용합니다.

예 A: ¿Quiénes son ustedes? 당신들은 누구십니까?
B: Somos amigos de Juan. 우리는 후안의 친구들입니다.

## 2. PREPARACIÓN

- UNIDAD 7의 PARTE I에서는 주로 '선호하다'라는 의미를 갖는 PREFERIR 동사에 대해 배웁니다. 스페인어의 목적격 대명사를 활용하는 방법도 익힐 예정입니다. 다음을 예습해 봅시다.

### 1) PREFERIR + 명사 / 동사원형

| 주어 | Yo | Tú | Usted | Él, Ella |
|---|---|---|---|---|
| 동사활용 | prefiero | prefieres | prefiere | prefiere |

- '~을/를 더 선호하다'라는 의미로 사용됩니다.

- QUERER, PODER, NECESITAR 동사와 마찬가지로 동사원형과 함께 쓰일 수 있습니다.

  예 ¿Te gusta ver películas en el cine? ¿O prefieres verlas en casa por Internet?
  극장에서 영화 보는 걸 좋아하니? 아니면 집에서 인터넷으로 보는 걸 선호하니?

### 2) 목적격 대명사

| | 직접목적격 대명사 | 간접목적격 대명사 |
|---|---|---|
| 1인칭 단수 | me | me |
| 2인칭 단수 | te | te |
| 3인칭 단수 | lo, la | le |
| 1인칭 복수 | nos | nos |
| 2인칭 복수 | os | os |
| 3인칭 복수 | los, las | les |

- 목적격 대명사는 목적어 역할을 하는 대명사를 지칭하며, 직접목적격 대명사와 간접목적격 대명사로 나뉩니다.

- 직접목적격 대명사는 직접목적어 역할을 하는 명사(구)를 반복하지 않기 위해 쓰입니다. 선행 문장에 제시된 직접목적어를 대체할 때는 기존 직접목적어 명사의 성과 수를 고려해야 합니다.

  예 Lucía tiene un gato blanco. Ella lo quiere mucho.
  루시아는 흰 고양이를 가지고 있다. 그녀는 걔를 많이 좋아한다.

▶ 간접목적격 대명사는 '~에게'라는 의미로 해석되며, 주로 '주다'라는 의미가 있는 동사와 함께 사용됩니다. 간접목적격 대명사와 직접목적격 대명사 모두 주어의 인칭에 따라 변화한 동사활용형 앞에 위치하며, 함께 사용될 경우 간접목적격 대명사가 직접목적격 대명사 앞에 위치합니다.

| 간접목적격 대명사 + 직접목적격 대명사 + 동사활용형 |
|---|

예 Mi padre me envía una carta. 우리 아버지는 내게 편지 한 통을 보낸다.
Mi padre me la envía. 우리 아버지는 내게 그것을 보낸다.

UNIDAD
# 07

# ¿Adónde quieres viajar estas vacaciones? Quiero viajar por España.

**PARTE I** Un viaje por los países extranjeros

**PARTE II** Sé manejar autos.

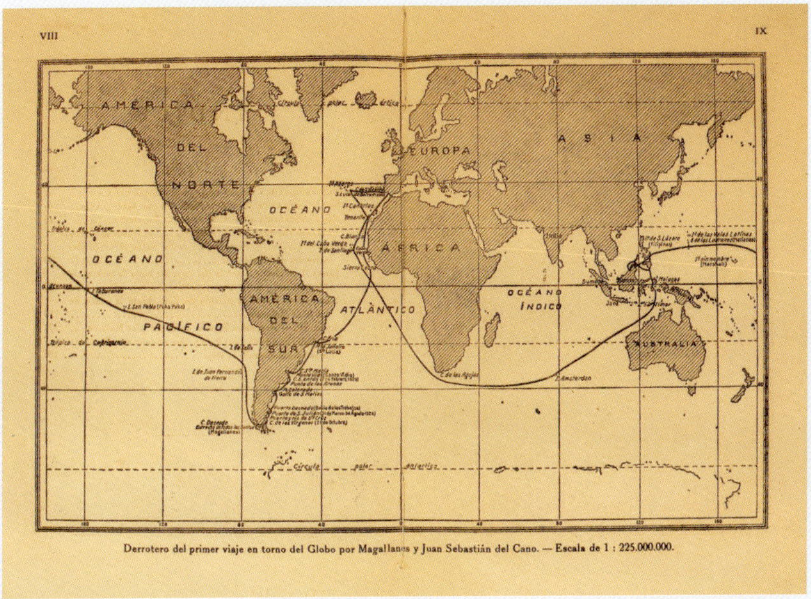

Derrotero del primer viaje en torno del Globo por Magallanes y Juan Sebastián del Cano. — Escala de 1 : 225.000.000.

## OBJETIVOS

1 현재 시제를 활용해 계획을 표현할 수 있다.

2 SABER와 CONOCER 동사를 정확하게 활용할 수 있다.

3 목적격 대명사를 적절하게 사용할 수 있다.

PARTE I **Un viaje por los países extranjeros**

## A. CLAVES CULTURALES

© Felipe Bergmann

### 마테(Mate)

- 마테는 차를 우리는 데 쓰이는 식물로, 마테차는 라틴아메리카 중에서도 특히 아르헨티나에서 즐겨 마십니다.
- 마테차는 봄비야(bombilla)라고 불리는 은으로 만든 빨대를 사용해서 마십니다.
- 친한 사람들끼리 한 잔의 마테차를 나눠 마시는 풍습이 있습니다.

  예 A: ¿Quieres probar el mate? 마테차 마셔 볼래?
  B: Sí, por favor. 응, 부탁해.

## B. DIÁLOGO

Javier Lucía, ¿tienes algún plan para estas vacaciones?

Lucía No, todavía no. Y tú, ¿planeas algo?

Javier ¡Por supuesto! Planeo viajar por México. Quiero ir a la playa de Cancún.

Lucía ¡Muy buena idea! Yo también quiero viajar a algún lugar de Europa antes de empezar a trabajar.

Javier Entonces, ¿adónde prefieres ir?

Lucía Quiero viajar por España. Allí hay muchos lugares turísticos.

Javier ¡Estupendo! ¿Qué ciudad prefieres visitar?

Lucía Primero quiero visitar Barcelona para conocer la Sagrada Familia.

Javier ¡Magnífico! También quiero verla algún día. Es una obra increíble de Antoni Gaudí.

### VOCABULARIO

el plan: 계획
todavía: 아직
planeas: PLANEAR 동사 2인칭 단수 현재형 / 계획을 세우다
EMPEZAR + a + 동사원형: ~을/를 시작하다
prefieres: PREFERIR 동사 2인칭 단수 현재형 / ~을/를 선호하다
turístico, ca: 여행의
primero: 처음으로, 먼저
magnífico, ca: 매우 훌륭한
increíble: 믿기 어려운, 훌륭한

### GRAMÁTICA

Entonces, **¿adónde prefieres ir?**

- **PREFERIR + 명사 / 동사원형**은 '~을/를 더 선호하다'라는 의미로, QUERER, PODER, NECESITAR 동사와 같이 동사원형과 함께 쓸 수 있습니다.

  예 ¿Quieres ir a comprar zapatos nuevos? ¿O prefieres comprarlos por internet?
  새 신발 사러 갈래? 아니면 인터넷에서 살래?

- Adónde는 '어디로'라는 의미를 가진 의문사입니다. 여기서 전치사 a와 의문사 dónde는 붙여서 표기합니다.

  예 A: ¿Adónde quieres viajar estas vacaciones?
  B: Quiero viajar por España.

A: Quiero visitar Barcelona para conocer **la Sagrada Familia**.
B: También quiero ver**la** algún día.

- 직접목적격 대명사는 앞서 언급된 직접목적어를 반복하지 않기 위해 사용합니다. 형태는 다음과 같습니다.
  1, 2, 3인칭 단수: me, te, lo/la
  1, 2, 3인칭 복수: nos, os, los/las

## 1. COMPRENSIÓN

**Step 1.** 앞선 대화문에서 이미 아는 표현(단어)과 모르는 표현(단어)을 구분하여 다음 표를 작성해 봅시다.

| 아는 표현 | | 모르는 표현 | |
|---|---|---|---|
| 스페인어 | 한국어 뜻 | 스페인어 | 한국어 뜻 |
| | | | |
| | | | |
| | | | |
| | | | |

**Step 2.** 대화문을 읽고, 다음 중 무엇에 관한 내용인지 추론하여 정답 2개를 골라 봅시다. 전체 내용 중 가장 중요하다고 생각하는 문장을 선택하고, 문장 의미를 해석해 봅시다.

① 해외 인턴 ② 동아리 가입 ③ 어머니 생신 축하 계획
④ 해외여행 계획 ⑤ 방학 계획

중요 문장: ............................................

**Step 3.** 〈짝활동〉 중요 문장의 의미를 활용하여 Step 2에서 답안을 고른 이유를 짝에게 설명해 봅시다.

## 2. PRONUNCIACIÓN

**Step 1.** 〈짝활동〉 각자 역할을 정한 후 앞선 대화문을 소리 내어 읽어 봅시다. 어색한 발음이 있다면 짝과 토의한 후 최대한 자연스럽게 읽을 수 있도록 연습해 봅시다.

**Step 2.** 녹음된 발음을 듣고 대화문을 따라 읽어 봅시다. 생각했던 발음과 다른 것이 있다면 교수자와 함께 올바른 발음에 대해 토의해 봅시다.

# C. ACTIVIDADES

## 1. 스페인어권의 음식 문화

**Step 1.** 스페인어권 국가를 대표하는 음식을 찾아 다음 표를 작성해 봅시다. 음식에 들어가는 주요 재료도 한두 개 적어 봅시다.

| 국가 | 국적형용사 | 대표 음식 | 주요 재료 |
|---|---|---|---|
| México | mexicano, na | taco | tortilla de harina, carne |
| | | | |
| | | | |
| | | | |
| | | | |

**Step 2.** Step 1에서 작성한 표를 기반으로 국가별 대표 음식을 소개하는 문장을 작성해 봅시다.

**MODELO**

La comida mexicana más famosa** es el taco. 가장 유명한 멕시코 음식은 타코야.
Los ingredientes principales son tortilla de maíz y carne. 주요 재료는 옥수수 토르티야와 육류지.

** 정관사 + 명사 + más + 형용사: 가장 ~한 (최상급 표현)

Las verduras: la lechuga(상추), la patata(감자), el tomate(토마토), el hongo(버섯), la zanahoria(당근)

Las frutas: la manzana(사과), el limón(레몬), la uva(포도), la naranja(오렌지), el melocotón(복숭아)

La carne: el jamón(햄), el cerdo(돼지고기), el pollo(닭고기), la carne de res(소고기), el pescado(생선)

Los cereales: el arroz(쌀), la harina de trigo(밀가루), el maíz(옥수수)

1. ........................

2. ........................

3. ........................

4. ........................

**Step 3.** 〈짝활동〉 Step 2에서 작성한 내용을 기반으로 짝과 대화를 나눠 봅시다. 서로 번갈아 가면서 조사한 음식과 주요 재료를 소개하고, 궁금한 점을 이야기해 봅시다. 대화를 나눌 때는 직접목적격 대명사 활용에 유의합시다.

**MODELO**

A: La comida mexicana más famosa es el taco.
Los ingredientes principales son tortilla de maíz y carne. ¿Quieres probarlo?
멕시코 음식 중 가장 유명한 것은 타코야. 주된 재료는 옥수수 토르티야와 육류야. 한번 맛볼래?

B: No, no quiero probarlo. 나는 그것(타코)을 맛보고 싶지 않아.

A: ¿Por qué? ¿No te gusta el maíz? 왜? 옥수수를 좋아하지 않니?

B: Sí, me gusta mucho. Pero no me gusta la carne.
아니, 옥수수는 매우 좋아하지. 하지만 육류를 좋아하지 않아.

- 직접목적격 대명사 1, 2, 3인칭 단수: me, te, lo/la
- 직접목적격 대명사 1, 2, 3인칭 복수: nos, os, los/las

**Step 4.** 〈짝활동〉 Step 3에서 나눈 대화를 바탕으로 짝의 대답을 3인칭 단수 주어를 이용하여 정리해 봅시다.

1. Mi compañero/a (no) quiere probar ______. (No) le gusta(n) ______.
2. ______
3. ______
4. ______

## 2. 기념일과 선물

**Step 1.** 스페인어권 국가의 기념일을 조사해 보고, 이날 어떤 선물을 주고받고 싶은지 써 봅시다.

| 기념일 | 내가 받고 싶은 선물 | 선물을 주고 싶은 사람 | 주고 싶은 선물 |
|---|---|---|---|
| la Navidad | un teléfono inteligente (*smartphone*) | mi padre | un reloj inteligente (*smartwatch*) |
| | | | |
| | | | |
| | | | |
| | | | |
| | | | |

**Step 2.** Step 1에서 작성한 표를 기반으로 기념일에 어떤 선물을 주고받고 싶은지 표현하는 문장을 작성해 봅시다.

**MODELO**
Quiero recibir un teléfono inteligente para Navidad. 나는 성탄절에 스마트폰을 받고 싶다.
Le quiero regalar a mi padre un reloj inteligente. / A mi padre le quiero regalar un reloj inteligente.
나는 우리 아버지에게 스마트워치를 선물하고 싶다.

1. ……………………………………

2. ……………………………………

3. ……………………………………

**Step 3.** 〈짝활동〉 Step 2에서 작성한 내용을 바탕으로 짝과 대화를 나눠 봅시다. 예시(MODELO)를 참고하여 기념일에 주고받고 싶은 선물에 대해 목적격 대명사를 사용하여 이야기해 봅시다.

**MODELO**

A: (Yo) quiero recibir un teléfono inteligente para Navidad. Y le quiero regalar algo a mi padre.
나는 크리스마스에 스마트폰을 받고 싶어. 그리고 아버지께 뭔가를 선물하고 싶어.

B: ¿Qué regalo prefieres darle? 무슨 선물을 (아버지께) 드리고 싶니?

A: Prefiero comprarle un reloj inteligente. 스마트워치를 사 드리고 싶어.

B: ¡Magnífico! 훌륭하네!

- 간접목적격 대명사: me, te, le, nos, os, les
- 직접목적격 대명사: me, te, lo/la, nos, os, los/las

**Step 4.** 〈짝활동〉 Step 3에서 나눈 대화를 바탕으로 짝이 기념일에 어떤 선물을 주고받고 싶은지 표현하는 문장을 작성해 봅시다. 이때 문장에는 3인칭 주어를 사용해 봅시다.

**MODELO**

Mi compañero/a (no) quiere recibir ________ para ________.
Mi compañero/a (no) le quiere regalar ________ a ________ para ________.

________________________________________

________________________________________

________________________________________

________________________________________

________________________________________

**Step 5.** Step 4에서 작성한 내용을 기반으로 짝이 기념일에 주고받고 싶은 선물을 설명하는 문장을 온라인 Classroom에 올려 봅시다. 수업의 전체 구성원과 공유하고 피드백을 나눠 봅시다.

# D. RECAPITULACIÓN

## 1. GRAMÁTICA

### 1) 어간 불규칙동사(e → ie)

| | PENSAR | QUERER | PREFERIR |
|---|---|---|---|
| yo | pienso | quiero | prefiero |
| tú | piensas | quieres | prefieres |
| usted | piensa | quiere | prefiere |
| él, ella | piensa | quiere | prefiere |
| nosotros, nosotras | pensamos | queremos | preferimos |
| vosotros, vosotras | pensáis | queréis | preferís |
| ustedes | piensan | quieren | prefieren |
| ellos, ellas | piensan | quieren | prefieren |

- 위의 동사들은 활용될 때 동사원형 어간의 모음 e가 ie로 변하는 불규칙동사입니다.
- 단, 1인칭 복수형과 2인칭 복수형에서는 위와 같은 변화가 일어나지 않습니다.

### 2) 목적격 대명사

| | 직접목적격 대명사 | 간접목적격 대명사 |
|---|---|---|
| 1인칭 단수 | me | me |
| 2인칭 단수 | te | te |
| 3인칭 단수 | lo, la | le |
| 1인칭 복수 | nos | nos |
| 2인칭 복수 | os | os |
| 3인칭 복수 | los, las | les |

- 목적격 대명사는 목적어 역할을 하는 대명사를 지칭하며, 직접목적격 대명사와 간접목적격 대명사로 나뉩니다.

- 직접목적격 대명사는 '~을/를' 의미를 가지며, 앞서 언급된 직접목적어 명사(구)를 반복하지 않기 위해 사용됩니다. 선행 문장에 제시된 직접목적어를 대체할 때는 기존 직접목적어 명사의 성과 수를 고려해야 합니다.

  예 Lucía tiene un libro interesante. Ella lo relee mucho.
  루시아는 매우 재미있는 책을 한 권 갖고 있다. 그녀는 그 책을 자주 반복해서 읽는다.

- 간접목적격 대명사는 '~에게'라는 뜻으로 해석되며, 주로 '주다'라는 의미가 있는 동사와 함께 사용됩니다. 직접목적격 대명사와 간접목적격 대명사 모두 인칭에 따라 변형된 동사활용형 앞에 위치하며, 두 대명사가 함께 사용될 때는 **간접목적격 대명사 + 직접목적격 대명사** 순서로 쓰입니다.

  예 Carlos me prepara el desayuno todos los lunes. 카를로스는 월요일마다 내게 아침을 차려 준다.
  Carlos me lo prepara todos los lunes.

- 사람을 지칭하는 직접목적격 대명사를 사용하는 경우 동사에 따라 간접목적격 대명사(~에게)처럼 해석하는 것이 더 자연스러운 경우도 있습니다. AGRADECER, SALUDAR 동사가 쓰인 문장이 대표적입니다.

  예 Juan siempre me saluda antes de empezar las clases.
  수업이 시작하기 전에 후안은 항상 내게 인사한다.

- 직접목적격 대명사와 간접목적격 대명사가 함께 쓰인 문장에서 두 대명사가 모두 3인칭일 때, 간접목적격 대명사의 형태는 그것이 지시하는 명사의 수와 상관없이 se로 변합니다.

  예 Mi padre le envía una carta a mi madre. 우리 아버지는 어머니에게 편지 한 통을 보낸다.
  Mi padre se la envía. (O)
  Mi padre le la envía. (X)

- 간접목적격 대명사를 사용할 때 **전치사 a + (대)명사**를 써서 간접목적격 대명사가 지시하는 대상을 명확하게 하거나 강조할 수 있습니다. 하지만 이 표현은 간접목적격 대명사를 대신하거나, 단독으로 쓰일 수 없습니다. 단, 전치사 a 뒤에 오는 명사가 일반명사나 고유명사일 경우에는 간접목적격 대명사를 쓰지 않을 수 있습니다.

  예 Mi padre le envía una carta. (O)
  Mi padre le envía una carta a mi madre. (O)
  Mi padre envía una carta a mi madre. (O)
  Mi padre le envía una carta a ella. (O)
  Mi padre envía una carta a ella. (X)

## 2. PREPARACIÓN

- UNIDAD 7의 PARTE II에서는 '알다'를 의미하는 두 가지 동사의 쓰임을 익힙니다. 두 동사의 의미상 차이를 이해하고 이를 상황에 맞게 활용하는 연습을 할 것입니다. 다음을 읽고 동사의 활용과 기본적인 용법을 예습해 봅시다.

### 1) CONOCER와 SABER 동사

| | CONOCER | SABER |
|---|---|---|
| yo | conozco | sé |
| tú | conoces | sabes |
| usted | conoce | sabe |
| él, ella | conoce | sabe |

- CONOCER와 SABER 동사는 모두 '~을/를 알다'로 해석되어 의미가 혼동되기 쉽습니다. 하지만 CONOCER 동사는 경험을 통해 아는 것을 의미하며, SABER 동사는 배워서 습득하는 정보, 지식 등을 아는 것을 의미합니다.

- 장소나 사람 등을 직접 방문하거나 만나 보고 아는 것은 CONOCER 동사를 사용해 표현하며, 책이나 인터넷 같은 간접 매체를 통해 알게 된 정보는 SABER 동사를 이용해 나타냅니다.

memo

## PARTE II Sé manejar autos.

### A. CLAVES CULTURALES

#### 반데하 파이사(Bandeja paisa)

- 반데하 파이사는 콜롬비아의 전통음식으로, 쟁반을 의미하는 반데하(bandeja)와 콜롬비아 북서부 지역을 지칭하는 파이사(paisa)의 합성어입니다.
- 주로 돼지고기, 붉은 콩, 소시지, 흰 쌀밥, 아레파(arepa) 등을 이용해 만듭니다.
- 아레파는 콜롬비아와 베네수엘라에서 널리 먹는 음식으로, 피타브레드(pan de pita)와 비슷합니다. 주로 옥수수 가루로 만든 반죽을 팬에 굽거나 튀겨서 만들며, 속에 고기나 치즈 따위를 채워서 먹기도 합니다.

  예 A: ¿Qué comida colombiana te gusta? 너는 어떤 콜롬비아 음식을 좋아하니?
  B: Me gusta mucho la bandeja paisa. 나는 반데하 파이사를 매우 좋아해.

## B. DIÁLOGO

Lucía Javier, ¿sabes manejar? Estos días estoy aprendiendo a manejar en una autoescuela.

Javier No, aún no sé. Pero también tengo que aprender antes de graduarme. ¿Cuántas veces a la semana vas a la autoescuela?

Lucía Tengo que ir tres veces a la semana. Por eso, este mes estoy muy ocupada. ¿Y si vamos juntos?

Javier ¡Muy buena idea! ¿Está la autoescuela lejos de la universidad?

Lucía No, solo tardamos 30 minutos en el autobús. ¿Conoces el restaurante Cancún?

Javier ¿El de comida mexicana? Sí, lo conozco.

Lucía La autoescuela está enfrente del restaurante.

### VOCABULARIO

sabes: SABER 동사 2인칭 단수 현재형 / 알다
estoy aprendiendo a: ESTAR + APRENDER 현재분사 + a / 지금 ~을/를 배우고 있다
MANEJAR: 운전하다
la autoescuela: 운전면허학원
GRADUARME: (내가) 졸업하다
cuántas veces: 몇 번 (의문사)
y si + 동사활용형: ~하면 어떨까? (*What about?*)
tardamos: TARDAR 동사 1인칭 복수 현재형 / 시간이 걸리다
conoces: CONOCER 2인칭 단수 현재형 / 알다
conozco: CONOCER 1인칭 단수 현재형 / 알다

### GRAMÁTICA

¿**Sabes** conducir?

- **SABER + 동사원형**은 '~을/를 할 줄 알다'라는 의미로 사용됩니다.
- CONOCER와 SABER 동사는 둘 다 우리말로 '알다'라는 의미로 해석됩니다. 하지만 CONOCER는 주로 '경험을 통해 알다'라는 의미로 사용되는 반면, SABER 동사는 '지식을 얻다'라는 의미로 사용됩니다.

Tengo que aprender antes de **graduarme**.

- GRADUAR 동사는 '~을/를 졸업시키다'라는 의미이며, GRADUARSE는 '~이/가 졸업하다'로 해석됩니다. 이때 se는 주어의 인칭에 따라 활용되어야 합니다.
- 인칭에 따른 활용형은 me, te, se, nos, os, se이며, 위 문장에서는 졸업이라는 행위의 주체가 1인칭 단수이므로 1인칭 단수형 me를 씁니다.

¿**Cuántas** veces a la semana vas a la autoescuela?

- 의문사 cuánto가 형용사로 쓰일 때는 수식하는 명사의 성과 수에 따라 cuánto, cuánta, cuántos, cuántas로 변형됩니다.

  예 ¿Cuántas clases tomas este semestre?

A: ¿Está la autoescuela lejos de la universidad?

B: No, solo **tardamos** 30 minutos **en** el autobús.

- **TARDAR + 시간 + en (+ 동사원형)**은 '~하는 데 시간이 걸리다'라는 의미로 사용됩니다.

  예 (Yo) tardo mucho (tiempo) en llegar a pie al campus.

## 1. COMPRENSIÓN

**Step 1.** 앞선 대화문에서 이미 아는 표현(단어)과 모르는 표현(단어)을 구분하여 다음 표를 작성해 봅시다.

| 아는 표현 | | 모르는 표현 | |
|---|---|---|---|
| 스페인어 | 한국어 뜻 | 스페인어 | 한국어 뜻 |
| | | | |
| | | | |
| | | | |
| | | | |

**Step 2.** 대화문을 읽고, 다음 중 무엇에 관한 내용인지 추론해 봅시다. 전체 내용 중 가장 중요하다고 생각하는 문장을 선택하고, 문장 의미를 해석해 봅시다.

① 친구와 영화 관람　② 취업 면접 준비　③ 대학원 진학 준비
④ 운전 연수　⑤ 악기 연주

중요 문장: ............................................................

**Step 3.** 〈짝활동〉 중요 문장의 의미를 활용하여 Step 2에서 답안을 고른 이유를 짝에게 설명해 봅시다.

## 2. PRONUNCIACIÓN

**Step 1.** 〈짝활동〉 각자 역할을 정한 후 앞선 대화문을 소리 내어 읽어 봅시다. 어색한 발음이 있다면 짝과 토의한 후 최대한 자연스럽게 읽을 수 있도록 연습해 봅시다.

**Step 2.** 녹음된 발음을 듣고 대화문을 따라 읽어 봅시다. 생각했던 발음과 다른 것이 있다면 교수자와 함께 올바른 발음에 대해 토의해 봅시다.

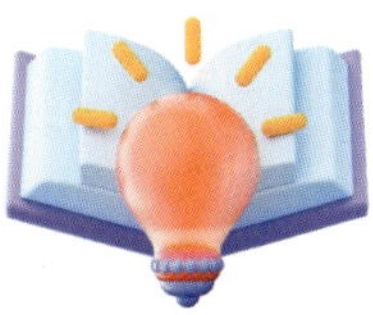

## C. ACTIVIDADES

### 1. 내가 할 줄 아는 것

**Step 1.** 학습하여 알게 된 지식을 다음 표에 정리해 봅시다.

| 동사활용(SABER) | 동사(구) |
|---|---|
| sé<br>sabes<br>sabe<br>sabe | CONDUCIR, MANEJAR 운전하다<br>TOCAR el piano / la guitarra / el violín / la batería<br>피아노 / 기타 / 바이올린 / 드럼을 연주하다<br>USAR lenguajes de programación 코딩하다<br>DISEÑAR una página web 웹페이지를 디자인하다<br>CREAR y SUBIR videos a YouTube 동영상을 만들고 유튜브에 게재하다<br>JUGAR (al) tenis / baloncesto / voleibol / bolos<br>테니스 / 농구 / 배구 / 볼링을 하다 |
| 내가 활용할 어휘 | |

**Step 2.** 〈짝활동〉 Step 1에서 작성한 내용을 기반으로 다음 표에 내가 할 줄 아는 것을 표현하는 문장을 작성해 봅시다. 해당 문장을 이용하여 짝에게 하는 질문도 써 봅시다.

| 내가 할 줄 아는 것 | 짝에 대한 질문 |
|---|---|
| 1. (Yo) sé ______________________. | 1. ¿(Tú) sabes ______________________? |
| 2. | 2. |
| 3. | 3. |
| 4. | 4. |
| 5. | 5. |

**Step 3.** 〈짝활동〉 할 줄 아는 것과 그렇지 않은 것에 대해 짝과 이야기해 보고, 짝의 답변을 3인칭 주어를 사용하여 정리해 봅시다.

1. Mi compañero/a (no) sabe ____________
2. ____________
3. ____________
4. ____________
5. ____________

## 2. 스마트폰 어플리케이션과 빈도 표현

**Step 1.** 스마트폰에서 가장 자주 사용하는 어플리케이션을 5개 적어 봅시다.

| 순위 | 어플리케이션 | 사용 빈도 | 기능 |
|---|---|---|---|
| | Gmail | cinco veces al día | para consultar el correo electrónico<br>이메일 확인 |
| 1. | | ______ al día | |
| 2. | | ______ al día | |
| 3. | | ______ a la semana | |
| 4. | | ______ al mes | |
| 5. | | ______ al mes | |

**Step 2.** Step 1에서 작성한 표를 기반으로 가장 자주 쓰는 어플리케이션 5개와 그 사용 빈도를 설명하는 문장을 만들어 봅시다.

**MODELO**
Mi aplicación más usada es Gmail.
La abro cinco veces al día para consultar el correo electrónico.

1. ..........
2. ..........
3. ..........
4. ..........
5. ..........

**Step 3.** 〈모둠활동〉 모둠별로 주어진 질문을 이용하여 이야기를 나눠 봅시다. 대화 내용은 예시(MODELO)를 참고하여 다음에 정리해 봅시다.

| | |
|---|---|
| 질문 | ¿Cuál es tu aplicación más usada? ¿Cuántas veces la abres al día?<br>네가 가장 많이 쓰는 어플리케이션은 무엇이니? 하루에 몇 번 그걸 사용하니? |
| | ¿Cuál es tu aplicación menos usada? ¿Cuántas veces la abres al año?<br>네가 가장 적게 쓰는 어플리케이션은 무엇이니? 1년에 몇 번 그걸 사용하니? |

**MODELO**
La aplicación más usada por mi compañero/a .......... es Gmail.
Él/Ella la abre cinco veces al día para consultar el correo electrónico.

La aplicación menos usada por mi compañero/a .......... es Gmail.
Él/Ella la abre cinco veces al año para consultar el correo electrónico.

1. ..........
..........
2. ..........
..........
3. ..........
..........

**Step 4.** Step 3에 적은 답안(각 두 문장) 중 하나를 골라 온라인 Classroom에 올려 봅시다. 수업의 전체 구성원과 공유하고 피드백을 나눠 봅시다.

memo

# D. RECAPITULACIÓN

## 1. GRAMÁTICA

### 1) CONOCER와 SABER 동사

| | CONOCER | SABER |
|---|---|---|
| yo | conozco | sé |
| tú | conoces | sabes |
| usted | conoce | sabe |
| él, ella | conoce | sabe |
| nosotros, nosotras | conocemos | sabemos |
| vosotros, vosotras | conocéis | sabéis |
| ustedes | conocen | saben |
| ellos, ellas | conocen | saben |

- 두 동사 모두 '~을/를 알다'로 해석되어 의미가 혼동되기 쉽습니다. 하지만 CONOCER 동사는 **경험을 통해 아는 것**을, SABER 동사는 **정보, 지식 등을 배워서 아는 것**을 뜻합니다.

- 장소나 사람 등을 직접 방문하거나 만나 보고 아는 것은 CONOCER 동사를 사용해 표현하며, 책이나 인터넷 같은 간접 매체로 알게 된 정보는 SABER 동사를 이용해 나타냅니다.

  예 Sé qué ciudad es la capital de Corea. 나는 한국의 수도가 어느 도시인지 알고 있다.
  Conozco Seúl. 나는 서울을 (방문해 봐서) 안다.

### 2) 의문사 cuánto

- 의문사 cuánto는 의문형용사와 의문부사로 사용되며, '몇 개의' 혹은 '얼마'를 의미합니다.

- 의문형용사로 사용될 때는 뒤에 위치하는 명사를 수식하므로 명사와 **성과 수**를 일치시켜야 합니다.

  예 ¿Cuántos libros tienes? 너는 책을 몇 권이나 가지고 있니?
  ¿Cuántas flores recibes en tu cumpleaños? 너는 생일에 꽃을 몇 송이 받니?

- 의문부사로서는 주로 가격을 묻는 표현에 쓰이며 형태가 변하지 않습니다. (UNIDAD 8 참조)

  예 ¿Cuánto cuesta este libro? 이 책은 얼마예요?
  ¿Cuánto cuestan estas bolsas? 이 가방들은 얼마예요?

### 3) 최상급 표현

- 최상급 표현은 특정 집단에서 '가장 ~하다'라는 의미의 표현입니다.
- 정관사 el, la, los, las와 함께 **정관사 + 명사 + más / menos + 형용사( + de / en / entre + 기준 집단)**로 구성됩니다.

| 정관사 | 명사 | más / menos | 형용사 | 집단 범주 |
|---|---|---|---|---|
| el | estudiante | más | inteligente | de la clase |
| la | computadora | menos | cara | de esta tienda |

## 2. PREPARACIÓN

- UNIDAD 8의 PARTE I에서는 가까운 미래를 나타내는 구문을 익힐 것입니다. 이 구문을 통해 미래에 대한 계획과 의도를 적절하게 표현할 수 있습니다.

### 1) IR + a + 동사원형

- '~ 할 계획(예정)이다'를 뜻하는 구문으로, 가까운 미래의 계획을 표현할 때 사용합니다.

- 이때 IR 동사는 주어의 인칭에 따라 다음과 같이 활용됩니다.

| 주어 | Yo | Tú | Usted | Él, Ella |
|---|---|---|---|---|
| 동사활용형 | voy | vas | va | va |

예 Voy a comprar un SUV (Vehículo Utilitario Deportivo) después de graduarme.
나는 졸업하면 SUV를 살 거야.

- IR 동사가 원래 의미인 '가다'로 사용될 경우 **IR + a + 장소명**으로 표현합니다.

예 Carlos va a la casa de sus padres este fin de semana.
카를로스는 이번 주말 부모님 댁에 간다.

# UNIDAD 08

# ¿Con quién vas a pasar las Navidades? Voy a pasarlas con mis amigos.

**PARTE I** Mis vacaciones de Navidad

**PARTE II** El Estadio Camp Nou está abierto casi todo el año.

© Javier Perez Mantes

## OBJETIVOS

1 가까운 미래에 대한 표현을 정확히 사용할 수 있다.

2 건강에 관해 다양한 어휘를 활용하여 대화할 수 있다.

3 과거분사의 쓰임을 이해하고 활용할 수 있다.

PARTE I

# Mis vacaciones de Navidad

## A. CLAVES CULTURALES

### 캘리포니아 선교회 (Las misiones en California)

- 프란체스코 수도회의 가톨릭 사제들은 18세기 중반에서 19세기 초반 미국 캘리포니아주에 21개의 선교회를 구축하였습니다.
- 주요 설립 목적은 아메리카 원주민을 기독교로 개종하는 것이었습니다. 이후 선교회를 중심으로 현재 캘리포니아의 주요 도시가 형성되었습니다.
- 〈알아봅시다〉 다음은 캘리포니아 선교회 중 몇몇의 이름입니다. 이들의 위치가 현재 미국의 어느 지역에 있는지 검색해 봅시다.

| Misión San Diego de Alcalá: | Misión Santa Clara de Asís: |
|---|---|
| Misión San Francisco de Asís: | Misión Santa Cruz: |
| Misión Santa Bárbara: | Misión San Rafael Arcángel: |

- Santo, ta는 '거룩한' 또는 '성스러운'이라는 의미의 형용사입니다.
  예 Este es un lugar santo y extraordinario. 이 장소는 거룩하고 특별한 곳이다.
- 선교회의 이름은 대부분 가톨릭 성인의 이름에서 유래합니다. 성인의 이름이 남성형일 때는 santo에서 to를 탈락시킨 san을 사용합니다.
  예 San Francisco, San Diego 등
- 남성형 이름이라도 첫 음절이 to 혹은 do라면 san 대신 santo를 사용합니다.
  예 Santo Tomás, Santo Toribio, Santo Domingo 등
- 여성형 이름 앞에서는 항상 santa를 사용합니다.
  예 Santa Ana, Santa Teresa 등

## B. DIÁLOGO

Javier El tiempo pasa muy rápido. Ya estamos en diciembre. Es increíble.

Lucía ¿Con quién vas a pasar las Navidades?

Javier Voy a pasarlas con mi familia, como siempre. Y tú, ¿qué vas a hacer durante las Navidades?

Lucía Esta vez, voy a visitar a mis primos en Estados Unidos.

Javier ¿Qué ciudad vas a visitar?

Lucía Voy a ir a San Francisco. Tengo tres primos allí.

Javier ¡Qué bueno! ¿Qué lugares vas a visitar en San Francisco?

Lucía Primero, voy a visitar el puente Golden Gate y la calle Lombard.

Javier Hay muchos lugares famosos en San Francisco. ¿Vas a tomar el tranvía?

Lucía Supongo que sí. Y después, voy a viajar a Los Ángeles en coche.

Javier ¡Buena idea!

Lucía También, quiero visitar las misiones en California. Dicen que hay veintiuna misiones.

Javier Va a ser un viaje inolvidable para ti.

### VOCABULARIO

pasa: PASAR 동사 3인칭 단수 현재형 / (시간, 기간이) 지나다, 경과하다, (시간, 기간을) 보내다
diciembre: 12월
las Navidades: (복수형) 성탄 주간
cf. la Navidad: (단수형) 성탄절
como siempre: 언제나처럼
durante: ~동안
esta vez: 이번에
el primo, la prima: 사촌
allí: 거기에
el puente: 다리 (구조물)
TOMAR el tranvía: 트램을 타다
Supongo que sí.: 그럴 것 같아.
SUPONER: 생각하다, 추측하다
la misión: 미션, 파견, 사명, 임무, 포교, 선교
inolvidable: 잊을 수 없는

## GRAMÁTICA

A: ¿Con quién **vas a pasar** las Navidades?

B: **Voy a pasarlas** con mi familia, como siempre.

- **IR + a + 동사원형**은 '~할 계획이다', '~할 예정이다'라는 뜻으로, 가까운 미래의 계획을 표현하는 데 씁니다. 이때 IR 동사는 주어의 인칭에 따라 활용됩니다.

- PASAR 동사는 '시간을 보내다'라는 뜻으로 사용될 경우, 직접목적격 대명사가 필요합니다.
- Pasarlas에서 PASAR 동사 뒤의 직접목적격 대명사 las는 앞 문장의 직접목적어 las Navidades를 대신하는 것으로, 직접목적격 대명사가 동사원형 뒤에 쓰일 때는 이처럼 동사와 붙여서 표기합니다.

## CONSEJOS ÚTILES

### El puente festivo

➡ 'puente'는 일반적으로 물을 건너기 위한 다리, 교각을 의미합니다.

➡ '황금 연휴' 또는 '징검다리 연휴'를 지칭할 때 이 관용 표현을 사용합니다. 공휴일과 주말이 연결되거나 두 개 이상의 공휴일이 연결되어 생긴 긴 연휴를 뜻합니다.

## 1. COMPRENSIÓN

**Step 1.** 앞선 대화문에서 이미 아는 표현(단어)과 모르는 표현(단어)을 구분하여 다음 표를 작성해 봅시다.

| 아는 표현 | | 모르는 표현 | |
|---|---|---|---|
| 스페인어 | 한국어 뜻 | 스페인어 | 한국어 뜻 |
| | | | |
| | | | |
| | | | |
| | | | |
| | | | |

**Step 2.** 〈짝활동〉 대화문을 읽고, 다음 내용에 대해 짝과 함께 추론해 봅시다.

① 이 대화의 주제는 무엇인가요?
② 루시아는 샌프란시스코에서 어떤 장소를 방문할 계획인가요?
③ 루시아는 로스앤젤레스에 갈 때 어떤 교통수단을 이용할 예정인가요?

## 2. PRONUNCIACIÓN

**Step 1.** 〈짝활동〉 각자 역할을 정한 후 앞선 대화문을 소리 내어 읽어 봅시다. 어색한 발음이 있다면 짝과 토의한 후 최대한 자연스럽게 읽을 수 있도록 연습해 봅시다.

**Step 2.** 녹음된 발음을 듣고 대화문을 따라 읽어 봅시다. 생각했던 발음과 다른 것이 있다면 교수자와 함께 올바른 발음에 대해 토의해 봅시다.

## C. ACTIVIDADES

### 1. 스페인어권 지역 방문 계획

**Step 1.** 미국을 포함한 스페인어권 지역에서 방문하고 싶은 장소 3곳을 찾아보고, 다음 빈칸에 해당 지역에 대한 다양한 정보를 적어 봅시다.

| 국가 | 도시 | 유명 장소<br>(거리, 유적지 등) | 이벤트 |
|---|---|---|---|
| Estados Unidos | Albuquerque | Universidad de Nuevo México | Albuquerque International Balloon Fiesta |
| | | | |
| | | | |
| | | | |

**Step 2.** Step 1에서 작성한 내용을 기반으로 조사한 지역에 관해 예시(MODELO)와 같이 설명해 봅시다.

**MODELO**
Albuquerque es una ciudad muy interesante. La Universidad de Nuevo México está allí.
También festejan** el Festival Internacional de Globos de Albuquerque.
앨버커키는 매우 흥미로운 도시입니다. 뉴멕시코 대학이 거기에 있습니다.
또한 앨버커키 국제 열기구 축제도 열립니다.

** FESTEJAR: 축하하다, 기념하다

1. ............

2. ............

3. ............

- 일반 주어의 사용: "También festejan el Festival Internacional de Globos de Albuquerque."에서 festejan은 FESTEJAR 동사의 3인칭 복수 현재형입니다. 이때 3인칭 복수를 쓰는 것은 특정한 사람이 아닌 '일반적인 사람들'의 행위를 지시하기 때문입니다. 이처럼 주체를 구체적으로 명시하지 않은 동사의 3인칭 복수형은 특정되지 않은 사람들 여럿이 동사에 해당하는 어떤 행위를 했음을 표현할 때 사용됩니다.

**Step 3.** 〈짝활동〉 Step 2에서 작성한 내용을 기반으로 짝과 대화를 나눠 봅시다. 예시(MODELO)의 밑줄 친 부분을 적절하게 변형하여 내가 찾은 지역을 설명하고, 그곳을 방문하고 싶은 이유를 말해 봅시다.

**MODELO**

© Greg Geobel from Loveland Co

A: ¿Sabes algo sobre la ciudad de Albuquerque en los Estados Unidos? Es una ciudad muy interesante.
B: No, no sé nada. ¿Hay algo famoso en esa ciudad?
A: La Universidad de Nuevo México está allí.
B: ¿Quieres visitar esa ciudad?
A: Sí, por supuesto. Algún día voy a visitarla.
B: ¿Por qué?
A: Quiero ver el Festival Internacional de Globos de Albuquerque.

**Step 4.** Step 3에서 짝과 나눈 대화 내용을 정리해 봅시다. 3인칭 단수 주어를 이용하여 짝이 방문하고 싶은 지역과 그 이유를 설명하는 문장을 작성해 봅시다.

1. Mi compañero/a presenta la ciudad de ____________.
   Esta ciudad es ____________ y ____________ está allí.
   Él/Ella va a visitar aquella ciudad porque quiere ____________.

2. ____________

3. ____________

## 2. 스페인어권의 축제

**Step 1.** 스페인어 월(달) 명칭을 익혀 보고 다음에 제시된 스페인어권 축제 중 3개를 골라 빈칸을 채워 봅시다.

| | | | |
|---|---|---|---|
| 1월 enero | 4월 abril | 7월 julio | 10월 octubre |
| 2월 febrero | 5월 mayo | 8월 agosto | 11월 noviembre |
| 3월 marzo | 6월 junio | 9월 septiembre | 12월 diciembre |

| 축제 | 기간(월) | 지역 | 특징 | 특징(스페인어) |
|---|---|---|---|---|
| la Semana Santa | entre marzo y abril | varios países** | 퍼레이드 | participar en las procesiones*** |
| San Fermín | | | | |
| Las Fallas | | | | |
| La Tomatina | | | | |
| el Día de la Independencia | | | | |
| el Día de Muertos | | | | |

**varios países: 다양한 국가들　　***la procesión: 행렬, 퍼레이드

**Step 2.** Step 1에 작성한 내용을 바탕으로 스페인어권 축제 중 3개를 골라 그 특징을 이야기해 봅시다. 예시(MODELO)를 참고하여 작성하되, SER, ESTAR, TENER 동사 등 그동안 배운 다양한 표현을 활용해 봅시다.

**MODELO**

La Semana Santa es una fiesta muy importante en los países hispanohablantes.
부활절은 스페인어권 국가에서 매우 중요한 축제다.
Esta fiesta se celebra** entre marzo y abril.
(사람들은) 3월과 4월 사이에 이 축제를 연다.
En muchos lugares, preparan diversas procesiones.
많은 곳에서 다양한 퍼레이드를 준비한다.
Los participantes salen a la calle y participan en las procesiones.
참가자들은 거리에 나와 퍼레이드에 참가한다.

** 대명사 se가 CELEBRAR의 3인칭 단수 동사활용형 celebra 앞에 쓰이는 경우, 행사를 연 주체를 특정하지 않고 '일반적인 행사나 사건이 열림'을 표현할 수 있습니다.

1. ............................................................

2. ............................................................

3. ............................................................

**Step 3.** 〈짝활동〉 Step 2에서 작성한 내용을 기반으로 예시(MODELO)와 같이 짝과 대화를 나눠 봅시다. 서로 조사한 스페인어권 축제 3개를 소개하고, 짝이 이야기한 내용을 다음에 정리해 봅시다.

**MODELO (대화)**

© Sema MZB

A: ¿Sabes algo sobre la Semana Santa?
B: No, no sé mucho. ¿Cómo se celebra la Semana Santa?
A: Hay procesiones religiosas por las calles.
B: ¡Qué interesante!
A: Un día, quiero participar en esas procesiones.

축제 1: ______

축제 2: ______

축제 3: ______

**Step 4.** 〈모둠활동〉 Step 3에서 작성한 내용을 바탕으로 모둠원과 함께 짝의 축제 방문 계획에 대해 이야기해 봅시다. 대화 내용은 다음에 예시(MODELO)와 같이 작성하되, SABER 동사와 가까운 미래 표현을 이용해 써 봅시다.

**MODELO**
Mi compañero/a sabe sobre la fiesta de la Semana Santa en Málaga, España.
Él/Ella va a participar en las diversas procesiones de allí.

모둠원 1: ______

모둠원 2: ______

모둠원 3: ______

**Step 5.** 〈모둠활동〉 Step 4에서 작성한 내용 중 가장 흥미로운 모둠원의 계획을 선정하여 온라인 Classroom에 올려 봅시다. 수업의 전체 구성원과 공유하고 피드백을 나눠 봅시다.

# D. RECAPITULACIÓN

## 1. GRAMÁTICA

### 1) IR 동사

| | IR |
|---|---|
| yo | voy |
| tú | vas |
| usted | va |
| él, ella | va |
| nosotros, nosotras | vamos |
| vosotros, vosotras | vais |
| ustedes | van |
| ellos, ellas | van |

- IR 동사는 '~에 가다'라는 의미로 활용되기도 하고, 가까운 미래의 계획을 표현하는 데 사용되기도 합니다.
- IR 동사가 '~에 가다'라는 의미로 쓰일 때는 IR + a + 관사 + 장소 형태로 표현합니다.
- 가까운 미래의 계획은 IR + a + 동사원형 구조로 나타냅니다.

### 2) SABER 동사와 전치사

- SABER 동사는 '~을/를 알다'라는 의미로, 전치사 없이 직접목적어를 취할 수 있습니다. 하지만 전치사 de, sobre 등과 결합하면 다음과 같이 활용될 수 있습니다.

  예 Sé la respuesta. 나는 답을 안다.
  No sé nada de ti. 나는 너에 대해 아무것도 모른다.
  Sé mucho sobre la vida. 나는 인생에 대해 많이 안다.

## 2. PREPARACIÓN

- UNIDAD 8의 PARTE II에서는 과거분사의 형태와 쓰임을 알아봅니다. 관계부사 cuando를 이용한 시간부사절도 익힙니다. 다음을 미리 읽어 봅시다.

### 1) 과거분사

- -ar 규칙동사는 동사 어간에 -ado를 붙여서 과거분사를 형성합니다.

  예 SENTAR 동사 → sentado

- -er와 -ir 규칙동사는 동사 어간에 -ido를 붙여서 과거분사를 형성합니다.

  예 COMER 동사 → comido
  VIVIR 동사 → vivido

- 그 밖에 불규칙한 형태의 과거분사로 변하는 동사도 있습니다.

  예 ABRIR 동사 → abierto
  HACER 동사 → hecho

### 2) 시간 관계부사 cuando

- 관계부사 cuando(~ 할 때)를 사용하여 시간부사절을 만들고, 사건이나 행위의 시간적인 배경을 제시할 수 있습니다. 관계부사 cuando가 이끄는 종속절은 주절 앞에 사용될 수도 있고, 뒤에 쓸 수도 있습니다.

  예 A: ¿Qué haces cuando tienes fiebre? 열이 날 때 너는 어떻게 하니?
  B: Cuando tengo fiebre, voy al hospital. / Voy al hospital cuando tengo fiebre.
  (나는) 열이 날 때 병원에 가.

memo

# PARTE II El Estadio Camp Nou está abierto casi todo el año.

## A. CLAVES CULTURALES

카밀라 카베요(Camila Cabello)
© Justin Higuchi from Los Angeles

### ◆◆◆ 히스패닉(Hispano, na) / 라티노(Latino, na) / 치카노(Chicano, na)

- 로마인이 이베리아 반도를 일컫는 명칭이었던 '히스파니아(Hispānia)'에서 현재 스페인을 의미하는 '에스파냐(España)'가 파생되었습니다.
- 한편 오늘날 히스패닉(영어: *Hispanic*, 스페인어: hispano, na)은 미국에 거주하는 라틴아메리카 출신 이민자나 그 후손을 가리키는 용어로, 라티노(라티나)와 유사한 의미로 사용됩니다. 멕시코계 미국인만을 지칭할 때는 치카노(치카나)라는 단어를 쓰기도 합니다.
- 히스패닉 중에는 영어와 스페인어를 모두 쓰는 이중언어 화자가 많습니다.
- 〈짝활동〉 짝과 함께 유명한 히스패닉 인물을 찾아보고, 그/그녀에 대한 정보를 다음 빈칸에 정리해 봅시다.

| 이름 | |
|---|---|
| 정보 | 1. |
| | 2. |
| | 3. |

## B. DIÁLOGO

Carlos ¿Qué vas a hacer después de esta clase?

Camila Voy a ver los partidos de fútbol de La Liga en YouTube.

Carlos ¡Qué casualidad! A mí también me gusta seguir La Liga. ¿Cuál es tu equipo favorito?

Camila Soy fan del FC Barcelona. ¿Y tú?

Carlos ¡Increíble! También soy aficionado de ese equipo.

Camila En las próximas vacaciones, voy a visitar el estadio Camp Nou.

Carlos ¡Qué envidia! Yo también quiero conocer el estadio.

Camila Está abierto todo el año, excepto el 1 de enero, el 6 de enero, el 24 de septiembre y el 25 de diciembre.

Carlos Entonces, no abren el día de los Reyes Magos ni el día de Navidad.

Camila Exacto. Espero ir pronto porque quiero animar a mis jugadores favoritos en persona.

### VOCABULARIO

el partido: 경기
¡Qué casualidad!: 이런 우연이!
SEGUIR: 뒤를 따르다, 팔로우(*follow*)하다
el equipo: 팀
¡Increíble!: 믿을 수 없어!
SER aficionado/a + de: ~의 팬이다
próximo, ma: 다음의
el estadio: 경기장
¡Qué envidia!: 정말 부럽다!
CONOCER: (직접 경험해서) 알다
abierto, ta: ABRIR 동사 과거분사 / 열려 있는
enero: 1월
septiembre: 9월
ni: ~(조차)도 아닌
ANIMAR: 응원하다
el jugador, la jugadora: 운동선수
en persona: 대면으로

## ◎ GRAMÁTICA

A: Soy fan del FC Barcelona. ¿Y tú?

B: También **soy aficionado de** ese equipo.

- '~의 팬이다', '~을/를 팬의 마음으로 좋아한다'라는 표현으로 SER + aficionado/a + a를 씁니다.

  예 Soy aficionada al cine. 난 영화 팬이야.

- 한편, 특정 팀이나 단체의 팬임을 표현할 때는 SER + aficionado/a + de를 씁니다. SER + fanático/a + de와 SER + fan + de 역시 같은 뜻으로 쓰입니다.

  예 Soy fanático de ese equipo. / Soy fan de ese equipo. 나는 그 팀 팬이야.

- 이 구문에서 aficionado/a는 '좋아지다, 열중하다'라는 뜻의 AFICIONAR 동사 어간에 -ado, -ada가 결합한 과거분사입니다.

**Está abierto** todo el año

- ESTAR + abierto/a는 '~이/가 열려 있(는 상태)다'라는 의미로, ESTAR 동사에 '열다'를 의미하는 ABRIR 동사의 과거분사가 결합한 형태입니다.
- 이때 abierto/a는 불규칙한 형태의 과거분사입니다. 한편 반대 의미의 cerrado/a는 CERRAR(닫다) 동사의 과거분사로, 규칙형에 해당합니다.

**No** abren el día de los Reyes Magos **ni** el día de Navidad.

- ni는 주로 여러 항목을 부정하거나 부정적인 상황을 강조하는 데 사용합니다. 문맥에 따라 '그리고 ~도 아니고', '~조차', '심지어' 등의 의미를 표현하며, 단독으로 쓰거나 'ni... ni...' 구조에서 활용됩니다.

  예 No vino nadie, ni su mejor amigo. 아무도 오지 않았어, 심지어 그의 가장 친한 친구도.
  No hago ejercicio ni camino mucho. 나는 운동도 하지 않고, 많이 걷지도 않는다.
  No me gusta ni el café ni el té. 나는 커피도 차도 좋아하지 않는다.

## 1. COMPRENSIÓN

**Step 1.** 앞선 대화문에서 이미 아는 표현(단어)과 모르는 표현(단어)을 구분하여 다음 표를 작성해 봅시다.

| 아는 표현 | | 모르는 표현 | |
|---|---|---|---|
| 스페인어 | 한국어 뜻 | 스페인어 | 한국어 뜻 |
| | | | |
| | | | |
| | | | |

**Step 2.** 〈짝활동〉 대화문을 읽고, 다음 내용에 대해 짝과 함께 추론해 봅시다.

① 등장인물이 좋아하는 스포츠는 무엇인가요?
② 누가 직접 선수들을 만나게 될 예정인가요?
③ Camp Nou 경기장이 운영하지 않는 때는 언제인가요?

## 2. PRONUNCIACIÓN

**Step 1.** 〈짝활동〉 각자 역할을 정한 후 앞선 대화문을 소리 내어 읽어 봅시다. 어색한 발음이 있다면 짝과 토의한 후 최대한 자연스럽게 읽을 수 있도록 연습해 봅시다.

**Step 2.** 녹음된 발음을 듣고 대화문을 따라 읽어 봅시다. 생각했던 발음과 다른 것이 있다면 교수자와 함께 올바른 발음에 대해 토의해 봅시다.

## C. ACTIVIDADES

### 1. 사람이나 사물의 상태 표현하기

| 동사원형 | 과거분사 | 뜻 |
|---|---|---|
| ABRIR | abierto, ta | 열린 |
| APAGAR | apagado, da | (불이) 꺼진 |
| AGRADECER | agradecido, da | 감사하는 |
| CANSAR | cansado, da | 피곤한 |
| CERRAR | cerrado, da | 닫힌 |
| DORMIR | dormido, da | 잠이 든 |
| ESCRIBIR | escrito, ta | 쓰인 |
| ESTRESAR | estresado, da | 스트레스를 받은 |
| LEER | leído, da | 읽힌 |
| PONER | puesto, ta | (~에) 놓인 |
| PERDER | perdido, da | 잃은, 잃어버린, (경기 등에서) 진 |
| PREOCUPAR | preocupado, da | 걱정이 되는 |
| PREPARAR | preparado, da | 준비된 |
| RESFRIAR | resfriado, da | 감기에 걸린 |
| ROMPER | roto, ta | 부서진, 망가진 |
| SENTAR | sentado, da | 앉아 있는 |

**Step 1.** 위에 제시된 과거분사를 활용하여 '명사 + 과거분사' 형태를 만들어 봅시다.

**MODELO**
la carta escrita
la cena preparada
los libros abiertos
los estudiantes sentados

1. ..............................

2. ..............................

3. ..............................

4. ..............................

**Step 2.** Step 1에서 작성한 내용을 기반으로 '명사 + 과거분사'를 '주어 + ESTAR + 과거분사' 형태로 바꿔 봅시다. 이때 ESTAR 동사는 활용형으로 써 봅시다.

**MODELO**

La carta está escrita. 편지는 써졌다.

La cena está preparada. 저녁은 준비되었다.

Los libros están abiertos. 책이 펼쳐져 있다.

Los estudiantes están sentados. 학생들은 앉아 있다.

1. ..........

2. ..........

3. ..........

4. ..........

**Step 3.** 〈짝활동〉 Step 2의 문장을 짝에게 읽어 주고, 짝이 말한 문장은 1~12월을 가리키는 부사구를 추가하여 정리해 봅시다.

**MODELO**

Las tiendas de artículos de Halloween están abiertas solamente en septiembre y octubre.

할로윈 용품을 파는 가게는 9월과 10월에만 열려 있다.

Las inscripciones para el curso de natación están cerradas en febrero.

수영 강좌 신청은 2월에는 닫혀 있다.

1. ..........

2. ..........

3. ..........

4. ..........

**Step 4.** 〈짝활동〉 Step 3에서 짝과 내가 작성한 문장을 1월부터 12월의 순서대로 배치해 봅시다. 이때 나열한 문장이 하나의 이야기로 읽히도록 다양한 표현을 추가해 봅시다.

**Step 5.** 〈모둠활동〉 Step 4에서 짝과 함께 만든 이야기를 다른 모둠원과 나눠 봅시다. 모둠원이 만든 이야기의 제목을 정하고, 내용을 요약해 봅시다.

| 제목 |
| --- |
| |

| 내용 요약 |
| --- |
| |

## 2. ¿Qué haces cuando...?

**Step 1.** 〈짝활동〉 다음 질문지를 보고 짝과 대화를 나눠 봅시다. a) ~ c)에 알맞은 답변이 없을 경우 d)에 나만의 답변을 만들어 봅시다.

| 번호 | 설문 내용 | 어휘 |
|---|---|---|
| 1 | **¿Con qué frecuencia te pones enfermo/a (con resfriado / gripe / fiebre)?**<br>a) Cuatro veces al año o más.<br>b) Dos o tres veces al año.<br>c) Casi nunca.<br>d) ............................................. | PONERSE** enfermo/a: 아프게 되다<br>el resfriado: 감기<br>la gripe: 독감<br>la fiebre: 열<br>** PONERSE 동사는 상태의 변화를 나타냅니다. |
| 2 | **¿Cuánta fruta y verdura consumes diariamente?**<br>a) Soy alérgico/a a la comida sana.<br>b) Una pieza de fruta y una ración de verdura cada día.<br>c) Dos o tres piezas de fruta y dos raciones de verdura.<br>d) ............................................. | sano, na: 건강한<br>la pieza: 조각<br>la ración: 1인분, 한 접시 |
| 3 | **¿Cuántas veces a la semana consumes pollo frito?**<br>a) Lo consumo de vez en cuando.<br>b) Entre una y dos veces por semana.<br>c) Tres o más veces a la semana.<br>d) ............................................. | el pollo frito: 프라이드 치킨<br>de vez en cuando: 때때로 |
| 4 | **¿Cuántas horas al día estás sentado/a frente a la computadora?**<br>a) Casi todo el día. Soy adicto/a a YouTube.<br>b) Más de tres horas al día.<br>c) Menos de dos horas al día.<br>d) ............................................. | ESTAR + sentado/a: 앉아 있다 |
| 5 | **¿Con qué frecuencia te notas estresado/a?**<br>a) Muchas veces.<br>b) A veces.<br>c) Casi nunca me estreso.<br>d) ............................................. | NOTARSE: (~한 상태를) 알아차리다<br>estresado, da: 스트레스를 받은<br>ESTRESARSE***: 스트레스를 받다<br>*** ESTRESAR(~에게 스트레스를 주다, ~를 스트레스 받게 하다) 동사에 se를 함께 써서 위와 같은 뜻으로 활용합니다. |
| 6 | **¿Con qué frecuencia te duele la cabeza?**<br>a) Frecuentemente.<br>b) A veces.<br>c) Casi nunca me duele la cabeza, ¡tengo suerte!<br>d) ............................................. | 간접목적격 대명사 + DOLER + 신체 부위: ~이/가 아프다 (cf. GUSTAR 동사의 활용)<br>la cabeza: 머리 |

| 7 | **¿Cuándo vas al dentista?**<br>a) No voy nunca, ¡me da mucho miedo!<br>b) Solo cuando me duele un diente.<br>c) Por lo menos una vez al año.<br>d) ______. | el, la dentista: 치과의사<br>DAR miedo: 두려움을 주다<br>el diente: 치아<br>por lo menos: 적어도 |
|---|---|---|

**Step 2.** 주어진 상황에 관한 대처 방법을 생각해 보고, 제시된 방법 외에 추가할 수 있는 표현을 써 봅시다. 마지막 항목에는 직접 상황을 설정하여 그에 걸맞은 어휘를 찾아 넣어 봅시다.

| 상황 | 대처 방법 |
|---|---|
| 스트레스를 받음 | 1) dormir<br>2) comer<br>3) descansar<br>4) cantar<br>5) bailar<br>6) ______<br>7) ______ |
| 잠이 잘 오지 않음 | 1) tomar leche caliente<br>2) ver YouTube<br>3) leer libros<br>4) ______<br>5) ______<br>6) ______<br>7) ______ |
| 공강 시간에 할 일이 없음 | 1) charlar con unos amigos<br>2) ir a la biblioteca<br>3) ______<br>4) ______ |
| 감기 / 독감에 걸림 | 1) ir / visitar al médico<br>2) escribir un correo electrónico (*email*) al profesor o a la profesora de las clases por la ausencia<br>3) ______<br>4) ______ |
| ______ | 1) ______<br>2) ______<br>3) ______<br>4) ______<br>5) ______ |

**Step 3.** Step 2에서 작성한 내용을 기반으로 예시(MODELO)와 같이 문장을 만들어 봅시다. 관계부사 cuando를 사용한 시간부사절로 상황을 제시하고, 그에 걸맞은 대처 방법을 써 봅시다.

**MODELO**
Cuando estoy resfriado/a, voy al médico.
Voy al médico cuando estoy resfriado/a.

1. ..........
2. ..........
3. ..........
4. ..........
5. ..........

**Step 4.** 〈짝활동〉 Step 3에서 작성한 내용을 바탕으로 짝과 대화를 나눠 봅시다. 짝의 답변은 3인칭 주어를 사용하여 정리해 봅시다.

**MODELO (대화)**
A: ¿Qué haces cuando estás resfriado/a?
B: Voy al hospital cuando estoy resfriado/a.

**MODELO (답안)**
Mi compañero/a va al hospital y descansa en casa cuando está resfriado/a.

1. ..........
2. ..........
3. ..........
4. ..........
5. ..........

**Step 5.** Step 4에서 작성한 문장 중 2개를 골라 온라인 Classroom에 올려 봅시다. 수업의 전체 구성원과 공유하고 피드백을 나눠 봅시다.

# D. RECAPITULACIÓN

## 1. GRAMÁTICA

### 1) 과거분사의 형태: 규칙형과 불규칙형

| 동사원형 | 과거분사 | 분류 |
|---|---|---|
| CANCELAR | cancelado | -ar 규칙형 |
| CERRAR | cerrado | |
| SENTAR | sentado | |
| COMER | comido | -er 규칙형 |
| ESCONDER | escondido | |
| VENDER | vendido | |
| CONSTRUIR | construido | -ir 규칙형 |
| DECIDIR | decidido | |
| RECIBIR | recibido | |
| ABRIR | abierto | 불규칙형 |
| CUBRIR | cubierto | |
| DECIR | dicho | |
| DESCUBRIR | descubierto | |
| ESCRIBIR | escrito | |
| HACER | hecho | |
| MORIR | muerto | |
| PONER | puesto | |
| ROMPER | roto | |
| VER | visto | |
| VOLVER | vuelto | |

- 과거분사의 규칙형은 -ar 동사 어간에 -ado를, -er, -ir 동사 어간에 -ido를 붙여서 만듭니다.

### 2) 과거분사의 사용

- 과거분사가 형용사로 사용될 경우, 수식하는 명사에 성과 수를 일치시켜야 합니다. ESTAR 동사와 함께 쓰일 때도 주어인 명사에 따라 성과 수를 변형합니다.

  예 Las ventanas están abiertas. 창문이 열려 있다.
  Estos museos están cerrados los domingos. 이 박물관들은 일요일엔 문을 닫는다.
  Todos los vuelos están cancelados. 모든 비행기표가 취소되었다.
  Los niños están sentados en la clase. 아이들은 수업시간에 앉아 있다.
  El vaso está roto. 이 잔은 깨졌다.

## 2. PREPARACIÓN

- UNIDAD 9의 PARTE I에서는 현재진행형에 대해 학습합니다. 현재진행형은 동사의 행위가 지금 이루어지고 있는 중임을 강조하는 구문입니다. 다음을 읽고 예습해 봅시다.

### 1) 현재진행형

- ESTAR + 현재분사로 '(지금) ~을/를 하고 있는 중이다'라는 의미를 표현할 수 있습니다.

- 현재분사 규칙형은 동사의 어간에 -ando와 -iendo를 붙여 현재분사를 만듭니다.

  예 Estoy trabajando muy duro ahora. (나는) 지금 매우 열심히 일하고 있는 중이다.
  Estoy comiendo en una cafetería ahora. (나는) 지금 카페에서 식사하고 있는 중이다.
  Juana está escribiendo una carta para su mejor amiga.
  후아나는 자신의 가장 친한 친구에게 편지를 쓰고 있는 중이다.

UNIDAD 09

# ¿Dónde estás estudiando? Estoy estudiando en la biblioteca.

**PARTE I** ¿Qué estás haciendo ahora?

**PARTE II** ¿Qué hay en esta tienda?

© Antoine Taveneaux

## OBJETIVOS

1 현재분사 형태를 익히고 의사소통에 활용할 수 있다.

2 HABER 동사의 hay 형태를 이해하고 사용할 수 있다.

3 시간 표현을 활용할 수 있고, 물건의 가격을 묻고 답할 수 있다.

# PARTE I ¿Qué estás haciendo ahora?

## A. CLAVES CULTURALES

© Clarence for Hong Kong

### ◆◆◆ 오늘의 메뉴(Menú del día)

- 스페인어권에서는 식사가 여러 단계로 구성되기도 합니다. 일반적으로 전채 요리(los entrantes), 첫 번째 요리(el primer plato), 두 번째 요리(el segundo plato), 후식(el postre) 단계가 있습니다.
  예 los entrantes - ensalada(샐러드), sopa(수프) 등
- 스페인의 식당 중에는 오늘의 메뉴를 제공하는 곳이 있습니다. 주로 점심 식사에 다른 메뉴보다 저렴하게 즐길 수 있습니다.
- 〈짝활동〉 스페인의 오늘의 메뉴는 대체로 여러 단계로 이루어져 있습니다. 각 단계가 어떤 음식으로 구성되는지 찾아보고, 짝과 함께 이야기를 나눠 봅시다.

## B. DIÁLOGO

**[*Por teléfono*]**

Javier ¿Bueno?

Lucía ¡Hola, Javier! Buenos días. ¿Qué estás haciendo ahora? Tenemos exámenes la próxima semana.

Javier Justamente estoy pensando en mis tareas pendientes. Y tú, ¿qué estás haciendo?

Lucía Acabo de llegar a la biblioteca y estoy buscando unos libros para preparar los exámenes.

Javier ¡Qué madrugadora! Son las 9 de la mañana y ya estás en la biblioteca.

Lucía Necesito sacar buenas notas para obtener la beca.

Javier Siempre ganas las becas. En una hora, voy a salir para la universidad.

Lucía De acuerdo. Nos vemos prontito.

### VOCABULARIO

**¿Bueno?:** (전화를 받을 때) 여보세요?
**ESTAR + haciendo:** ~하는 중이다
**haciendo:** HACER 동사 현재분사
**justamente:** (부사) 마침
**pendiente:** 현안 중인, 해야 하는, 매달려 있는
**ACABAR + de + 동사원형:** 방금 ~을/를 했다
**buscando:** BUSCAR 동사 현재분사 / (~을/를) 찾으며, 검색하며
**el madrugador, la madrugadora:** 아침형 인간, 일찍 일어나는 사람
**SACAR buenas notas:** 좋은 성적을 받다
**OBTENER:** 획득하다, 얻다
**GANAR:** (돈을) 벌다, 취득하다
**la beca:** 장학금
**De acuerdo.:** 나도 동의해.
**prontito:** pronto 축소사 / 아주 금방, 곧

### GRAMÁTICA

**Son** las nueve de la mañana.

- 스페인어에서는 일반적으로 SER 동사를 써서 시간을 표현합니다. 주로 복수형인 son을 활용하며, 1시를 표현할 때만 단수형인 es를 사용합니다.
- 전치사 de를 활용한 de la mañana / tarde / noche를 덧붙여 오전, 오후, 저녁 중 어느 시간대인지를 명확하게 구분할 수 있습니다.

  예 Es la una de la tarde.

A: ¿Qué **estás haciendo** ahora?

B: **Estoy pensando** en mis tareas pendientes.

- **ESTAR + 현재분사**는 '(지금) ~을/를 하고 있는 중이다'를 의미하는 구문입니다. 이때 현재분사 규칙형은 동사의 어간에 -ando, -iendo를 붙여 만듭니다.

## 1. COMPRENSIÓN

**Step 1.** 앞선 대화문에서 이미 아는 표현(단어)과 모르는 표현(단어)을 구분하여 다음 표를 작성해 봅시다.

| 아는 표현 | | 모르는 표현 | |
|---|---|---|---|
| 스페인어 | 한국어 뜻 | 스페인어 | 한국어 뜻 |
| | | | |
| | | | |
| | | | |
| | | | |

**Step 2.** 〈짝활동〉 대화문을 읽고, 다음 내용에 대해 짝과 함께 추론해 봅시다.

① 대화가 이루어지고 있는 시간대는 언제인가요?

② 등장인물은 서로 어떤 관계인가요?

③ 등장인물은 어디서 만날 예정인가요?

## 2. PRONUNCIACIÓN

**Step 1.** 〈짝활동〉 각자 역할을 정한 후 대화문을 소리 내어 읽어 봅시다. 어색한 발음이 있다면 짝과 토의한 후 최대한 자연스럽게 읽을 수 있도록 연습해 봅시다.

**Step 2.** 녹음된 발음을 듣고 대화문을 따라 읽어 봅시다. 생각했던 발음과 다른 것이 있다면 교수자와 함께 올바른 발음에 대해 토의해 봅시다.

# C. ACTIVIDADES

## 1. 현재분사 만들기

**Step 1.** 다양한 동사의 현재분사를 활용하여 현재진행형(ESTAR + 현재분사) 문장을 작성해 봅시다. 다음 표에 특정 장소를 적고, 각 장소에서 내가 어떤 일을 하고 있는지 표현해 봅시다.

| 장소 | 활동 표현 |
|---|---|
| mi casa | Estoy saliendo de mi casa para ir a la universidad. |
| | |
| | |
| | |
| | |
| | |
| | |
| | |
| mi habitación | Estoy descansando en mi habitación. |

**Step 2.** 〈짝활동〉 Step 1에서 작성한 내용을 기반으로 예시(MODELO)와 같이 짝과 대화를 나눠 봅시다. 짝의 답변은 3인칭 주어로 바꿔서 다음에 정리해 봅시다.

**MODELO (대화)**
A: Ahora son las ocho de la mañana. ¿Dónde estás? ¿Qué estás haciendo?
지금은 아침 8시야. 넌 어디에 있어? 지금 뭘 하는 중이니?
B: Estoy en casa. Estoy saliendo de mi casa para ir al campus.
난 집에 있어. 캠퍼스에 가려고 집에서 나가는 중이야.

1. ..........

2. ..........

3. ..........

4. ..........

5. ..........

## 2. 직업 활동 표현하기

**Step 1.** 주어진 문장을 보고 다음과 같은 표현을 자주 하는 사람의 직업을 유추해 봅시다. 해당 직업을 가진 사람들이 하는 일을 동사원형으로 써 보고, 이를 현재분사로 바꿔 봅시다. 그 밖에 관심 있는 직업과 관련된 스페인어 표현을 찾아 나머지 칸을 채워 봅시다.

| 번호 | 내용 | 직업 | 하는 일 (동사원형) | 하는 일 (현재분사) |
|---|---|---|---|---|
| 1 | ¿Le duele algo? ¿En qué puedo ayudarlo? | | | |
| 2 | Conduzco un autobús desde Sevilla hasta Córdoba. | | | |
| 3 | Soy Isabel Allende y escribo libros. | | | |
| 4 | Toco la guitarra y mis amigos tocan otros instrumentos.<br>Esta noche doy un concierto con esos amigos. | | | |
| 5 | Me encanta crear** nuevos platos*** para mi restaurante.<br>** CREAR: 만들다, 창조하다 *** plato: 음식, 요리 | | | |
| 6 | | | | |
| 7 | | | | |

**Step 2.** Step 1에서 작성한 내용 중 하나를 골라, 특정 직업을 가진 사람의 일과를 현재진행형으로 작성해 봅시다.

| 시간대 | 일과 |
|---|---|
| | |
| | |
| | |
| | |
| | |

**Step 3.** Step 2에서 작성한 문장 중 2개를 골라 온라인 Classroom에 올려 봅시다. 수업의 전체 구성원과 공유하고 피드백을 나눠 봅시다.

# D. RECAPITULACIÓN

## 1. GRAMÁTICA

### 1) 현재진행형

- ESTAR + 현재분사는 '(지금) ~을/를 하고 있는 중이다'라는 의미로 사용됩니다.

- 현재분사는 성과 수에 따른 변화 없이 항상 단일한 형태로 사용되며, 그 형태는 다음과 같습니다.

| 동사원형 | 현재분사 | 분류 | |
|---|---|---|---|
| HABLAR | hablando | -ar 규칙형 | |
| ESCUCHAR | escuchando | | |
| ESTUDIAR | estudiando | | |
| PINTAR | pintando | | |
| APRENDER | aprendiendo | -er 규칙형 | |
| COMER | comiendo | | |
| VER | viendo | | |
| SUBIR | subiendo | -ir 규칙형 | |
| ESCRIBIR | escribiendo | | |
| VIVIR | viviendo | | |
| IR | yendo | 불규칙형 | 동사 어간이 모음으로 끝난 경우 |
| LEER | leyendo | | |
| DECIR | diciendo | | 어간모음 e의 변형 |
| VENIR | viniendo | | |
| DORMIR | durmiendo | | 어간모음 o의 변형 |

- 현재진행형은 화자가 말하는 시점에 진행 중인 행위를 표현하여 지금 일어나는 상황을 묘사합니다.

  예 Estoy estudiando para el examen. 나는 (지금) 시험을 위해 공부하는 중이야.
  Ahora mismo, estoy hablando por teléfono con mi amiga.
  지금 나는 내 친구와 전화로 이야기하는 중이야.

- 화자가 현재의 범위를 어떻게 인식하는가에 따라 함께 쓰는 시간 부사구가 달라질 수 있습니다. 즉, 일반적으로 현재라고 보기에 너무 넓은 시간 개념도 화자의 발화 의도에 따라 현재진행형과 함께 사용될 수 있습니다.

  예 Estoy tomando tres clases este semestre. 이번 학기에 나는 3개의 수업을 수강하는 중이야.
  Este año, estoy trabajando para las Naciones Unidas. 올해 나는 UN에서 일하고 있어.

## 2) 축소사

| 원형 | 축소형 |
|---|---|
| abuela | abuelita |
| ahora | ahorita |
| momento | momentito |
| chico | chiquito, chiquillo |
| chica | chiquita, chiquilla |
| pobre | pobrecito, pobrecita |

- 스페인어권에서는 축소사를 이용해 어떤 사물에 (주관적으로 보기에) 작다는 어감을 부여하거나, 특정 사물이나 사람에 대한 애정을 표현합니다. 특히 라틴아메리카에서 자주 쓰며, 그 형태는 지역마다 다르게 나타납니다.

- 가족이나 친구, 연인 등 애정이 있는 사람을 부를 때 자주 사용합니다.

  예 mi abuelita, mi amiguito, mi hijito

- 사람 이름에도 축소사를 쓸 수 있습니다.

  예 Luis → Luisito
  Juana → Juanita

- 형용사에도 축소사를 활용할 수 있습니다.

  예 Tengo una casa pequeñita en Seúl. 나는 서울에 자그마한 집이 있다.

## 3) 숫자 더 알아보기

| | |
|---|---|
| 31 treinta y uno | 50 cincuenta |
| 32 treinta y dos | 53 cincuenta y tres |
| 33 treinta y tres | 60 sesenta |
| 34 treinta y cuatro | 64 sesenta y cuatro |
| 35 treinta y cinco | 70 setenta |
| 36 treinta y seis | 75 setenta y cinco |
| 37 treinta y siete | 80 ochenta |
| 38 treinta y ocho | 86 ochenta y seis |
| 39 treinta y nueve | 90 noventa |
| 40 cuarenta | 97 noventa y siete |
| 42 cuarenta y dos | 100 cien |

- 31부터는 규칙적으로 10단위 숫자 + y + 1단위 숫자의 형식으로 표현합니다.

### 4) 시간 표현 더 알아보기

- 분 단위 표현은 주로 SER + la(s) + 숫자(시) 뒤에 y + 숫자(분)를 붙여 나타냅니다.

- 분 단위를 표현하는 숫자 앞에는 관사를 사용하지 않으며, 30분은 y media 혹은 y treinta로, 15분은 y cuarto 혹은 y quince로 표현할 수 있습니다.

  예 Son las dos y ocho.
  Son las dos y media.

- 라디오나 기내 방송에서 시간 정보를 전달할 때는 시간 뒤에 hora(s)를, 분 뒤에 minuto(s)를 붙이기도 하나, 구어에서는 주로 생략합니다.

  예 Es la una (hora) y treinta (minutos) de la madrugada. 새벽 1시 30분이야.
  Son las cuatro (horas) y veinte (minutos) de la tarde. 오후 4시 20분이야.

- 한국어의 '~분 전' 구조로 시각을 표현할 때는 y 대신 menos를 사용하여 표현합니다.

  예 Son las doce menos diez. 12시 10분 전(11시 50분)이야.

| | |
|---|---|
| 1:00 | Es la una en punto. |
| 9:05 | Son las nueve y cinco de la mañana. |
| 10:15 | Son las diez y quince de la mañana.<br>Son las diez y cuarto de la mañana. |
| 11:45 | Son las once y cuarenta y cinco.<br>Son las doce menos cuarto. |
| 13:30 | Es la una y treinta.<br>Es la una y media. |
| 14:20 | Son las dos y veinte de la tarde. |
| 15:55 | Son las cuatro menos cinco. |

## 2. PREPARACIÓN

- UNIDAD 9의 PARTE II에서는 HABER 동사의 3인칭 단수 hay를 활용하여 사물의 존재 여부를 표현하는 구문을 학습합니다. 이와 더불어 시간 표현을 심화 학습하여 특정 시간에 무엇을 하는지 나타내는 능력을 키웁니다. 마지막으로 물건의 값을 묻고 답하는 표현을 익힙니다. 다음을 읽고 예습해 봅시다.

### 1) Hay

- Hay는 HABER 동사의 3인칭 단수형으로, 뒤에 제시되는 명사(구)의 존재를 알리고자 할 때 씁니다. HABER 동사는 과거 시제 등 다른 형태로도 사용될 수 있지만, 존재 여부를 나타내는 구문에서는 항상 3인칭 단수의 형태로 나타납니다. '~이/가 있다'로 해석되며, 이때 명사(구)의 존재 여부는 청자에게 새로운 정보이어야 합니다.

  예 A: ¿Qué hay en la caja? 상자에 무엇이 있니?
  B: Hay un paquete de patatas. 감자 한 팩이 있어.

### 2) 행위가 일어난 시각 표현하기

- '몇 시에 ~하니?'라고 물을 때는 반드시 의문사 앞에 전치사 a가 위치해야 하며 ¿a qué hora...? 형태로 나타냅니다.

  예 ¿A qué hora empieza tu clase de español? 네 스페인어 수업은 몇 시에 시작하니?

- 행위가 일어난 시각은 a + la(s) + 숫자로 표현합니다.

  예 Mi clase de español empieza a las 9 de la mañana. 내 스페인어 수업은 아침 9시에 시작해.

### 3) 물건의 값 묻고 답하기

- 물건의 값에 대해 '얼마입니까?'라고 물을 때는 ¿cuánto es?, ¿cuánto cuesta(n)?, ¿cuánto vale(n)? 등의 표현을 사용할 수 있습니다.

memo

# PARTE II ¿Qué hay en esta tienda?

## A. CLAVES CULTURALES

turrón

jamón ibérico

aceite de oliva

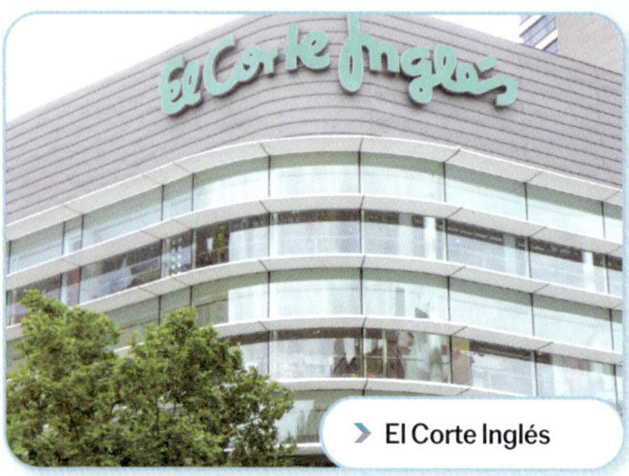


El Corte Inglés

https://www.elcorteingles.es/supermercado/

Ahorra Mas

https://www.ahorramas.com/

### 스페인어권 특산품(Los productos típicos de los países hispanohablantes)

- 스페인에서 생산되는 주요 농산품은 올리브, 포도, 아몬드, 사프란(azafrán) 등이 있습니다. 가공품으로는 올리브유(aceite de oliva), 하몬 이베리코(jamón ibérico), 투론(turrón) 등이 대표적입니다.
- 한편, 스페인에서는 상품의 가격을 표기할 때 쉼표(,)를 써서 소수점 이하를 표현합니다. 스페인어권의 다른 국가에서는 대체로 소수점 이하를 마침표(.)로 표기합니다.
- 〈짝활동〉 엘 코르테 잉글레스(El Corte Inglés)와 아오라 마스(Ahorra Mas)는 스페인의 대표적인 온라인 쇼핑몰입니다. 라틴아메리카 지역의 온라인 쇼핑몰을 찾아보고, 국가별로 상품 가격을 어떻게 표기하는지 짝과 함께 이야기해 봅시다.

## B. DIÁLOGO

Dependiente Buenas tardes. ¿En qué puedo servirle?

Lucía Buenas tardes. Estoy buscando una botella de aceite de oliva. ¿Tiene usted una de buena calidad?

Dependiente ¡Claro! Tenemos muy buenas marcas de la clase virgen extra. Son españolas.

Lucía ¡Qué bien! ¿Puedo ver algunas, por favor?

Dependiente Por supuesto.

Lucía ¿Qué más hay en esta tienda? Quiero regalar productos típicos a mis amigos de Corea del Sur.

Dependiente Le recomiendo unos paquetes de turrón para llevar.

Lucía Muy buena idea. ¿Cuánto cuesta un paquete de turrón?

Dependiente Cuesta 8 euros.

Lucía Pues, voy a comprar tres paquetes y dos botellas de aceite de oliva.

Dependiente Se los traigo enseguida.

Lucía Muy amable, gracias.

### VOCABULARIO

SERVIR: 서비스를 하다, (손님을) 돕다
la botella: 병, 유리병
el aceite de oliva: 올리브유
la calidad: 질, 품질
la marca: 브랜드
la clase virgen extra: (올리브유의) 엑스트라 버진 등급
hay: ~이/가 있다 (존재 구문)
REGALAR: ~을/를 선물하다
el producto típico: 특산품
recomiendo: RECOMENDAR 동사 1인칭 단수 현재형 / ~을/를 추천하다
el paquete: 꾸러미, 묶음, 다발, (제품의) 한 세트나 상자
el turrón: (스페인 특산품) 주로 성탄절에 먹는 달콤한 견과류 디저트
cuesta: COSTAR 동사 3인칭 단수 현재형 / ~이/가 (얼마) 이다
traigo: TRAER 동사 1인칭 단수 현재형 / ~을/를 가지고 오다
enseguida: 곧바로, 즉시

### GRAMÁTICA

¿Qué más **hay** en esta tienda?

- Hay는 HABER 동사의 3인칭 단수형으로, 뒤에 제시되는 명사(구)가 '있다'는 의미로 사용됩니다.
- HABER 동사가 위와 같은 의미로 쓰일 때는 hay 형태로만 활용됩니다.

A: Voy a comprar tres paquetes y dos botellas de aceite de oliva.

B: **Se los traigo** enseguida.

- 위 문맥에서 los는 앞 문장의 직접목적어(tres paquetes y dos botellas de aceite de oliva)를 반복하지 않기 위해 사용된 직접목적격 대명사입니다.
- 간접목적격 대명사 le(s)와 직접목적격 대명사 lo(s), la(s)가 연달아 사용될 때, 전자는 se로 변합니다. 예문의 se는 le(= a usted)가 변화한 것 입니다.

## 1. COMPRENSIÓN

**Step 1.** 앞선 대화문에서 이미 아는 표현(단어)과 모르는 표현(단어)을 구분하여 다음 표를 작성해 봅시다.

| 아는 표현 | | 모르는 표현 | |
|---|---|---|---|
| 스페인어 | 한국어 뜻 | 스페인어 | 한국어 뜻 |
| | | | |
| | | | |
| | | | |
| | | | |

**Step 2.** 〈짝활동〉 대화문을 읽고, 다음 내용에 대해 짝과 함께 추론해 봅시다.

① 대화가 이루어지고 있는 장소는 어디인가요?

② 대화에 등장한 인물들은 서로 어떤 관계인가요?

③ Lucía는 무엇을 사기로 결정하나요?

## 2. PRONUNCIACIÓN

**Step 1.** 〈짝활동〉 각자 역할을 정한 후 앞선 대화문을 소리 내어 읽어 봅시다. 어색한 발음이 있다면 짝과 토의한 후 최대한 자연스럽게 읽을 수 있도록 연습해 봅시다.

**Step 2.** 녹음된 발음을 듣고 대화문을 따라 읽어 봅시다. 생각했던 발음과 다른 것이 있다면 교수자와 함께 올바른 발음에 대해 토의해 봅시다.

## C. ACTIVIDADES

### 1. 존재 유무 및 가격 표현하기

**Step 1.** 대형마트 웹사이트에서 스페인어권의 특산품을 찾아봅시다. 한국에서 생산되지 않는 상품을 위주로 조사하고, 이를 지칭하는 스페인어 명사와 뜻, 단위당 가격을 기록해 봅시다.

| 스페인어 명사 | 뜻 | 단위당 가격(euros / dólares / pesos 등) |
|---|---|---|
| | | |
| | | |
| | | |
| | | |
| | | |
| | | |
| | | |
| | | |

**Step 2.** 〈짝활동〉 Step 1에서 조사한 특산품이 상자에 들어 있다고 가정하고, 예시(MODELO)와 같이 대화를 나눠 봅시다. 짝과 번갈아 가며 조사한 단어와 그 뜻을 알려 줍시다.

© Free Clip Art

**MODELO**

A: ¿Qué hay en la caja?

B: Hay un paquete de tomates.

A: ¿Cuánto pesa ese paquete?

B: Pesa** 2 kilos.

A: ¿Y cuánto cuesta?

B: Cuesta 2,40 euros*** por kilo.

** Pesa: PESAR 동사 3인칭 단수 / 무게가 나가다

*** 소수점과 함께 표현된 가격은 다음과 같이 말합니다.
€ 2,40: dos euros con cuarenta (céntimos)

**Step 3.** Step 2에서 나눈 대화를 바탕으로 특산품의 가격과 무게를 표현하는 문장을 써 봅시다.

**MODELO**
El paquete de naranjas cuesta 3,80 euros. Un paquete pesa 1 kilo.
오렌지 한 팩은 3.80유로입니다. 한 팩의 무게는 1킬로그램입니다.

1. ..........

2. ..........

3. ..........

4. ..........

5. ..........

## 2. 수업 시간표 이야기하기

**Step 1.** 이번 학기 나의 시간표를 작성해 봅시다.

**Horario de clases**

| | lunes | martes | miércoles | jueves | viernes |
|---|---|---|---|---|---|
| 8:00 | | | | | |
| 9:00 | | | | | |
| 10:00 | | | | | |
| 11:00 | | | | | |
| 12:00 | | | | | |
| 13:00 | | | | | |
| 14:00 | | | | | |
| 15:00 | | | | | |
| 16:00 | | | | | |
| 17:00 | | | | | |
| 18:00 | | | | | |

**Step 2.** 〈짝활동〉 Step 1에서 작성한 내용을 기반으로 이번 학기 수강하는 교과목에 대해 짝과 이야기해 봅시다. 예시(MODELO)와 같이 교과목의 개수와 과목명을 말하고, 짝이 듣는 교과목을 다음에 정리해 봅시다.

**MODELO (대화)**
Este semestre yo tomo cuatro clases.
Son de Economía, Astronomía, Matemáticas y Literatura inglesa.
이번 학기에 나는 네 과목을 들어. (그 과목들은) 경제학, 천문학, 수학 그리고 영문학이야.

**Step 3.** 〈짝활동〉 Step 2에서 나눈 대화를 바탕으로 예시(MODELO)와 같이 짝이 듣는 수업이 몇 시에 시작하는지 묻고 답해 봅시다. 짝의 대답은 다음에 정리해 봅시다.

**MODELO (대화)**
A: ¿A qué hora empieza tu clase de Economía? 네 경제학 수업은 몇 시에 시작하니?
B: Mi clase de Economía empieza a las ________. 내 경제학 수업은 ________에 시작해.

- 행위가 일어나는 시각은 a + la(s) + 숫자로 나타내며, 전치사구 de la mañana / tarde / noche를 더해 표현하고자 하는 시간이 오전, 오후, 저녁 중 언제인지 구분합니다.

- 한편, 전치사 por를 활용한 por la mañana / tarde / noche를 더하여 시간을 표현할 경우, 행위가 일어난 정확한 시각이 아닌 대략적인 시간대를 나타낼 수 있습니다.

  예 Veo (la) televisión por la noche. 나는 밤에 TV를 본다.

**Step 4.** 〈모둠활동〉 예시(MODELO)와 같이 모둠별로 이번 학기에 수강하는 수업에 대해 이야기해 보고, 빈칸에 대화 내용을 정리해 봅시다.

**MODELO (대화)**

A: ¿Cuántas clases tienes este semestre? 이번 학기에 몇 과목을 들어?
B: Tengo ________ clases. 나는 ________ 과목을 들어.
A: ¿Qué clases estás tomando? 어떤 수업을 듣고 있어?
B: Estoy tomando ________, ________, ________ y ________. ________을 듣고 있어.
A: ¿A qué hora empieza tu clase de ____? 너의 ____ 수업은 몇 시에 시작해?
B: Empieza a la(s) ____ de la mañana / de la tarde los ____. ____ 요일마다 아침 / 오후 ____ 에 시작해.

| | 수업 개수 | 교과목 | 요일 및 시작 시간 |
|---|---|---|---|
| 모둠원 1 | | | |
| 모둠원 2 | | | |
| 모둠원 3 | | | |

**Step 5.** Step 4에서 작성한 내용을 기반으로 예시(MODELO)와 같이 모둠원 한 명의 시간표를 설명해 봅시다.

**MODELO**

Mi compañera Patricia tiene seis clases este semestre. 나의 짝 파트리시아는 이번 학기에 6과목을 들어.
Está tomando las clases de Economía, Diseño gráfico, Matemáticas, Historia, Literatura francesa y Ecología. 경제, 그래픽 디자인, 수학, 역사학, 프랑스 문학, 환경학 수업을 듣고 있어.
Los martes, su primera clase empieza a las nueve de la mañana.
화요일에는 아침 9시에 (그녀의) 첫 번째 수업이 시작돼.

**Step 6.** Step 5에서 작성한 설명문을 온라인 Classroom에 올려 봅시다. 수업의 전체 구성원과 공유하고 피드백을 나눠 봅시다.

# D. RECAPITULACIÓN

## 1. GRAMÁTICA

### 1) Hay + un / una / unos / unas / ø + 명사(구)

- Hay는 HABER 동사의 3인칭 단수형으로, 뒤에 제시되는 명사(구)의 존재를 나타낼 때 사용합니다.
- 존재 구문으로 사용될 때 HABER 동사는 시제와 상관없이 항상 3인칭 단수로 활용됩니다.
- '~이/가 있다'로 해석하며, 이때 명사(구)의 존재 여부는 청자에게 새로운 정보이어야 합니다.
- 명사(구) 앞에는 관사를 넣지 않거나 부정관사를 사용합니다. 정관사는 쓰지 않습니다.

  예 A: ¿Qué hay en la nevera? 냉장고에 뭐가 있어?
  B: Hay frutas y una botella de agua. 과일과 물 한 통이 있어.

- 반면 ESTAR 동사는 '(무엇이) ~에 있다'라는 의미로 주어의 위치를 나타내며, 정관사 및 소유사와 함께 사용합니다.

  예 A: ¿Dónde están las llaves? *vs.* ¿Qué hay en la mesa?
  B: (Las llaves) están en la mesa. Hay unas llaves.
  열쇠 어디 있어? (열쇠는) 책상 위에 있어. *vs.* 책상 위에 뭐가 있어? 열쇠가 있어.

### 2) 행위가 일어난 시각 표현하기

- '몇 시에 ~하니?'라고 물을 때는 주로 ¿a qué hora...? 형태로 표현합니다. 이때 전치사 a가 의문사 qué 앞에 반드시 위치해야 합니다.

  예 ¿A qué hora empieza tu clase de español? 너의 스페인어 수업은 몇 시에 시작하니?

- 행위가 일어난 시각을 표현하기 위해서는 전치사 a를 활용하여 a + la(s) + 숫자로 표현합니다.

  예 Mi clase de español empieza a las 9 de la mañana. 나의 스페인어 수업은 아침 9시에 시작해.

### 3) 물건의 값 묻고 답하기

- 물건의 값을 묻기 위해 자주 사용하는 표현은 ¿cuánto es?입니다. 여기서 SER 동사는 3인칭 단수형으로 고정되며, 가격을 묻는 사물의 수의 영향을 받지 않습니다.

- 그 외에 COSTAR(비용이 들다) 동사와 VALER(가치가 있다) 동사를 활용하여 ¿cuánto cuesta(n)?, ¿cuánto vale(n)?와 같이 가격을 묻고 답할 수 있습니다.

- SER 동사를 복수로 사용하는 ¿cuántos son?은 특정 대상의 총합이 몇 개인지 묻는 질문으로, 가격을 묻는 표현과는 관계가 없습니다.

## 2. PREPARACIÓN

- UNIDAD 10의 PARTE I에서는 스페인어의 두 가지 과거 시제 중 하나인 단순과거를 학습합니다. 다음을 읽고 예습해 봅시다.

### 1) 단순과거

- 스페인어 과거 시제는 크게 단순과거와 불완료과거로 나뉩니다. 이 중 단순과거는 주로 완전히 종결된 행위를 표현하는 데 사용됩니다.

- 다음은 단순과거 규칙형으로, 파란색으로 표시한 어미는 모든 동사에서 항상 동일합니다. 여기서는 주어가 1, 2, 3인칭 단수인 경우만 제시합니다.

| | HABLAR | COMER | VIVIR |
|---|---|---|---|
| yo | hablé | comí | viví |
| tú | hablaste | comiste | viviste |
| usted | habló | comió | vivió |
| él, ella | habló | comió | vivió |

예 Dormí todo el fin de semana para descansar. 나는 주말에 휴식을 취하기 위해 온종일 잤다.

- 단순과거는 완료된 행위를 더 명확히 나타내 주는 부사와 함께 쓰기도 합니다.

  예 ayer, anoche, el viernes pasado, el año pasado, hace seis meses, el otro día, en 2020

memo

UNIDAD 10

# ¿Qué hiciste en Cancún? Fui a la playa.

**PARTE I** ¿Cómo pasaste el fin de semana?

**PARTE II** Mis vacaciones de verano / invierno

© Keith Pomakis

## OBJETIVOS

1 완료된 과거의 행위에 대해 표현할 수 있다.

2 단순과거를 적절하게 사용할 수 있다.

3 과거의 여행 경험을 이야기할 수 있다.

PARTE I ¿Cómo pasaste el fin de semana?

## A. CLAVES CULTURALES

© GNU Freee Documentation License

### 핀쵸(Pincho)

- 핀쵸는 스페인 북부 바스크 지방의 바(bar)나 선술집(*pub*)에서 제공하는 간식입니다. 빵 위에 다양한 재료를 올려 꼬치 등으로 고정하여 먹습니다. 바스크 지방에서는 pincho 대신 pintxo로 표기하기도 합니다.
- 핀쵸는 타파스(tapas)와 달리 작은 빵 조각 위에 올려서 적은 양의 술이나 음료와 함께 제공되는 경우가 많습니다.
- IR 동사와 함께 IR de pinchos와 같은 표현으로 사용되기도 하는데, 오후나 저녁에 간단히 핀쵸와 함께 술과 음료를 마시러 가는 것을 뜻합니다.

  예 Ayer fui de tapas, pero hoy voy de pinchos con mis amigos.
  나는 어제 타파스를 먹으러 갔지만, 오늘은 친구들과 핀쵸를 먹으러 간다.

- 〈모둠활동〉 스페인어권의 다양한 핀쵸에 관해 알아보고, 모둠별로 각자 조사한 핀쵸를 소개해 봅시다.

## B. DIÁLOGO

Javier ¿Qué hay, Lucía? Me gusta tu estilo de pelo.

Lucía ¿De verdad? Ayer fui a la peluquería para cortarme el pelo.

Javier Te queda muy bien. Por cierto, ¿qué hiciste el fin de semana pasado?

Lucía Visité a mis padres para cenar fuera. El sábado pasado fue el cumpleaños de mi padre.

Javier ¡Qué bien! ¿Dónde cenaste con tus padres?

Lucía En un restaurante peruano cerca de Plaza Mayor.

Javier ¿Pediste algún plato típico de Perú?

Lucía Sí, pedí el famoso cebiche. Merece la pena probarlo.

Javier ¡Qué guay! Algún día quiero ir allí.

### VOCABULARIO

el estilo: 스타일
¿De verdad?: 정말이야?
fui: IR 동사 1인칭 단수 단순과거형
la peluquería: 헤어숍, 미용실
por cierto: 근데 말이야
hiciste: HACER 동사 2인칭 단수 단순과거형
pasado, da: 지난
visité: VISITAR 동사 1인칭 단수 단순과거형
fuera: 밖에서
cenaste: CENAR 동사 2인칭 단수 단순과거형
peruano, na: 페루의
pediste: PEDIR 동사 2인칭 단수 단순과거형
pedí: PEDIR 동사 1인칭 단수 단순과거형
cebiche: 세비체 (= ceviche)
merece la pena + 동사원형: ~할 가치가 있다
PROBAR: 먹어 보다, 시도하다
guay: 좋다 (주로 스페인에서 사용하는 감탄사)
el entrante: 전채 요리

### GRAMÁTICA

A: Ayer fui a la peluquería para cortarme el pelo.
B: **Te queda muy bien.**

- '너에게 (~이/가) 잘 어울린다'라는 뜻으로, **어울리는 사물 또는 대상이 주어**이며 동사와 수 일치가 필요합니다.

  예 Te **quedan** bien **los pantalones**. 너에게 바지가 잘 어울린다.

- 이 표현은 항상 간접목적격 대명사와 함께 사용되며, bien / mal / pequeño / grande 등과 같은 부사나 형용사가 필요합니다.

  예 Queda / quedan bien. (X)
  Te queda / quedan. (X)

### Merece la pena probarlo.

- '~하는 것이 가치가 있다'라는 뜻으로, merece la pena + 동사원형 구조로 쓰입니다.
- 이 표현에서 MERECER 동사는 항상 3인칭 단수형으로 사용되며, VALER 동사의 3인칭 단수형을 써서 동일한 의미를 전달할 수 있습니다.

  예 Vale la pena ir al concierto de Taylor Swift. 테일러 스위프트 콘서트에 가는 일은 가치가 있다.

## 1. COMPRENSIÓN

**Step 1.** 앞선 대화문에서 이미 아는 표현(단어)과 모르는 표현(단어)을 구분하여 다음 표를 작성해 봅시다

| 아는 표현 | | 모르는 표현 | |
|---|---|---|---|
| 스페인어 | 한국어 뜻 | 스페인어 | 한국어 뜻 |
| | | | |
| | | | |
| | | | |
| | | | |
| | | | |

**Step 2.** 대화문을 읽고, 다음 중 무엇에 관한 내용인지 추론하여 답을 2개 골라 봅시다. 전체 내용 중 가장 중요하다고 생각하는 문장을 선택하고, 문장 의미를 해석해 봅시다.

① 지난주 날씨 ② 헤어스타일 변화 ③ 페루 전통음식
④ 어제 숙제 ⑤ 부모님과 점심 식사 ⑥ 트레킹

중요 문장: ..........................................

**Step 3.** 〈짝활동〉 중요 문장의 의미를 활용하여 Step 2에서 답안을 고른 이유를 짝에게 설명해 봅시다.

## 2. PRONUNCIACIÓN

**Step 1.** 〈짝활동〉 각자 역할을 정한 후 앞선 대화문을 소리 내어 읽어 봅시다. 어색한 발음이 있다면 짝과 토의한 후 최대한 자연스럽게 읽을 수 있도록 연습해 봅시다.

**Step 2.** 녹음된 발음을 듣고 대화문을 따라 읽어 봅시다. 생각했던 발음과 다른 것이 있다면 교수자와 함께 올바른 발음에 대해 토의해 봅시다.

memo

# C. ACTIVIDADES

## 1. 지난주에 한 일 이야기하기

**Step 1.** 〈짝활동〉 주어진 어휘를 활용하여 짝과 함께 대화문의 내용을 해석해 봅시다.

© Дмитрий Садовников

A: ¿Qué hiciste el fin de semana pasado?
B: El sábado por la tarde, jugué al fútbol con mis amigos en un polideportivo. Y el domingo por la mañana, asistí a la misa con mi hermana. ¿Y tú?
A: Nada especial. Dormí todo el fin de semana para descansar.
B: ¡Qué perezosa eres! La próxima vez ven conmigo a practicar algún deporte. Hacer ejercicio es bueno para la salud.

**VOCABULARIO**
el polideportivo 종합 스포츠센터 　ven conmigo + a 나랑 같이 ~하러 가자

**Step 2.** 제시된 단어의 의미를 찾아보고, 이를 활용하여 지난주에 내가 한 일을 표현하는 문장 5개를 만들어 봅시다.

| 동사구 | | 장소부사(구) | |
|---|---|---|---|
| JUGAR al golf | CHARLAR con amigos | en el barrio | en la catedral |
| TOMAR una copa | PASEAR un rato | en el parque | en el polideportivo |
| HACER yoga | HACER ejercicio | en el gimnasio | en la librería |
| HACER las tareas | ESCUCHAR música | en el centro comercial | en el cine |
| SUBIR a la montaña | VER una película | en la biblioteca | en casa |
| IR de compras | IR a un concierto | en la cafetería | en el club de estudiantes |

**MODELO**
Ayer, vi una película de suspenso con mis amigos en el cine.
나는 어제 친구들과 극장에서 서스펜스 영화를 보았다.

1. ............
2. ............
3. ............
4. ............
5. ............

**Step 3.** 〈짝활동〉 예시(MODELO)를 참고하여 지난주 특정 장소에서 무엇을 했는지 짝과 이야기해 보고, 대화 내용을 다음에 기록해 봅시다.

**MODELO (대화)**

A: ¿Dónde estuviste el martes pasado? 지난 화요일 어디에 있었니?

B: Estuve en la librería Kyobo. 교보문고에 있었지.

A: ¿Qué hiciste allí? 거기서 뭘 했니?

B: Leí libros un rato y compré un manual de español. 잠시 책을 읽다가 스페인어 교재를 샀어.

| 나의 답변 | 짝의 답변 |
|---|---|
| (1) La semana pasada, estuve<br>(2) | (1) El sábado pasado, mi compañero estuvo<br>(2) |
| (1)<br>(2) | (1)<br>(2) |
| (1)<br>(2) | (1)<br>(2) |
| (1)<br>(2) | (1)<br>(2) |
| (1)<br>(2) | (1)<br>(2) |

## 2. 스페인어권의 주말 이야기하기

© Hector Garcia

**1.** TOMAR / DORMIR la siesta

© Вcase

**2.** IR a una corrida

© Carlesboveserral

**3.** SALIR de fiesta

**4.** DAR una vuelta / PASEAR por el barrio

**5.** IR de campamento / IR a acampar / IR de acampada

© Sara Bento Photography

**6.** IR de senderismo

**Step 1.** 위 그림은 스페인어권의 사람들이 주말에 즐겨 하는 활동을 나타낸 것입니다. 지난 주말 이 활동 중 2개를 했다고 가정하고, 이를 과거형 문장으로 작성해 봅시다. 이때 문장은 장소와 행위 정보를 포함하여 구성해 봅시다.

1. ..............................

2. ..............................

**Step 2.** 〈모둠활동〉 Step 1에 작성한 내용을 기반으로 모둠원과 함께 지난 주말에 한 일을 이야기해 봅시다. 다음 표에 대화 내용을 기록해 보고, 모둠원이 한 일이 앞서 제시된 그림 중 어느 것에 해당하는 내용인지 유추해 봅시다.

| | 지난 주말에 한 일 | 그림 번호 |
|---|---|---|
| 모둠원 1 | | |
| 모둠원 2 | | |
| 모둠원 3 | | |

**Step 3.** Step 1, 2에서 작성한 내용을 기반으로 지난 주말에 나와 모둠원이 한 일을 각각 한 개씩 골라 온라인 Classroom에 올려 봅시다. 수업의 전체 구성원과 공유하고 피드백을 나눠 봅시다.

# D. RECAPITULACIÓN

## 1. GRAMÁTICA

### 1) 스페인어 과거 시제의 두 가지 형태: 단순과거 *vs.* 불완료과거

- 스페인어의 과거 시제는 크게 단순과거와 불완료과거로 나뉩니다. (불완료과거에 대한 자세한 설명은 UNIDAD 12 참조)
- 다음은 단순과거 규칙형의 동사활용으로, 파란색으로 표시한 어미는 모든 동사에서 항상 동일합니다.

| | HABLAR | COMER | VIVIR |
|---|---|---|---|
| yo | hablé | comí | viví |
| tú | hablaste | comiste | viviste |
| usted | habló | comió | vivió |
| él, ella | habló | comió | vivió |
| nosotros, nosotras | hablamos | comimos | vivimos |
| vosotros, vosotras | hablasteis | comisteis | vivisteis |
| ustedes | hablaron | comieron | vivieron |
| ellos, ellas | hablaron | comieron | vivieron |

### 2) 단순과거

- 과거에 이미 **종결된 행위나 상태**를 나타내는 데 사용됩니다.
- anoche, ayer, anteayer, el jueves pasado, el año pasado, hace tres meses, el otro día, en 2015 (dos mil quince) 등과 같은 부사(구)와 함께 쓸 수 있습니다.

  예 Aprobé el examen DELE B2 en 2023 (dos mil veintitrés). 나는 2023년에 DELE B2 시험을 통과했다.
  Carlos cocinó arroz a la cubana el jueves pasado. 카를로스는 지난 목요일 쿠바식 쌀요리를 조리했다.

### 3) 기타 유의해야 할 문법 및 표현

- VISITAR 동사의 목적어(방문 대상)가 특정 장소일 때는 전치사 a를 사용하지 않습니다. 하지만 목적어가 **사람**이면 반드시 **전치사 a**를 써야 합니다. (UNIDAD 5 참조)

  예 Ayer visité el Museo del Prado. 어제 나는 프라도 미술관을 방문했다.
  Ayer Carlos visitó a sus abuelos. 어제 카를로스는 그의 조부모님을 방문했다.

- La semana pasada와 el fin de semana pasado에서 형용사 pasado/a는 각각 명사인 la semana, el fin과 **문법적 성**을 일치시켜야 합니다. (UNIDAD 3 참조)

  예 la semana pasada (O)
  el fin de semana pasado (O)
  el fin de semana pasada (X)

- JUGAR 동사는 전치사 a를 동반하여 **JUGAR + a + 정관사 + 운동 / 놀이**의 형식으로 표현하고, 전치사 a를 사용하지 않을 때는 관사도 쓰지 않습니다.

  예 jugar al ajedrez, jugar al baloncesto
  jugar ajedrez, jugar baloncesto

- ASISTIR 동사는 LLEGAR 동사와 마찬가지로 항상 **전치사 a**를 동반하여 **장소**를 표현합니다.

  예 Camila asistió a la reunión. 카밀라는 회의에 참여했다.
  Javier llegó a la estación de tren. 하비에르는 기차역에 도착했다.

- **IR + de + 명사**는 '~을/를 하러 가다'라는 의미로, 다양한 활동을 표현하는 데 쓰입니다.

  예 ir de compras, ir de tapas, ir de viaje, ir de excursión, ir de campamento, ir de vacaciones

- 부사 fuera는 '밖에서'를 의미하며, CENAR fuera는 '밖에서 저녁 식사를 하다', 즉 '저녁에 외식하다'라는 의미로 사용됩니다.

  예 Javier quiere cenar fuera. 하비에르는 저녁에 외식하기를 원한다.

- 전치사구 **fuera de + 명사**는 '~의 밖에서'라는 의미로 활용됩니다.

  예 Me gusta comer fuera de casa. 나는 밖에서 먹는 것을 좋아한다.

## 2. PREPARACIÓN

- UNIDAD 10의 PARTE II에서는 단순과거 불규칙동사의 활용에 대해 학습합니다. 또한 단순과거 동사를 사용하여 지난 방학에 한 일을 주제로 대화하는 연습을 할 것입니다. 다음을 미리 학습하도록 합시다.

### 1) 단순과거 불규칙동사의 활용

- 다음은 단순과거 불규칙형의 동사활용으로, 파란색으로 표시한 불규칙 어간은 인칭에 따라 계속 반복됩니다. SER와 IR 동사는 단순과거형이 동일합니다.

| | SER/IR | ESTAR | HACER | TENER |
|---|---|---|---|---|
| yo | fui | estuve | hice | tuve |
| tú | fuiste | estuviste | hiciste | tuviste |
| usted | fue | estuvo | hizo | tuvo |
| él, ella | fue | estuvo | hizo | tuvo |
| nosotros, nosotras | fuimos | estuvimos | hicimos | tuvimos |
| vosotros, vosotras | fuisteis | estuvisteis | hicisteis | tuvisteis |
| ustedes | fueron | estuvieron | hicieron | tuvieron |
| ellos, ellas | fueron | estuvieron | hicieron | tuvieron |

memo

PARTE II

# Mis vacaciones de verano / invierno

## A. CLAVES CULTURALES

### 식사가 포함된 숙박(Pensión completa)

- 스페인어권에서는 호텔이나 호스텔(hostal)의 숙박 형태와 관련하여 media pensión, pensión completa, todo incluido 등의 표현을 사용합니다.
- 숙박요금에는 보통 조식(desayuno)이 포함되어 있으며, 그 외에 중식(comida)과 석식(cena) 중 하나를 선택할 수 있는 경우를 media pensión이라 부릅니다. 조식, 중식, 석식이 모두 포함된 경우는 pensión completa 또는 todo incluido라고 표현합니다.

  예 alojamiento con media pensión, habitación con todo incluido
- 〈모둠활동〉 스페인어권의 온라인 숙박사이트에서 숙박과 관련된 표현을 알아보고, 지역별 숙박 형태의 차이에 대해 모둠원들과 이야기해 봅시다.

## B. DIÁLOGO

Javier ¡Cuánto tiempo! ¿Qué tal las vacaciones del verano pasado?

Lucía Muy bien, estuve de vacaciones en Cancún durante una semana.

Javier ¡Qué envidia! ¿Cómo fue tu viaje?

Lucía Pues, me lo pasé muy bien con mis amigas mexicanas.

Javier ¿Qué hiciste allí?

Lucía Fui a la famosa playa Delfines para tomar el sol y nadar un poco, por supuesto.

Javier ¿Y qué más cosas hiciste en el viaje?

Lucía También visité Tulum para ver la zona arqueológica maya; castillos, templos y hermosos paisajes naturales.

Javier ¡Qué bien! Te lo mereces.

Lucía ¿Y tú? ¿Hiciste algo especial en verano?

Javier Pasé unos días en Barcelona con mi familia.

### VOCABULARIO

**estuve:** ESTAR 동사 1인칭 단수 단순과거형
**fue:** SER 동사 3인칭 단수 단순과거형
**Me lo pasé bien.:** 나는 좋은 시간을 보냈어.
**fui:** IR 동사 1인칭 단수 단순과거형
**un poco:** 조금
**visité:** VISITAR 동사 1인칭 단수 단순과거형
**arqueológico, ca:** 고고학적
**Te lo mereces.:** 넌 그럴 자격이 있어.
**pasé:** PASAR 동사 1인칭 단수 단순과거형

### GRAMÁTICA

A: ¿Cómo fue tu viaje?
B: **Me lo pasé muy bien.**

- '나는 아주 좋은 시간을 보냈다'라는 뜻으로, 주로 대명사 se와 함께 쓰지만 생략이 가능합니다.
- 이때 lo는 직접목적격 대명사로, 휴가 또는 보낸 시간을 나타내며 반드시 필요합니다.

예 Me pasé muy bien. (X)

- 라틴아메리카에서는 lo 대신 la를 사용하기도 합니다.

  예 Me la pasé bien / mal.

- 또한 bien / mal / más o menos 등과 같은 부사(구)가 항상 필요합니다.

  예 Me lo pasé. (X)

¡Qué bien! Te lo mereces.

- 대명사와 함께 자주 쓰는 표현으로, 여기서 lo는 앞서 언급된 '여행'을 지칭하는 직접목적격 대명사입니다. 이때 lo는 동사활용형 앞에 위치합니다.

  예 Me lo merezco.
  Se lo merece.

## 1. COMPRENSIÓN

**Step 1.** 앞선 대화문에서 이미 아는 표현(단어)과 모르는 표현(단어)을 구분하여 다음 표를 작성해 봅시다.

| 아는 표현 | | 모르는 표현 | |
|---|---|---|---|
| 스페인어 | 한국어 뜻 | 스페인어 | 한국어 뜻 |
| | | | |
| | | | |
| | | | |
| | | | |
| | | | |

**Step 2.** 대화문을 읽고, 다음 중 무엇에 관한 내용인지 추론하여 정답 2개를 골라 봅시다. 전체 내용 중 가장 중요하다고 생각하는 문장을 선택하고, 문장 의미를 해석해 봅시다.

① 방학 계획 ② 휴가 경험 ③ 칸쿤 전통음식
④ 대학원 진학 ⑤ 마야 유적지 ⑥ 돌고래와 열대과일

중요 문장: ..............................

**Step 3.** 〈짝활동〉 중요 문장의 의미를 활용하여 Step 2에서 답안을 고른 이유를 짝에게 설명해 봅시다.

## 2. PRONUNCIACIÓN

**Step 1.** 〈짝활동〉 각자 역할을 정한 후 앞선 대화문을 소리 내어 읽어 봅시다. 어색한 발음이 있다면 짝과 토의한 후 최대한 자연스럽게 읽을 수 있도록 연습해 봅시다.

**Step 2.** 녹음된 발음을 듣고 대화문을 따라 읽어 봅시다. 생각했던 발음과 다른 것이 있다면 교수자와 함께 올바른 발음에 대해 토의해 봅시다.

# C. ACTIVIDADES

## 1. 여행 준비 경험 이야기하기

**Step 1.** 〈짝활동〉 주어진 어휘를 활용하여 짝과 함께 대화문의 내용을 해석해 봅시다.

© Canaan

A: Para mí, no fue difícil preparar el viaje por España.
B: Yo primero elegí un paquete turístico barato, y luego reservé los billetes de ida y vuelta por internet.
C: En mi viaje anterior, hice todo por mi cuenta. Busqué hoteles por Tripadvisor, en particular para ver si el precio incluye el desayuno.
D: Como el avión fue directo en mi viaje, llegué al aeropuerto Barcelona-El Prat. Allí solo tuve que tomar el metro hasta mi hotel en Eixample.

**VOCABULARIO**
por mi cuenta 내가 직접, 스스로

**Step 2.** 제시된 단어의 의미를 찾아보고, 이를 활용하여 여행을 준비하기 위해 한 일을 단순과거 문장으로 표현해 봅시다.

| 동사구 | | 부사구 |
|---|---|---|
| 여행 준비 | 공항 및 도착지 | 장소 및 방법 |
| ORGANIZAR un viaje libremente 자유롭게 여행을 계획하다<br>ELEGIR / SELECCIONAR un paquete turístico con pensión completa 조식, 중식, 석식이 포함된 여행 패키지를 선택하다<br>RESERVAR los billetes de ida y vuelta 왕복표를 예매하다<br>ENCONTRAR alojamiento 숙소를 찾다<br>SELECCIONAR una habitación doble 더블룸을 선택하다<br>TENER el pasaporte en vigor 유효한 여권을 갖다 | FACTURAR / REGISTRAR las maletas 짐을 부치다<br>SACAR la tarjeta de embarque 탑승권을 뽑다<br>TOMAR un avión con escalas 경유 항공기를 타다<br>PERDER la maleta 짐을 잃어버리다<br>AVISAR / REPORTAR al personal de servicio de equipaje 수화물 센터에 알리다<br>TOMAR el autobús de traslado 공항 셔틀버스를 타다 | en el mostrador 공항 수속대에서<br>con antelación / de antemano 미리<br>por internet 인터넷으로<br>a través de la agencia de viajes 여행사를 통해<br>en grupo 단체로<br>con descuento 할인이 포함된<br>de oferta 특가의<br>en una zona turística 관광 특구에서 |

1. ..........

2. ..........

3. ..........

4. ..........

5. ..........

**Step 3.** 〈짝활동〉 예시(MODELO)를 참고하여 여행을 준비하기 위해 한 일에 대해 짝과 이야기를 나눠 봅시다. 대화 내용은 다음 표에 정리해 봅시다.

**MODELO (대화)**

A: Para tu viaje a .......... (여행 장소), ¿cómo reservaste los billetes de avión?
너의 .......... 여행을 위해 비행기표는 어떻게 예매했니?

B: Por Internet. Encontré los vuelos de oferta. 인터넷으로 했어. 특가로 나온 항공편들을 발견했어.

| | 나의 여행 준비 | 짝의 여행 준비 |
|---|---|---|
| 1 | | |
| 2 | | |
| 3 | | |
| 4 | | |
| 5 | | |

## 2. 여행에서 일어난 일 이야기하기

**Step 1.** 〈모둠활동〉 다음 어휘를 사용하여 각 맥락(Contexto 1~3)에 맞는 대화문을 만들어 봅시다. 예시(MODELO)를 참고하여 모둠원의 역할(A~D)을 정하고, 주어진 상황에 자연스러운 대화문을 구성해 봅시다.

© ProtoplasmaKid

inmigración / control de pasaportes

© Bill Weiss

equipaje extraviado

© Diego Delso

recogida de equipaje

© ProtoplasmaKid

mostrador de facturación

© Pi.1415926535

autobús de traslado

alquiler de coches

## Contexto 1. Antes de viajar 여행 전

**MODELO**

A: Para el viaje a Argentina, ¿necesitaste solicitar el visado de turista?
아르헨티나 여행 갈 때 관광 비자 신청해야 했어?

B: Sí, y también tuve que saber qué tiempo hace en verano / invierno.
응, 그리고 (거기) 여름 / 겨울 날씨가 어떤지도 알아야 했어.

C: Y necesité comprar algunas medicinas, por si acaso.
그리고 난 혹시 몰라서 약도 몇 개를 사야만 했어.

D: Y estudié un poco el español de Argentina, sobre todo la pronunciación y el vocabulario.
그리고 아르헨티나 스페인어도 조금 공부했지. 특히 발음과 어휘에 대해서.

| | |
|---|---|
| 모둠원 1 (나) | |
| 모둠원 2 | |
| 모둠원 3 | |
| 모둠원 4 | |

## Contexto 2. Después de llegar al destino de viaje 여행지 도착 후

**MODELO**

A: En el Aeropuerto Internacional Ministro Pistarini, ¿qué tuviste que hacer?
미니스트로 피스타리니 국제공항에서 넌 뭘 해야 했어?

B: Primero tuve que recoger las maletas, y luego salí a tomar el autobús para el centro.
먼저 짐을 찾아야 했고, 그러고 나서 도심에 가는 버스를 타러 나갔어.

C: ¿Tardaste mucho en llegar a tu hotel?
호텔에 도착하는 데 오래 걸렸어?

D: No tanto, media hora. Me gustaron mucho los paisajes por la ventana del autobús.
그렇게 많이 걸리지는 않았어, 30분. 버스 창문 밖으로 보이는 경치들이 너무 좋았어.

| | |
|---|---|
| 모둠원 1 (나) | |
| 모둠원 2 | |
| 모둠원 3 | |
| 모둠원 4 | |

### Contexto 3. Problemas en el lugar de viaje 여행지에서 일어난 문제들

**MODELO**

A: En el control de pasaportes, ¿no te ocurrió ningún problema?
여권 심사대에서 너한테 아무런 문제도 없었니?

B: A mí, no. Solo me preguntaron cuál es el objetivo del viaje y dónde me quedo, etc.
문제는 없었어. 단지 질문을 했어. 아르헨티나 여행 목적이 무엇인지와 어디에 머물지 등.

C: ¿Y en la aduana? ¿No llevaste ningún producto de Corea, como kimchi?
그리고 세관에서는? 김치 같은 한국 물품을 가져가지 않았어?

D: No, no llevé nada con olor fuerte.
아니, 향이 강한 것은 아무것도 가져가지 않았어.

| 모둠원 1 (나) | |
|---|---|
| 모둠원 2 | |
| 모둠원 3 | |
| 모둠원 4 | |

**Step 2.** 〈모둠활동〉 Step 1에서 작성한 내용 중 가장 자연스러운 대화문을 골라 온라인 Clasroom에 올려 봅시다. 수업의 전체 구성원과 공유하고, 피드백을 나눠 봅시다.

# D. RECAPITULACIÓN

## 1. GRAMÁTICA

### 1) 단순과거 불규칙동사의 활용

- 다음은 단순과거 불규칙형의 동사활용으로, 파란색으로 표시한 불규칙 어간은 인칭에 따라 계속 반복됩니다. SER와 IR 동사는 단순과거형이 동일한 것에 유의해야 합니다.

| | SER / IR | ESTAR | DAR | HACER | TENER | SABER | VER | DECIR |
|---|---|---|---|---|---|---|---|---|
| yo | fui | estuve | di | hice | tuve | supe | vi | dije |
| tú | fuiste | estuviste | diste | hiciste | tuviste | supiste | viste | dijiste |
| usted | fue | estuvo | dio | hizo | tuvo | supo | vio | dijo |
| él, ella | fue | estuvo | dio | hizo | tuvo | supo | vio | dijo |
| nosotros, as | fuimos | estuvimos | dimos | hicimos | tuvimos | supimos | vimos | dijimos |
| vosotros, as | fuisteis | estuvisteis | disteis | hicisteis | tuvisteis | supisteis | visteis | dijisteis |
| ustedes | fueron | estuvieron | dieron | hicieron | tuvieron | supieron | vieron | dijeron |
| ellos, ellas | fueron | estuvieron | dieron | hicieron | tuvieron | supieron | vieron | dijeron |

### 2) 기타 유의해야 할 문법 및 표현

- IR, SALIR, VENIR, ENTRAR 동사와 같이 **움직임**을 나타내는 동사가 쓰인 경우, 행위의 목적을 표현할 때 주로 **para + 동사원형** 대신 **a + 동사원형**을 연결하여 사용합니다.

  예 Camila vino a verme anoche. 카밀라는 어젯밤 나를 보러 왔다.

- VIAJAR 동사는 **구체적인 한 장소만 여행**하는 것을 표현하는지, 그 **주변 지역까지 여행**하는 것을 나타내는지에 따라 서로 다른 전치사를 연결하여 사용합니다.

  예 Este verano viajé a Madrid. 이번 여름 마드리드로 여행을 갔다.
  El invierno pasado Carlos viajó por Europa. 지난 겨울 카를로스는 유럽 전역을 여행했다.

- 기차나 비행기 등의 목적지를 표현하는 경우, 정착지(종착지 포함)를 이야기할 때는 전치사 a를, 종착지(~행)를 말할 때는 전치사 para를 사용합니다.

  예 Javier reservó el billete de ida y vuelta a Madrid. 하비에르는 마드리드로 가는 왕복표를 예약했다.
  (기차의 최종 목적지는 마드리드가 아닐 수도 있음)
  Carlos sacó el billete de ida para Barcelona. 카를로스는 바르셀로나행 표를 샀다.
  (기차의 최종 목적지는 바르셀로나임)

- SACAR 동사는 일반적으로 '표를 사다'라는 의미를 가지며, 표의 종류에 상관없이 널리 활용할 수 있습니다.

  예 Javier sacó la entrada del concierto de Rosalía. 하비에르는 로살리아 콘서트 티켓을 샀다.

- 항공 경유편은 vuelos con escalas와 vuelos con transbordo로 표현하며, 경유 횟수에 따라 숫자를 함께 쓰기도 합니다. vuelos sin escala와 vuelos directos는 직항편을 의미합니다.

  예 vuelos con dos escalas 2회 경유편

## 2. PREPARACIÓN

- UNIDAD 11에서는 단순과거를 활용하여 과거에 일어난 일을 기술하는 법을 학습합니다. UNIDAD 10에서 배운 단순과거를 사용하여 역사적 사실이나 사건에 관해 이야기해 볼 예정입니다.

  예 Alexander Fleming descubrió la penicilina en 1928 (mil novecientos veintiocho).
  알렉산더 플레밍은 1928년 페니실린을 발견했다.
  Los humanos llegaron a la Luna por primera vez en 1969 (mil novecientos sesenta y nueve).
  1969년 인류는 처음으로 달에 도착했다.

memo

UNIDAD

11

# ¿Disfrutaste mucho tu primer año de universidad? Sí, bastante.

**PARTE I** La vida universitaria del semestre pasado

**PARTE II** La narración de los hechos históricos

© Flickr

## OBJETIVOS

1 대학생활의 일상적 경험을 단순과거로 서술할 수 있다.

2 역사적 사건이나 사실을 정확히 표현할 수 있다.

3 과거의 특정 시점에서 발생하고 완료된 동작을 표현할 수 있다.

## PARTE I La vida universitaria del semestre pasado

## A. CLAVES CULTURALES

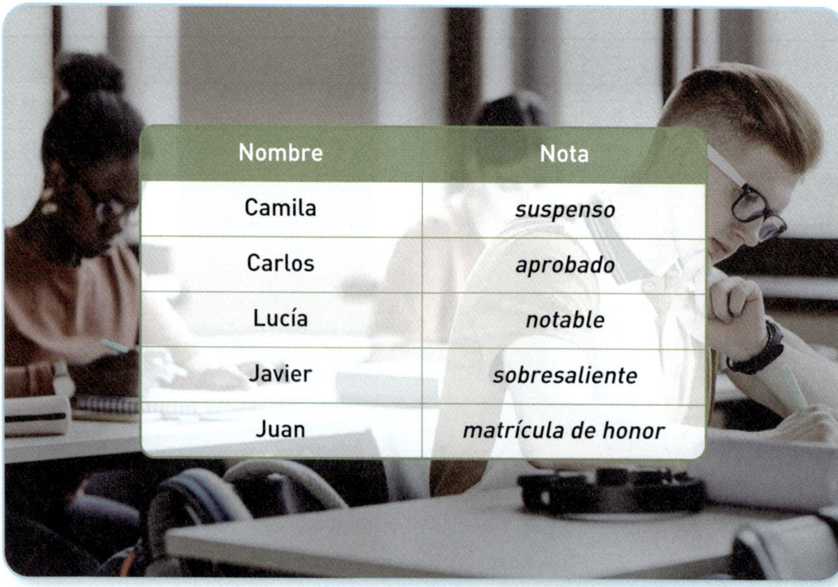

| Nombre | Nota |
|---|---|
| Camila | *suspenso* |
| Carlos | *aprobado* |
| Lucía | *notable* |
| Javier | *sobresaliente* |
| Juan | *matrícula de honor* |

### 시험 성적(Notas de exámenes)

- 스페인 대학의 성적 평가 방식은 한국 대학과는 조금 다릅니다. 보통 10점 만점을 기준으로 하며 suspenso(0<5.0), aprobado(5~6.9), notable(7~8.9), sobresaliente(9~10)로 부여됩니다.
- 그중 matrícula de honor 등급은 수강생의 5% 이내에서 최고의 성적을 받은 학생(들)에게 부여하는 영예로운 성적을 의미합니다.
- 〈모둠활동〉 스페인어권 대학들의 성적 평가 방식을 알아보고, 조사한 지역의 서로 다른 성적 평가 방식을 모둠원에게 소개해 봅시다.

## B. DIÁLOGO

| | |
|---|---|
| Carlos | ¡Hola, Javier! ¿Qué tal el semestre pasado? |
| Javier | No me fue muy bien porque suspendí una asignatura. |
| Carlos | ¡Qué mal! ¿Qué asignatura suspendiste? |
| Javier | Matemáticas. Aprobé las demás asignaturas, menos mal. Y tú, ¿cuántas asignaturas tomaste? |
| Carlos | Tomé solo tres asignaturas de libre elección, pero participé en varias actividades académicas con Camila. |
| Camila | Sí, es verdad. Hicimos muchas actividades magníficas. Sobre todo, la mejor fue el club de intercambio de lenguas. Allí hubo muchos estudiantes. |
| Carlos | Fue muy satisfactorio porque conocí a nuevos amigos de otros países. |

### VOCABULARIO

**No me fue muy bien.**: (결과가) 별로 좋지 않았어.
**suspendí**: SUSPENDER 동사 1인칭 단수 단순과거형
**suspendiste**: SUSPENDER 동사 2인칭 단수 단순과거형
**aprobé**: APROBAR 동사 1인칭 단수 단순과거형
**Menos mal.**: 그나마 다행이야.
**tomaste**: TOMAR 동사 2인칭 단수 단순과거형
**tomé**: TOMAR 동사 1인칭 단수 단순과거형
**participé**: PARTICIPAR 동사 1인칭 단수 단순과거형
**hicimos**: HACER 동사 1인칭 복수 단순과거형
**el intercambio**: 교환
**satisfactorio, ria**: 만족스러운
**conocí**: CONOCER 동사 1인칭 단수 단순과거형

### GRAMÁTICA

A: ¿Qué tal el semestre pasado?
B: No **me fue muy bien**.

- IR 동사가 포함된 이 표현은 '~에게 (결과가) 잘 나오다'라는 의미로 사용되었습니다.
- 위의 예문에서 IR 동사의 주어는 el semestre pasado이며, 보통 이 표현은 '~에게'에 해당하는 간접목적격 대명사를 포함합니다.

## 1. COMPRENSIÓN

**Step 1.** 앞선 대화문에서 이미 아는 표현(단어)과 모르는 표현(단어)을 구분하여 다음 표를 작성해 봅시다.

| 아는 표현 | | 모르는 표현 | |
|---|---|---|---|
| 스페인어 | 한국어 뜻 | 스페인어 | 한국어 뜻 |
| | | | |
| | | | |
| | | | |
| | | | |
| | | | |

**Step 2.** 대화문을 읽고, 다음 중 무엇에 관한 내용인지 추론해 봅시다. 전체 내용 중 가장 중요하다고 생각하는 문장을 선택하고, 문장 의미를 해석해 봅시다.

① 새 학기 계획　② 영어 과목 낙제　③ 전공 진입
④ 대학축제　⑤ 스페인어 공부　⑥ 자유 선택과목

중요 문장: ............................................................

**Step 3.** 〈짝활동〉 중요 문장의 의미를 활용하여 Step 2에서 답안을 고른 이유를 짝에게 설명해 봅시다.

## 2. PRONUNCIACIÓN

**Step 1.** 〈짝활동〉 각자 역할을 정한 후 앞선 대화문을 소리 내어 읽어 봅시다. 어색한 발음이 있다면 짝과 토의한 후 최대한 자연스럽게 읽을 수 있도록 연습해 봅시다.

**Step 2.** 녹음된 발음을 듣고 대화문을 따라 읽어 봅시다. 생각했던 발음과 다른 것이 있다면 교수자와 함께 올바른 발음에 대해 토의해 봅시다.

# C. ACTIVIDADES

## 1. 지난 학기 학교생활 이야기하기

**Step 1.** 제시된 단어를 활용하여 지난 학기 학교생활을 표현하는 과거형 문장 5개를 만들어 봅시다.

| 동사 표현 | |
|---|---|
| APRENDER de memoria 외우다 | TRABAJAR en equipo 협업하다 |
| PARTICIPAR en ~에 참가하다 | FALTAR a la clase / SALTARSE la clase 수업에 빠지다 |
| PREPARAR el examen 시험을 준비하다 | ASISTIR a clase 수업에 참석하다 |
| DISCUTIR sobre un tema 주제에 대해 토론하다 | ARREPENTIRSE de ~을/를 후회하다 |
| DAR / HACER una presentación 프레젠테이션을 하다 | ADAPTARSE a ~에 적응하다 |
| CONOCER a ~을/를 알게 되다, 처음 만나다 | ECHAR un vistazo 살펴보다 |
| TENER / TOMAR un examen 시험을 보다 | DISFRUTAR de la vida 삶을 즐기다 |
| HACER amigos 친구를 만들다 | SACARSE el carnet de conducir / la licencia de manejar 운전면허증을 따다 |
| EMPEZAR / COMENZAR a ~을/를 시작하다 | PRACTICAR un idioma 언어를 연습하다 |

**MODELO**
En el semestre pasado, no tuve muchas clases de mi carrera.
지난 학기에는 내 전공수업을 많이 듣지 않았어.
Pero aprendí a hablar español con mis amigos. 하지만 친구들과 스페인어 말하는 법을 배웠어.

1. ..........
2. ..........
3. ..........
4. ..........
5. ..........

**Step 2.** 〈짝활동〉 Step 1에서 작성한 내용을 기반으로 예시(MODELO)와 같이 지난 학기 학교생활에 대해 짝과 이야기해 봅시다. 다음 표에 묻고자 하는 질문과 그 답변을 정리해 봅시다.

**MODELO (대화)**

A: ¿Qué actividades culturales te gustaron más después de entrar en la universidad?
대학에 들어온 후 어떤 문화 활동이 제일 좋았어?

B: Hubo muchas, pero en particular me gustó el taller de Gastronomía Latinoamericana.
Aprendí a cocinar los platos típicos de los países latinoamericanos.
여러 가지가 있었는데, 특히 라틴아메리카 음식 수업이 좋았어.
라틴아메리카 국가들의 전통음식 조리법을 배웠거든.

| | 질문 (나) | 답변 (짝) |
|---|---|---|
| 1 | | |
| 2 | | |
| 3 | | |
| 4 | | |
| 5 | | |

## 2. 대외 활동 이야기하기

**Step 1.** 대외 활동 경험을 떠올려 보고, 활동 내용과 배운 점을 문장으로 써 봅시다. 활동의 특이점, 당시 느꼈던 성취감과 교훈을 표현하고, 대외 활동 경험이 없다면 해당 내용을 가정하여 작성해 봅시다.

**MODELO**

El semestre pasado, participé en un proyecto que ayudó a agricultores a vender sus productos por Internet. Viajé a pueblos rurales y les enseñé cómo usar la tecnología. Mediante esta actividad, aprendí que un acto simple puede contribuir mucho a los demás.
지난 학기에 농부들이 인터넷으로 제품을 판매할 수 있도록 도와주는 프로젝트에 참여했어. 시골 마을로 가서 그들에게 기술 사용법을 가르쳐 주었고, 이 경험을 통해 작은 일이 다른 이들에게 큰 도움을 줄 수 있다는 것을 배웠어.

1. ..........

..........

2. ..........

..........

**Step 2.** 〈모둠활동〉 모둠별로 Step 1에서 작성한 내용 중 가장 흥미로운 경험을 골라 온라인 Classroom에 올려 봅시다. 수업의 전체 구성원과 공유하고, 피드백을 나눠 봅시다.

# D. RECAPITULACIÓN

## 1. GRAMÁTICA

### 1) 기타 유의해야 할 문법 및 표현

- PASAR 동사는 전치사 por와 함께 '~을/를 통해 지나가다'라는 의미로 사용됩니다. 이 경우 PASAR + por + 장소 형태로 나타납니다.

  예 Pasé por la puerta principal.

- PASAR 동사가 시간이나 기간을 나타내는 명사와 함께 쓰일 경우 '(시간 / 기간을) 보내다'라는 의미로 사용되며, PASAR + 시간 / 기간 형태로 쓰입니다.

  예 Camila pasó todo el invierno en la Patagonia. (O)
  Camila pasó en la Patagonia. (X)

- '~을/를 합격시키다'라는 뜻의 APROBAR 동사와 '~을/를 탈락시키다'라는 의미의 SUSPENDER 동사는 보통 주어 자리에 3인칭 복수를 씁니다. 이때 주어는 일반적이거나 불특정한 다수가 되고, 합격하거나 탈락한 대상은 목적어(직접목적격 대명사)로 표현합니다. 전치사 en + 명사를 붙여 합격하거나 탈락한 분야를 명시할 수도 있습니다.

  예 Me aprobaron en el examen de francés. 나는 프랑스어 시험에 합격했어요.
  A Carlos lo suspendieron en Matemáticas. 카를로스는 수학 과목에서 낙제를 받았어요.

- Hay의 단순과거형 hubo는 뒤에 오는 명사의 수에 상관없이 항상 단수형임에 유의해야 합니다.

  예 Hay un niño. / Hay dos niños.
  Hubo dos niños. (O) / Hubieron dos niños. (X)

- '~을/를 후회하다'라는 뜻의 ARREPENTIRSE 동사는 항상 대명사 se와 함께 사용되며, 전치사 de를 연결하여 후회되는 내용을 표현합니다.

  예 No me arrepiento de nada. 나는 아무것도 후회하지 않는다.
  Me arrepiento de comer demasiado anoche. 나는 어젯밤 과식한 걸 후회한다.

- '~에 흥미를 갖게 하다'라는 뜻의 INTERESAR 동사는 GUSTAR 동사와 동일한 구조로 사용됩니다.

- 반면 INTERESARSE por는 '~에 흥미를 느끼다'라는 의미로, 대명사 se와 함께 씁니다.

  예 A Javier le interesa la Química. 하비에르는 화학에 흥미가 있다.
  Javier se interesa por la Química. 하비에르는 화학에 흥미를 느낀다.

- **ECHAR 동사**는 '던지다, 버리다'라는 기본 의미를 가지고 있지만, 명사와 연결하여 구성된 관용구 ECHAR un vistazo / una ojeada / una mirada는 '한번 살펴보다'라는 의미로 자주 사용됩니다.

  예 Ayer eché un vistazo a ese libro. 어젯밤 그 책을 한번 살펴보았어.

- **SALIR 동사**는 bien / mal 등과 함께 '시험(또는 다른 일)의 결과가 ~했다'라는 의미를 나타낼 수 있습니다.

  예 Me salió muy bien la cena. 나는 저녁 식사를 매우 훌륭하게 완성했어.
  No me salió muy bien el examen de Matemáticas. 내 수학 시험 결과가 썩 좋지 않았어.
  ¡Te salió muy bien el dibujo! 네가 그린 그림은 정말 잘 완성되었어!

## 2. PREPARACIÓN

- UNIDAD 11의 PARTE II에서는 단순과거를 활용하여 과거의 특정 시점에 일어난 사건을 표현하는 연습을 합니다. 다음을 미리 학습해 봅시다.

### 1) 단순과거와 역사적 사실 / 사건

- 일반적으로 과거의 특정 시점에 일어난 사건을 표현하거나, 역사적 사실 혹은 사건을 이야기할 때는 단순과거를 사용합니다.

  예 Al salir de casa, vi a un chico corriendo en la calle.
  집에서 나갈 때, 나는 거리에서 뛰고 있는 아이를 보았다.

  Nací en 2002, cuando se celebró la Copa Mundial de Fútbol.
  나는 2002년에 태어났고 그해 월드컵이 열렸다.

- 경우에 따라 역사적 사실이나 사건을 표현할 때 단순과거 대신 현재 시제를 사용할 수도 있습니다.

  예 역사적 사실에 대한 서술: Colón llegó por primera vez a América.
  생동감 있는 내레이션(주로 신문 기사 등에서 사용): Colón llega por primera vez a América.

PARTE II

# La narración de los hechos históricos

## A. CLAVES CULTURALES

© Adeeto

### 팁(Propina)

- 스페인어권에서는 식당이나 바 등에서 팁을 주는 문화가 발달해 있습니다.
- 계산서에 팁이 포함된 경우는 드뭅니다. 의무적으로 지불해야 하는 것은 아니지만, 팁을 주지 않으면 예의가 없다는 인식이 있을 수 있습니다.
- 보통 총 식사금액의 10% 정도를 팁으로 지불하지만, 각자 선택에 따라 그보다 적거나 많게 조정할 수 있습니다.
- 〈모둠활동〉 스페인어권 여러 국가의 팁 문화를 알아보고, 지역별 팁 문화에 관해 모둠원과 이야기를 나눠 봅시다.

## B. DIÁLOGO

Carlos ¡Chicos! ¿Alguien conoce la fiesta de San Fermín?

Javier Por supuesto. Se celebra desde el año 1324 en Pamplona en la Comunidad Foral de Navarra, en España.

Lucía Ayer vi las noticias en la televisión y hubo varios incidentes en la corrida de toros en San Fermín.

Carlos ¡Qué pena! ¿Por qué es famosa esa fiesta?

Javier Es una fiesta local muy antigua. San Fermín se convirtió en un nombre mundial en la década de 1920, cuando Ernest Hemingway describió la fiesta en la novela '*The Sun Also Rises*'.

Camila ¡Tú sabes mucho sobre eso, Javier!

Lucía No me extraña. Es estudiante de Historia.

### VOCABULARIO

alguien: 누군가 (*someone*)
se celebra: 개최되다
foral: 자치(주)의
el incidente: 작은 사고
la década: 10년 (*decade*)
CONVERTIRSE en: ~하게 되다
describió: DESCRIBIR 동사 3인칭 단수 단순과거형

### GRAMÁTICA

San Fermín **se convirtió en** un nombre mundial en la década de 1920.

- **se convirtió en + 명사**는 '~이/가 ~(으)로 되었다'라는 뜻으로, 영어의 *became, came to be*와 유사한 의미입니다. 이 경우 대명사 se가 반드시 필요합니다.

  예 San Fermín convirtió en un nombre mundial. (X)

No **me extraña**.

- EXTRAÑAR 동사의 기본 의미는 '이상하게 보이다', '놀라다' 입니다. GUSTAR, ENCANTAR, IMPORTAR 동사와 마찬가지로 항상 간접목적격 대명사가 필요하며, 이는 의미상 주어 역할을 합니다. 이 동사들은 주로 3인칭 단수나 복수로 활용됩니다. (UNIDAD 6 참조)

## 1. COMPRENSIÓN

**Step 1.** 앞선 대화문에서 이미 아는 표현(단어)과 모르는 표현(단어)을 구분하여 다음 표를 작성해 봅시다.

| 아는 표현 | | 모르는 표현 | |
|---|---|---|---|
| 스페인어 | 한국어 뜻 | 스페인어 | 한국어 뜻 |
| | | | |
| | | | |
| | | | |
| | | | |
| | | | |
| | | | |

**Step 2.** 대화문이 다음 중 무엇에 관한 내용인지 추론하여 정답 2개를 골라 봅시다. 전체 내용 중 가장 중요하다고 생각하는 문장을 선택하고, 문장 의미를 해석해 봅시다.

① 스페인 역사 ② 교과목 낙제 ③ 나바라 왕국의 역사
④ 투우 경기 ⑤ 헤밍웨이 소설의 배경 ⑥ 산페르민 축제

중요 문장: ..........................................

**Step 3.** 〈짝활동〉 중요 문장의 의미를 활용하여 Step 2에서 답안을 고른 이유를 짝에게 설명해 봅시다.

## 2. PRONUNCIACIÓN

**Step 1.** 〈짝활동〉 각자 역할을 정한 후 앞선 대화문을 소리 내어 읽어 봅시다. 어색한 발음이 있다면 짝과 토의한 후 최대한 자연스럽게 읽을 수 있도록 연습해 봅시다.

**Step 2.** 녹음된 발음을 듣고 대화문을 따라 읽어 봅시다. 생각했던 발음과 다른 것이 있다면 교수자와 함께 올바른 발음에 대해 토의해 봅시다.

## C. ACTIVIDADES

### 1. 스페인어권의 역사

**Step 1.** 〈짝활동〉 주어진 어휘를 활용하여 짝과 함께 대화문의 내용을 해석해 봅시다.

A: En el siglo VIII, la mayor parte de la península ibérica fue conquistada por los moros.

B: Córdoba, en el sur de Andalucía, fue la capital de la España musulmana y la ciudad más grande, rica y desarrollada de la Europa medieval.

C: En 1469, Fernando II de Aragón se casó con Isabel de Castilla. Con este matrimonio comenzó la Reconquista.

D: Granada, el último bastión musulmán, fue reconquistado por las fuerzas cristianas en 1492.

**VOCABULARIO**

SER (re)conquistado/a (재)정복당하다
musulmán, musulmana 이슬람의
el matrimonio 혼인
las fuerzas 힘, 군대
los moros 무어인
desarrollado, da 발전된
el último bastión 최후의 보루
cristiano, na 기독교의

**Step 2.** 〈짝활동〉 짝과 상의하여 다음 세 가지 역사적 사실 중 하나를 선택하고, 각자 관련 정보를 과거형 문장으로 정리해 봅시다. 작성한 내용은 짝과 공유하여 다음에 써 봅시다.

| | 나 | 짝 |
|---|---|---|
| 1 | | |
| 2 | | |
| 3 | | |
| 4 | | |
| 5 | | |

| | | |
|---|---|---|
|  |  |  |
| © NordNordWest | © Atlas Nacional de España (ANE) | © http://catalogo.bne.es/uhtbin/cgisirsi/0/x/0/05?searchdata1=bima0000017365 |
| la invasión árabe de España | la Reconquista de España | la llegada de Colón a América |

## 2. 라틴아메리카의 역사적 사건 이야기하기

**Step 1.** 〈모둠활동〉 각자 다음 역사적 사건을 설명하는 문장을 만들어 보고, 모둠원이 작성한 문장을 모아 봅시다. 이때 모둠별로 모은 문장은 문맥이 이어지도록 자연스럽게 수정해 봅시다.

| |  © Elemaki |  © Allard Schmidt |  © Rengarajang |
|---|---|---|---|
| | La Revolución cubana | La construcción del Machu Picchu | La Independencia de México |
| 모둠원 1 (나) | | | |
| 모둠원 2 | | | |
| 모둠원 3 | | | |
| 모둠원 4 | | | |

**Step 2.** Step 1에서 작성한 내용 중 가장 자연스러운 역사적 설명을 골라 온라인 Classroom에 올려 봅시다. 수업의 전체 구성원과 공유하고 피드백을 나눠 봅시다.

# D. RECAPITULACIÓN

## 1. GRAMÁTICA

### 1) 단순과거와 역사적 사실 / 사건

- 일반적으로 역사적 사건이나 사실을 전달할 때는 **단순과거**를 사용하지만, 해당 사실을 생동감 있게 전달하기 위해 **현재 시제**를 사용하는 경우도 있습니다.

  예 역사적 사실에 대한 서술: Apolo 13 llegó por primera vez a la Luna.
  생동감 있는 내레이션: Apolo 13 llega por primera vez a la Luna.

### 2) 기타 유의해야 할 문법 및 표현

- '누군가'를 뜻하는 alguien의 반의어 **nadie**는 '아무도 (~않다)'라는 의미입니다. 동사활용형 앞에 올 경우 별도의 부정어 없이 사용됩니다. 하지만 동사활용형 뒤에 위치할 때는 no, nunca 등의 부정어를 동반해야 합니다.

  예 Nadie sabe el nombre de ese señor. (O)
  No sabe nadie el nombre de ese señor. (O)
  Sabe nadie el nombre de ese señor. (X)

- **SABER 동사**는 지식, 정보, 방법을 안다고 표현할 때 사용하며, 명사나 동사원형 또는 문장을 연결할 수 있다는 점에 유의해야 합니다. (UNIDAD 7 참조)

  예 Camila sabe el número de estudiante de Lucía. 카밀라는 루시아의 학번을 안다.
  Camila sabe hablar español. 카밀라는 스페인어를 할 줄 안다.
  Carlos sabe cómo cocinar paella. 카를로스는 파에야를 어떻게 요리하는지 안다.
  Javier no supo dónde estuvo su hermano. 하비에르는 자기 동생이 어디 있었는지 몰랐다.
  Lucía no supo si Camila vino a la fiesta. 루시아는 카밀라가 파티에 왔는지 몰랐다.

- **CONOCER 동사**는 '(경험에 의해) 사람 또는 장소를 알다'라는 의미입니다. 사람을 목적어로 취할 경우 **전치사 a**를 사용해야 합니다. (UNIDAD 7 참조)

  예 Ayer, conocí a un chico del primer año en el café.
  어제 나는 카페에서 1학년 학생 한 명을 알게 되었다.
  El año pasado, conocí la Ciudad de México por un programa de intercambio de estudiantes.
  작년에 나는 교환학생 프로그램을 통해 멕시코 시티를 알게(가 보게) 되었다.

- 스페인어로 '~할 때'와 같은 시간 표현은 **al + 동사원형**으로도 나타낼 수 있습니다. (유사한 표현인 cuando를 활용한 시간부사절은 UNIDAD 8 참조)

  예 Al salir de casa, vi a un amigo corriendo por la calle.
  (내가) 집을 나설 때, 한 친구가 거리에서 달리는 것을 보았다.
  Llovió mucho al llegar a la estación de tren. 기차역에 도착했을 때 비가 많이 내렸다.

## 2. PREPARACIÓN

- UNIDAD 12에서는 불완료과거를 사용해 과거를 표현하는 연습을 합니다. 다음을 미리 학습해 봅시다.

### 1) 불완료과거

- 불완료과거는 종결되지 않은 사건이나 습관, 반복 행위 혹은 과거 어느 시점에 진행 중이던 행위를 나타낼 때 사용합니다. 어울리는 부사로는 siempre, todos los días, a menudo, de vez en cuando, de pequeño/a, de niño/a, de joven, en aquella época, antes 등이 있습니다.

  예 El año pasado, la clase de español siempre terminaba antes de las once menos cuarto.
  Carlos me invitaba a cenar todos los días.

- 다음은 불완료과거 규칙형의 동사활용으로, 파란색으로 표시한 어미는 모든 동사에서 동일합니다.

| | HABLAR | COMER | VIVIR |
|---|---|---|---|
| yo | habl**aba** | com**ía** | viv**ía** |
| tú | habl**abas** | com**ías** | viv**ías** |
| usted | habl**aba** | com**ía** | viv**ía** |
| él, ella | habl**aba** | com**ía** | viv**ía** |

- 불완료과거와 단순과거는 대화와 문맥에서 자주 연결되어 사용됩니다.

| | |
|---|---|
| 단순과거 + 불완료과거 | A: ¿Por qué no contestaste al teléfono?<br>(내) 전화 왜 안 받았니?<br>B: Cuando me llamaste a esa hora, estaba en la cocina.<br>네가 전화했던 시간에 주방에 있었어. |
| 불완료과거 + 단순과거 | A: ¿Qué hacías cuando te llamé ayer?<br>어제 너한테 전화했을 때 뭐 하고 있었어?<br>B: Veía una película en el salón.<br>거실에서 영화 한 편 보던 중이었어. |

memo

UNIDAD 12

# ¿Qué hacías de pequeño? Iba al parque de atracciones con mis padres.

PARTE I Recuerdos de la niñez

PARTE II Amistades de la secundaria

© Flickr

## OBJETIVOS

1 과거의 습관이나 반복 행동에 대해 이야기할 수 있다.

2 과거의 사건이나 상황을 묘사할 수 있다.

3 과거의 특정 시점에 진행 중이었던 동작이나 상태를 표현할 수 있다.

PARTE I **Recuerdos de la niñez**

## A. CLAVES CULTURALES

### 은행 업무시간(El horario de los bancos)

- 스페인에서 은행 업무는 주중 오전 8시 30분에 시작하여 오후 2시 혹은 2시 30분에 마감하는 경우가 많습니다. 필요시 은행 업무시간을 개별적으로 확인하는 게 좋습니다.
- 스페인은 유로존(*Eurozone*)에 속하여 유로를 기본 통화로 사용합니다. 지폐로는 5, 10, 20, 50, 100, 200, 500 유로가 있습니다.
- 널리 알려진 스페인의 은행으로는 BBVA 은행(Banco BBVA), 산탄데르 은행(Banco Santander) 등이 있습니다.
- 〈모둠활동〉 스페인어권 국가의 은행 업무시간에 대해 알아보고 모둠원에게 소개해 봅시다.

## B. DIÁLOGO

Javier ¡Hola Lucía! ¿Te acuerdas de tu niñez?

Lucía ¡Uy! Ya no me acuerdo muy bien, pero iba al parque de atracciones en San Sebastián con mis padres.

Javier Yo también iba muchas veces. Y solía pasear al lado del mar.

Lucía ¿Vivías en el País Vasco? No lo sabía.

Javier Es que mi padre era marinero y trabajaba en Gipuzkoa. ¿Y cómo eras entonces?

Lucía Era un poco tímida y veía series en casa a menudo. Sin embargo, me gustaban los deportes. ¿Y tú?

Javier Era un chico extrovertido como ahora.

Lucía Echo de menos aquel tiempo.

### VOCABULARIO

**la niñez:** 어린 시절
**iba:** IR 동사 1, 3인칭 단수 불완료과거형
**solía:** SOLER 동사 1, 3인칭 단수 불완료과거형
**vivías:** VIVIR 동사 2인칭 단수 불완료과거형
**sabía:** SABER 동사 1, 3인칭 단수 불완료과거형
**era:** SER 동사 1, 3인칭 단수 불완료과거형
**el marinero, la marinera:** 선원
**trabajaba:** TRABAJAR 동사 1, 3인칭 단수 불완료과거형
**veía:** VER 동사 1, 3인칭 단수 불완료과거형
**gustaban:** GUSTAR 동사 3인칭 복수 불완료과거형
**ECHAR de menos:** ~을/를 그리워하다

### GRAMÁTICA

¿Vivías en el País Vasco? **No lo sabía.**

- 위 예문에서 lo는 선행 문장의 내용을 지칭하는 중성 목적격 대명사로 사용됩니다.

  예 A: ¿Crees que fue buena idea? (너는) 좋은 아이디어였다고 생각해?
  B: Sí, lo creo. 응, 그렇다고 생각해.

- SABER 동사는 타동사로 직접목적어가 필요하지만, 일반적인 정보나 사실에 대해 모른다고 할 때는 no sé와 같이 사용합니다.

  예 A: ¿Qué hora es? 몇 시야?
  B: No sé. 몰라.

## 1. COMPRENSIÓN

**Step 1.** 앞선 대화문에서 이미 아는 표현(단어)과 모르는 표현(단어)을 구분하여 다음 표를 작성해 봅시다.

| 아는 표현 | | 모르는 표현 | |
|---|---|---|---|
| 스페인어 | 한국어 뜻 | 스페인어 | 한국어 뜻 |
| | | | |
| | | | |
| | | | |
| | | | |
| | | | |

**Step 2.** 대화문이 다음 중 무엇에 관한 내용인지 추론하여 정답 2개를 골라 봅시다. 전체 내용 중 가장 중요하다고 생각하는 문장을 선택하고, 문장 의미를 해석해 봅시다.

① 배구　　② 바닷가 고기 잡이　　③ 놀이공원

④ 공원 산책　　⑤ 바스크 지방 음식　　⑥ 어린 시절 추억

중요 문장: ..............................

**Step 3.** 〈짝활동〉 중요 문장의 의미를 활용하여 Step 2에서 답안을 고른 이유를 짝에게 설명해 봅시다.

## 2. PRONUNCIACIÓN

**Step 1.** 〈짝활동〉 각자 역할을 정한 후 앞선 대화문을 소리 내어 읽어 봅시다. 어색한 발음이 있다면 짝과 토의한 후 최대한 자연스럽게 읽을 수 있도록 연습해 봅시다.

**Step 2.** 녹음된 발음을 듣고 대화문을 따라 읽어 봅시다. 생각했던 발음과 다른 것이 있다면 교수자와 함께 올바른 발음에 대해 토의해 봅시다.

# C. ACTIVIDADES

## 1. 과거의 습관이나 반복 행위 이야기하기

**Step 1.** 〈짝활동〉 주어진 어휘를 활용하여 짝과 함께 대화문의 내용을 해석해 봅시다.

A: Cuando tenía 15 años, me gustaba mucho leer cómics.
B: A mí también. Era muy divertido. ¿Qué más cosas hacías antes?
A: De vez en cuando, cambiaba mi forma de vestir. Iba de compras a menudo para buscar ropa.
B: Así que te interesaba la moda. Yo siempre llevaba un chándal para ir al colegio.

**VOCABULARIO**
de vez en cuando 때때로 a menudo 가끔 el chándal 트레이닝복

**Step 2.** 제시된 단어를 활용하여 나의 과거 습관 및 반복 행위를 표현하는 문장 5개를 만들어 봅시다.

| 동사 표현 | |
|---|---|
| ACOSTARSE tarde 늦게 잠자리에 들다 | SALIR a correr 달리기하러 나가다 |
| INVITAR a cenar 저녁식사에 초대하다 | PONERSE en fila 줄을 서다 |
| DISFRUTAR de ~을/를 즐기다 | TOMAR decisiones 결정하다 |
| QUERER ir a ~에 가기를 원하다 | DAR un paseo 산책하다 |
| SEGUIR la tendencia / moda 유행을 따르다 | QUEJARSE de ~에 대해 불평하다 |
| IR de copas 한잔하러 가다 | TOMAR apuntes 필기하다 |
| CREAR nuevas conexiones con los demás 다른 사람들과 새로운 관계를 맺다 | HACER la compra 장을 보다 |
| PENSAR en ~을/를 생각하다 | PONERSE en forma 적정한 체형을 유지하다 |
| LEVANTARSE temprano 일찍 일어나다 | SACAR buenas notas 좋은 성적을 얻다 |

1. ......................................................

2. ......................................................

3. ......................................................

4. ......................................................

5. ......................................................

**Step 3.** 〈짝활동〉 짝과 함께 과거 취미나 습관에 대해 이야기해 봅시다. 예시(MODELO)를 참고하여 질문하고, 다양한 표현을 사용하여 대답해 봅시다. 짝의 대답은 다음 표에 시간조건 표현 cuando(~할 때)를 활용하여 기록해 봅시다.

**MODELO (대화)**
¿Qué te gustaba hacer cuando eras niño/a? 어렸을 때 너는 뭐 하는 걸 좋아했니?
¿Qué hacías cuando estabas aburrido/a? 따분할 때 뭐 하곤 했니?

| | 짝의 대답 |
|---|---|
| 1 | Cuando mi compañero/a era niño/a, ............. |
| 2 | |
| 3 | |
| 4 | |
| 5 | |

## 2. 먹어 본 음식 묘사하기

**Step 1.** 〈짝활동〉 주어진 어휘를 활용하여 짝과 함께 대화문의 내용을 해석해 봅시다.

© Heidi Donat

A: ¿Qué comida de México probaste en tu viaje a Cancún?
B: Pues, probé la cochinita pibil. Es un famoso guiso de la gastronomía de Yucatán.
A: ¿Y cómo era esa comida?
B: Era muy rica y fresca. Llevaba muchas hierbas aromáticas e ingredientes naturales.

**VOCABULARIO**
el guiso 스튜, 국물 요리

**Step 2.** 제시된 단어의 의미를 찾아보고, 이를 활용하여 내가 먹어 본 음식을 표현하는 문장 5개를 만들어 봅시다. 꼭 스페인어권 음식을 표현하는 것이 아니어도 좋습니다.

| 동사 | 음식 | 장소부사구 |
|---|---|---|
| COMER<br>PROBAR<br>DISFRUTAR<br>ALMORZAR<br>CENAR<br>PREPARAR<br>TRAGAR<br>PICAR | cebiche/ceviche<br>albóndigas<br>bocadillo/bocata de jamón y queso<br>empanada<br>bacalao a la vizcaína<br>marmitako<br>taco, burrito<br>asado argentino<br>rabo de toro | en el restaurante<br>en el comedor universitario<br>en la cafetería<br>en casa |

**MODELO**
Ayer, comí cebiche en un restaurante peruano. 어제 페루 식당에서 세비체를 먹었다.

1. ..........
2. ..........
3. ..........
4. ..........
5. ..........

**Step 3.** 다음 그림 중 먹어 본 음식 4개를 골라 음식을 먹은 장소와 시기, 맛을 표현하는 문장을 만들어 봅시다. 먹어 본 음식의 개수가 4개보다 적다면, 먹어 보고 싶은 음식을 선택하여 과거에 경험해 보았다고 가정해 봅시다.

**MODELO**
La semana pasada, probé la tortilla española en un restaurante muy famoso de comida española. No era muy rica.
지난주 스페인 음식으로 아주 유명한 레스토랑에서 스페인식 토르티야를 맛봤어. 별로 맛있지 않았어.

1. ..........
2. ..........
3. ..........
4. ..........

© Joy

tortilla española

© Krista

gambas al ajillo

© Krista

pulpo a la gallega

© Juan Emilio Prades Bel

merluza a la vasca

© Núria Pueyo

marmitako

© Bernard DUPONT

burrito

© JSeb05

empanada

© Macmanucom

asado argentino

**Step 4.** 〈모둠활동〉 Step 3에서 작성한 내용을 기반으로 스페인어권 음식 경험에 대해 이야기해 봅시다. 예시(MODELO)를 참고하여 음식을 언제, 어디서 먹었고 어떤 맛인지 물어보는 인터뷰를 진행하고, 대화 내용은 다음 표에 정리해 봅시다.

**MODELO (대화)**

¿Alguna vez probaste la tortilla española? 스페인식 토르티야를 맛본 적 있니?
¿Cuándo la probaste? 언제 그것을 맛보았니?
¿Cómo era la tortilla española? 스페인식 토르티야는 어땠어?
¿Dónde comiste la tortilla española por primera vez? 어디서 처음으로 스페인식 토르티야를 먹었어?

| | 음식 | 장소 | 시기 | 맛 |
|---|---|---|---|---|
| 모둠원 1<br>(나) | | | | |
| 모둠원 2 | | | | |
| 모둠원 3 | | | | |
| 모둠원 4 | | | | |

- '음식을 맛보다'라는 표현에는 COMER나 TOMAR 동사가 아닌 **PROBAR 동사**를 주로 사용하며, 이 동사는 '옷이나 장신구를 착용해 보다'라는 의미로도 자주 활용됩니다.

  예 A: ¿Puedo probarme esta chaqueta? 이 자켓 입어 봐도 될까요?
  B: Sí, el probador está allí. 네, 피팅룸은 저기 있어요.

- 지역별 요리법이 다른 경우 **음식명 + a + la + 형용사(여성형)**로 표현합니다.

  예 pulpo a la gallega 갈리시아식 문어 요리
  arroz a la valenciana 발렌시아식 쌀 요리

- 음식의 조리 방식은 **al/a la + 재료 / 조리도구**로 표현합니다.

  예 gambas al ajillo 마늘이 포함된 새우 요리
  pescado al horno 오븐에 익힌 생선 구이

**Step 5.** Step 3, 4에서 작성한 내용 중 나와 모둠원의 음식 경험을 표현하는 문장을 한 개씩 골라 온라인 Classroom에 올려 봅시다. 수업의 전체 구성원과 공유하고 피드백을 나눠 봅시다.

# D. RECAPITULACIÓN

## 1. GRAMÁTICA

### 1) 불완료과거

- 과거에 종결되지 않은 사건, 습관, 묘사, 반복적인 행위 또는 과거에 진행 중이었던 행위를 나타내며, siempre, todos los días, a menudo, de vez en cuando, de pequeño/a, de niño/a, de joven, en aquella época, antes 등과 같은 부사와 함께 쓰입니다.

  예 La clase de español empezaba antes de las nueve y media. 스페인어 수업은 9시 반 이전에 시작했다.
  Carlos iba al gimnasio de tres a cuatro veces a la semana. 카를로스는 일주일에 세네 번 운동하러 갔다.

- 다음은 불완료과거 규칙형의 동사활용으로, 파란색 표시한 어미는 모든 동사에서 동일합니다.

| | HABLAR | COMER | VIVIR |
|---|---|---|---|
| yo | hablaba | comía | vivía |
| tú | hablabas | comías | vivías |
| usted | hablaba | comía | vivía |
| él, ella | hablaba | comía | vivía |
| nosotros, nosotras | hablábamos | comíamos | vivíamos |
| vosotros, vosotras | hablabais | comíais | vivíais |
| ustedes | hablaban | comían | vivían |
| ellos, ellas | hablaban | comían | vivían |

### 2) 단순과거와 불완료과거의 차이

- 불완료과거와 단순과거는 대화와 문맥에서 자주 연결되어 사용됩니다.

| | |
|---|---|
| 단순과거<br>+<br>불완료과거 | A: ¿Por qué no compraste naranjas? 왜 오렌지를 사지 않았어?<br>B: Cuando salí de la oficina, ya estaba cerrado el mercado.<br>사무실에서 나왔을 때, 시장은 이미 닫혀 있었어. |
| 불완료과거<br>+<br>단순과거 | A: ¿Qué estudiabas cuando te encontré en la biblioteca?<br>내가 너를 도서관에서 만났을 때, 무엇을 공부하고 있었니?<br>B: Preparaba el examen de gramática. 문법시험 준비를 하고 있었어. |

- VIVIR 동사를 활용하여 과거의 행위를 나타낼 경우, 과거의 특정 기간 동안 어느 장소에 살았다는 표현에는 단순과거를, 특정 기간을 명시하지 않는다면 불완료과거를 사용합니다.

  예 Cuando era joven, viví en Seúl dos años.
  (나는) 젊은 시절에, 서울에 2년 동안 살았다. (과거의 특정 기간이 이미 완료되었기 때문에 단순과거 사용)
  Cuando era joven, vivía en Seúl.
  (나는) 젊은 시절에, 서울에 살았다. (기간을 특정하지 않았으므로 불완료과거 사용)

- ESTAR 동사를 이용하여 상태를 나타낼 때는 상황에 따라 단순과거와 불완료과거를 다른 의미로 사용할 수 있습니다.

  예 Camila no pudo venir a la fiesta de ayer porque estuvo enferma.
  카밀라는 아팠기 때문에 어제 파티에 갈 수 없었다.
  (아팠지만 현재는 괜찮은 상태로, 아픈 상태가 이미 완료되어 단순과거 사용)
  Camila no pudo venir a la fiesta de ayer porque estaba enferma.
  카밀라는 아팠기 때문에 어제 파티에 갈 수 없었다.
  (아직까지 아플 수도 있는 상태로, 아픈 상태의 완료 여부를 알 수 없으므로 불완료과거 사용)

- IR 불완료과거 + a + 동사원형은 '(실제로는 못했지만) ~하려고 했다'라는 의미로 자주 활용됩니다.

  예 Iba a ir contigo al concierto de Rosalía, pero no pude.
  너하고 같이 로살리아 공연 가려고 했는데 그럴 수 없었어.

### 3) 기타 유의해야 할 문법 및 표현

- 스페인어로 '어렸을 때'는 de niño/a, de pequeño/a, en la niñez, durante la niñez로 나타낼 수 있고, 시간의 접속사 cuando와 연결하여 cuando era niño/a로도 표현됩니다. TENER 동사를 이용하여 특정 나이를 언급하는 시간의 부사구를 연결할 수도 있습니다.

  예 Cuando tenía 20 años, me saqué el carnet de conducir. 저는 20살 때 운전면허를 땄습니다.

## 2. PREPARACIÓN

- UNIDAD 12의 PARTE II에서는 단순과거와 구별되는 불완료과거의 특성을 알아보고, 불완료과거의 불규칙형에 대해 학습합니다. 다음을 미리 학습해 봅시다.

### 1) 단순과거와 불완료과거

- 과거 사건을 동일한 구조로 표현하더라도 단순과거와 불완료과거 사용에 따라 의미가 달라집니다.

  예 Ayer, hubo mucha gente en Atocha. 어제 Atocha에 사람이 많았다. (특정한 순간 일어난 사건임을 강조)
  Ayer, había mucha gente en Atocha. 어제 Atocha에 사람이 많았다. (과거 경험에 대한 묘사)

### 2) 불완료과거의 동사활용: 불규칙형

- 다음은 불완료과거 불규칙형의 동사활용으로, 파란색 표시한 어간은 인칭에 따라 반복됩니다.

| | SER | IR | VER |
|---|---|---|---|
| yo | era | iba | veía |
| tú | eras | ibas | veías |
| usted | era | iba | veía |
| él, ella | era | iba | veía |

## A. CLAVES CULTURALES

© Daniel Lobo

### ◆◆◆ 하루 다섯 번 식사(Comer cinco veces al día)

- 스페인에서는 보통 하루에 다섯 번 정도 식사를 합니다. 오전 9시 이전에 가벼운 아침 식사(desayuno)를 하고 오전 11시쯤 tapa, bocadillo 등으로 간식을 먹습니다(tomar algo de picar).
- 지역별로 차이는 있지만, 점심 식사(almuerzo)는 오후 2~4시에 하고, 오후 5~6시쯤 다시 한 번 간식을 먹는데 이를 merienda라고 부릅니다.
- 저녁 식사(cena)는 오후 8~10시까지 여유를 가지며 즐깁니다.
- 주요 관광지의 식당에서는 스페인의 일반적인 식사 시간보다는 좀 이르지만, 한국과 비슷한 시간에 점심과 저녁 식사를 즐길 수 있습니다.
- 〈모둠활동〉 스페인어권의 식사 습관과 방식에 대해 알아보고, 스페인어권에 속하는 지역·나라별 식사 문화 차이에 대해 모둠원과 이야기를 나눠 봅시다.

## B. DIÁLOGO

| | |
|---|---|
| Camila | Carlos, ¿tenías muchos amigos cuando eras estudiante de bachillerato? |
| Carlos | No muchos. Pero tenía unos amigos muy buenos. Javier era uno de ellos. |
| Javier | ¡Gracias por decir eso! Carlos también era muy buen chico. |
| Camila | ¡Qué amable eres, Carlos! ¿Y tú, Lucía? |
| Lucía | Javier era mi compañero de clase en secundaria y me ayudaba mucho. |
| Carlos | ¡No lo sabía! ¿Cómo era Javier? |
| Lucía | Era muy amable, igual que ahora. Me ayudaba a mejorar mi autoestima y a ser más positiva. |
| Camila | ¡Qué emoción! Son muy buenos amigos. |

### VOCABULARIO

el bachillerato: 고등학교
la secundaria: 중학교
ayudaba: AYUDAR 동사 1, 3인칭 단수 불완료과거형
MEJORAR: 나아지다
la autoestima: 자존감

### GRAMÁTICA

Tenía unos amigos.

- 이 예문에서 unos는 불특정한 '몇몇'을 지칭합니다.
- TENER amigos는 단순히 '친구가 있다'라는 의미지만, TENER algunos amigos는 '특정한 어떤 친구들이 있다'라는 의미입니다.

## 1. COMPRENSIÓN

**Step 1.** 앞선 대화문에서 이미 아는 표현(단어)과 모르는 표현(단어)을 구분하여 다음 표를 작성해 봅시다.

| 아는 표현 | | 모르는 표현 | |
|---|---|---|---|
| 스페인어 | 한국어 뜻 | 스페인어 | 한국어 뜻 |
| | | | |
| | | | |
| | | | |
| | | | |
| | | | |

**Step 2.** 대화문을 읽고, 다음 중 무엇에 관한 내용인지 추론하여 정답 2개를 골라 봅시다. 전체 내용 중 가장 중요하다고 생각하는 문장을 선택하고, 문장 의미를 해석해 봅시다.

① 좋은 추억들　② 고등학교 동창　③ 수학 시험
④ 중학교 생활　⑤ Covid 19　⑥ 어린 시절 친구

중요 문장: ..............................

**Step 3.** 〈짝활동〉 중요 문장의 의미를 활용하여 Step 2에서 답안을 고른 이유를 짝에게 설명해 봅시다.

## 2. PRONUNCIACIÓN

**Step 1.** 〈짝활동〉 각자 역할을 정한 후 앞선 대화문을 소리 내어 읽어 봅시다. 어색한 발음이 있다면 짝과 토의한 후 최대한 자연스럽게 읽을 수 있도록 연습해 봅시다.

**Step 2.** 녹음된 발음을 듣고 대화문을 따라 읽어 봅시다. 생각했던 발음과 다른 것이 있다면 교수자와 함께 올바른 발음에 대해 토의해 봅시다.

# C. ACTIVIDADES

## 1. 나의 과거 경험 표현하기

**Step 1.** 〈짝활동〉 짝과 함께 대화문의 내용을 해석해 봅시다.

A: Oye, el semestre pasado, conocí a un amigo coreano en la clase de español. Y sabía hablar español como nativo.
B: ¿En serio? ¿Hablaba tan bien el español?
A: Sí, me dijo que su familia vivía en México. Era muy simpático y de vez en cuando me enseñaba la gramática del español.
B: ¡Qué bien! En el curso pasado yo también conocí a una amiga de Argentina y era muy amable conmigo.

| 동사 표현 | |
|---|---|
| ENCONTRARSE con alguien 누군가와 만나다 | PEDIR una mano 도움을 요청하다 |
| MOLESTAR a alguien 누군가를 방해하다 | ECHAR una mano 도와주다 |
| ARREGLAR las cosas 일을 정리하다 | QUEDARSE en un sitio 어떤 곳에 남다, 머물다 |
| PERMITIR algo a alguien 누군가에게 어떤 것을 허락하다 | PREOCUPARSE por algo 무언가로 인해 걱정하다 |
| ATENDER a alguien 누군가를 응대하다 | DESCUBRIR algo 무언가를 발견하다 |
| RECOMENDAR algo a alguien 무엇을 누구에게 추천하다 | APARECER 나타나다, 출현하다 |
| CRUZAR la calle 길을 건너다 | OCURRIR / SUCEDER 발생하다, 일어나다 |

**Step 2.** 〈짝활동〉 Step 1에 제시된 단어를 활용하여 나와 짝의 과거 경험이나 상황을 표현하는 문장 5개를 만들어 봅시다.

| 나의 경험 / 상황 | 짝의 경험 / 상황 |
|---|---|
| 1. | 1. |
| 2. | 2. |
| 3. | 3. |
| 4. | 4. |
| 5. | 5. |

**Step 3.** 〈모둠활동〉 각 맥락(Contexto 1~3)에 맞는 대화문을 만들어 봅시다. 예시(MODELO)를 참고하여 모둠원의 역할(A~D)을 정하고, 주어진 상황에 자연스러운 대화문을 구성해 봅시다.

### Contexto 1. Durante el período de exámenes 시험 기간에

**MODELO**

A: ¿Qué te pasa? Estás un poco rojo. 너 무슨 일 있어? 너 얼굴이 조금 상기되어 있어.

B: En la biblioteca de la universidad, había un grupo de estudiantes hablando en voz alta.
대학교 도서관에 한 무리의 학생들이 큰 소리로 얘기하고 있었어.

C: Mañana es el examen y me molestaron esos chicos por el ruido.
내일이 시험인데 그 친구들이 소음을 내서 날 방해했어.

D: A mí también. No estudiaban. Además, estaban ahí sin hacer nada.
나도 마찬가지야. 걔네들 공부를 안 하고 있었어. 더구나 아무것도 안 하고 그냥 거기 있었지.

| | |
|---|---|
| 모둠원 1 (나) | |
| 모둠원 2 | |
| 모둠원 3 | |
| 모둠원 4 | |

### Contexto 2. En una calle cerca de la universidad 대학교 근처 길에서

**MODELO**
A: Ayer hubo un accidente de coche. 어제 교통사고가 있었어.
B: ¿Viste la escena? Estaba paralizado de miedo. (사고) 장면을 봤어? 무서워서 몸을 움직일 수 없었어.
C: Sí, era horrible. La vi cuando cruzaba el semáforo. 응, 너무 끔찍했어. (나는) 신호등을 건널 때 그걸 봤어.
D: Hay que tener mucho cuidado con los coches. 차를 항상 조심해야 해.

| | |
|---|---|
| 모둠원 1 (나) | |
| 모둠원 2 | |
| 모둠원 3 | |
| 모둠원 4 | |

### Contexto 3. En el centro comercial Starfield Coex 스타필드 쇼핑몰에서

**MODELO**
A: El 15 de diciembre de 2023, arrancaron las rebajas de invierno. 2023년 12월 15일에 겨울 세일이 시작됐어.
B: ¿Sabías que había un evento de inauguración el día anterior? 전날 개막 행사가 있었다는 거 알고 있었어?
C: Sí, claro. Fui allí con mis padres. 응, 물론이지. 부모님과 거기 갔었어.
D: Había un montón de cosas; ropas, zapatos, accesorios, etc.
엄청나게 많은 것들이 있었어. 옷, 구두, 악세서리 등.

| | |
|---|---|
| 모둠원 1 (나) | |
| 모둠원 2 | |
| 모둠원 3 | |
| 모둠원 4 | |

## 2. 학교에서 있었던 일 묘사

**Step 1.** 〈짝활동〉 주어진 어휘를 활용하여 짝과 함께 대화문의 내용을 해석해 봅시다.

© Ch-info.ch

Lucía: Oye, Javi. ¿Por qué no viniste ayer a la fiesta de fin de curso?

Javier: Perdona, es que anteayer vino mi hermano a verme y no me daba tiempo a llegar al evento.

Lucía: Te perdiste el gran momento en que Camila bailó con un chico muy atractivo. ¿A qué sí, Camila?

Camila: ¡Qué va! Fue por casualidad y nada más.

Carlos: Si no recuerdo mal, estuvimos cantando y bebiendo durante todo el concierto de Rosalía. Sin embargo, en la fiesta no había muchos estudiantes de primer año.

Camila: Además, el pinchadiscos nos ponía todo el rato canciones muy aburridas.

Javier: Bueno, pero hoy va a haber un sorteo con muchos regalos.

Carlos: ¿Por qué no vamos ahora mismo? ¡Vámonos!

**VOCABULARIO**

¿A qué sí? 맞지?
¡Qué va! 그럴리가!
por casualidad 우연에 의한
Nada más. 다른 건 없어.
el pinchadiscos 디제이(DJ)
el sorteo (경품 등의) 추첨
¡Vámonos! 우리 함께 가자!

**Step 2.** Step 1의 대화문을 참고하여 과거 고등학교나 대학교 축제에서 경험한 일을 묘사하는 문장 5개를 만들어 봅시다.

1. ..........

2. ..........

3. ..........

4. ..........

5. ..........

**Step 3.** 〈모둠활동〉 각 맥락(Contexto 1~3)에 맞는 대화문을 만들어 봅시다. 예시(MODELO)를 참고하여 모둠원의 역할(A~D)을 정하고, 주어진 상황에 자연스러운 대화문을 구성해 봅시다.

### Contexto 1. En la fiesta universitaria 대학 축제에서

**MODELO**
A: En mayo, fui allí con unos viejos amigos de mi barrio. 5월에 오래 알고 지낸 동네 친구들과 거기 갔어.
B: Vino el grupo NewJeans. Y unos cantantes también. 뉴진스가 왔어. 다른 가수들도 왔어.
C: Disfruté mucho con su música y el baile. 가수들 노래와 춤을 엄청 즐겼어.
D: Me gustaron también las canciones de balada. 난 발라드 곡들도 좋았어.

| | |
|---|---|
| 모둠원 1 (나) | |
| 모둠원 2 | |
| 모둠원 3 | |
| 모둠원 4 | |

### Contexto 2. En la clase fuera del campus 교외 교육에서

**MODELO**
A: Cuando preparábamos la cena, llovía mucho. 우리가 저녁 식사를 준비할 때 비가 많이 오고 있었어.
B: ____________________
C: ____________________
D: ____________________

| | |
|---|---|
| 모둠원 1 (나) | |
| 모둠원 2 | |
| 모둠원 3 | |
| 모둠원 4 | |

### Contexto 3. En la reunión del club 동아리 회의 / 모임에서

**MODELO**

A: Antes, solía llevarme bien con todo el mundo, pero ya no me interesa mucho.
전에 나는 모든 사람들과 잘 지내곤 했는데, 이제는 별로 개의치 않아.

B: ..........

C: ..........

D: ..........

| | |
|---|---|
| 모둠원 1 (나) | |
| 모둠원 2 | |
| 모둠원 3 | |
| 모둠원 4 | |

**Step 4.** Step 2, 3에서 작성한 내용 중 가장 자연스러운 대화문을 골라 온라인 Classroom에 올려 봅시다. 수업의 전체 구성원과 공유하고, 피드백을 나눠 봅시다.

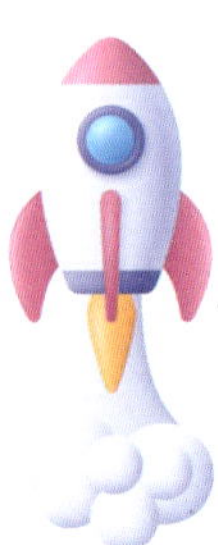

# D. RECAPITULACIÓN

## 1. GRAMÁTICA

### 1) 불완료과거

- 동일한 사건을 표현하더라도 단순과거와 불완료과거 중 어떤 형태를 사용하느냐에 따라 의미에 차이가 있습니다.

  예 Ayer hubo mucha gente en Atocha. 어제 Atocha에 사람이 많았다. (과거 사실에 대한 단순한 언급)
  Ayer había mucha gente en Atocha. 어제 Atocha에 사람이 많았다. (과거 경험에 대한 묘사)

- 불완료과거는 **과거에 지속되었던 상태**를 표현할 때 씁니다.

  예 El verano pasado Camila estuvo en Ibiza.
  지난 여름 카밀라는 이비사섬에 있었다. (지난 여름이라는 한정된 기간 안에 완료된 일)
  Camila estaba en Ibiza cuando empezó la huelga.
  파업이 시작되었을 때, 카밀라는 이비사섬에 있었다.
  ('파업이 시작된' 전후에 카밀라가 이비사섬에 계속 있었다는 시간적 배경 설정)

- 다음은 불완료과거의 동사활용으로, 불완료과거의 불규칙동사는 SER, IR, VER 동사 총 3개입니다. 그 외에는 모두 규칙형을 취합니다. 파란색으로 표시한 어간은 인칭에 따라 계속 반복됩니다.

| | SER | IR | VER |
|---|---|---|---|
| yo | era | iba | veía |
| tú | eras | ibas | veías |
| usted | era | iba | veía |
| él, ella | era | iba | veía |
| nosotros, nosotras | éramos | íbamos | veíamos |
| vosotros, vosotras | erais | íbais | veíais |
| ustedes | eran | iban | veían |
| ellos, ellas | eran | iban | veían |

### 2) 기타 유의해야 할 문법 및 표현

- 중성 관사 lo가 포함되는 **lo + 형용사**는 명사로 간주되어 '~하는 것'이라는 의미로 사용됩니다.

  예 lo necesario, lo bonito

- 중성 관사 lo는 SER와 ESTAR 동사를 사용한 문장에서 언급된 형용사를 대체할 수 있습니다.

  예 A: ¿Estás cansada?
  B: Sí, lo estoy.

- PEDIR 동사를 이용해 '~에게 도움을 요청하다'를 표현할 경우 부정관사를 포함한 una mano가 사용됩니다.

  예 Javier me pidió una mano. 하비에르는 나에게 도움을 요청했다.
  cf. Javier me pidió la mano. 하비에르는 나에게 청혼했다.

- ECHAR 동사를 이용해 '~에게 도움을 주다'를 나타낼 때도 주로 부정관사를 포함한 una mano가 쓰입니다.

  예 Javier me echó una mano. 하비에르는 나에게 도움을 주었다.

- PREOCUPAR 동사는 간접목적격 대명사와 함께 사용될 수 있습니다. 이때 PEOCUPAR 동사는 GUSTAR 동사를 활용한 구문과 유사하게 나타납니다.

  예 A Lucía le preocupaba el resultado del examen de coreano.
  루시아는 한국어 시험 결과를 걱정했다.

- PREOCUPAR 동사는 대명사 se와 함께 사용될 수 있으며, 이 경우 전치사 por를 활용하여 걱정하는 이유를 표현할 수 있습니다.

  예 Lucía se preocupaba por el resultado del examen de coreano.
  루시아는 한국어 시험 결과 때문에 걱정했다.

부록 I

# 대화문 번역

## UNIDAD 2. PARTE I

선생님 안녕하세요! 스페인어 수업에 오신 것을 환영합니다.

카밀라 안녕하세요! 좋은 아침입니다.

선생님 저는 파울라 선생입니다. 여러분은요?

하비에르 안녕하세요, 파울라 선생님. 저는 하비에르입니다.

선생님 하비에르, 만나서 반가워요. 그리고 학생(너), 학생(네) 이름은 뭔가요?

루시아 저요? 제 이름은 루시아입니다.

선생님 반가워요, 루시아.

카밀라 안녕하세요, 선생님. 저는 카밀라입니다.

선생님 만나서 반가워요, 카밀라. 그리고 학생(너), 학생은(너는) 누군가요?

카를로스 저는 카를로스입니다. 반갑습니다.

선생님 저도요. 좋아요, 여러분, 내일 만나요.

하비에르 안녕히 계세요, 선생님!

## UNIDAD 2. PARTE II

[하비에르의 소개글]

안녕. 내 이름은 하비에르야. 나는 스페인어과 학생이야.

나는 키가 크고 약간 뚱뚱한 편이야. 그리고, 낙천적이고 외향적이야.

나의 가장 친한 친구는 카를로스야. 카를로스는 공학도야.

키는 크지 않아. 인내심이 있고 책임감이 있어.

내가 가장 좋아하는 배우는 톰 홀랜드야. 그는 영국 출신이야.

키가 작고 날씬해. 매우 재미있는 사람이야.

톰 홀랜드 영화 중 내가 가장 좋아하는 것은 〈스파이더 맨 노웨이홈〉이야.

내가 가장 좋아하는 가수는 로살리아야. 바르셀로나 출신의 스페인 사람이야.

키는 중간 정도야. 활동적이고 사교적인 성격이야.

로살리아의 노래는 아주 좋아.

## UNIDAD 3. PARTE I

[전화 통화 중]

루시아 카밀라, 안녕! 오랜만이야!

카밀라 안녕, 루시아. 잘 지내?

루시아 난 괜찮아. 넌? 칠레 여행은 어때?

카밀라 완벽해! 칠레는 멋진 나라야.

루시아 너무 좋다! 지금은 어디에 있어?

카밀라 산티아고 데 칠레에 있어.

루시아 칠레의 수도지?

카밀라 응, 여기서 매우 행복하게 지내고 있어.

루시아 잘 됐다! 보고 싶어. 곧 만나!

## UNIDAD 3. PARTE II

카밀라 실례합니다. 저는 관광객이고 길을 잃었어요. 여기가 혹시 어디인가요?

행인 아르마스 광장이요.

카밀라 정말 감사합니다. 그럼 메트로폴리타나 대성당은 어디에 있나요?

행인 이 광장의 왼편에 있어요. 여기서 아주 가까워요.

카밀라 왼쪽이요?

행인 네, 그러니까, 이 광장과 전 칠레 국회의사당 사이에 있어요.

카밀라 알겠습니다! 정말 고마워요!

행인 천만에요. 즐거운 여행 되길 바라요!

## UNIDAD 4. PARTE I

하비에르 루시아, 안녕. 오늘 기분 어때?

루시아 안녕, 하비에르. 기분 어때?

하비에르 좋아, 근데 배고파. 너도 배고파?

루시아 응, 많이 배고파. 지금 몇 시야?

하비에르 12시 30분이야. 뭐 좀 먹을래?

루시아 좋아. 엠파나다 어때?

하비에르 완벽해! 오늘은 내가 살게.

루시아 정말? 넌 최고야. 고마워!

하비에르 하하, 천만에.

## UNIDAD 4. PARTE II

카밀라 안녕, 루시아!
루시아 안녕, 카밀라! 그거 네 새 가방이야?
카밀라 응, 보고 싶니? 가방 안에 많은 것들이 있어.
루시아 당연하지, 어서!
카밀라 우선, 아이패드가 있어. 그리고, 초콜릿이 있어.
루시아 초콜릿?
카밀라 응, 난 항상 배가 고프니까.
루시아 그래? 하하. 또 뭐 있어?
카밀라 향수 여러 개.
루시아 여러 개? 몇 개?
카밀라 세 개, 나 향수를 많이 좋아하거든.
루시아 아, 그렇구나! 또 다른 것은 더 없어?
카밀라 음, 마지막으로, 책이 한 권 있어.
루시아 아, 네가 가장 좋아하는 작가의 책이지, 맞지?
카밀라 정답!

## UNIDAD 5. PARTE I

하비에르 루시아, 평소 아침에는 뭘 해?
루시아 학교에 오기 전에는 부모님과 집에서 아침 먹어.
하비에르 부럽다! 나는 기숙사에 혼자 살아서 학생식당에서 혼자 아침 먹는데. 학교에는 어떻게 오니?
루시아 난 캠퍼스에서 가까운 곳에 살아. 주로 걸어서 오고. 가끔 학교 셔틀버스도 타. 너는 아침 먹고 뭐 하니?
하비에르 나는 학교 스포츠센터 수영장에 가. 그리고 일주일에 세 번은 거기서 수영을 해. 그런데 너도 하는 운동 있니?
루시아 그럼 물론이지. 나는 여동생과 우리 동네 공원을 매일 뛰고 있어.

## UNIDAD 5. PARTE II

카를로스 (우리) 스페인어 수업에 이번 금요일까지 해야 하는 과제 있나?
카밀라 응, 아직 과제 안 했어? 이번 학기를 위한 일주일 계획을 세워야 해.
카를로스 이럴 수가! 오늘이 목요일이네. 과제 할 시간이 많이 없구나. 너는?
카밀라 나도 안 했어. 그럼, 우리 지금 함께 하자. 어때?
카를로스 훌륭한 생각이야! 완전히 동의해.
카밀라 내가 시작해 볼게. 월요일에는 뭘 하니?
카를로스 나는 월요일마다 학원에서 파이썬을 배워. 요즘, 컴퓨터 프로그램 언어를 배우는 게 매우 즐겁거든. 너는 화요일에 뭐 하니?
카밀라 나는 내 룸메이트와 화요일마다 테니스를 쳐. 기숙사 근처에 코트가 있거든. 경기가 끝나면, 우리는 내가 제일 좋아하는 바에서 맥주를 마셔.

## UNIDAD 6. PARTE I

하비에르 주말에 뭐 하는 거 좋아하니?
루시아 나는 넷플릭스 시리즈 보는 걸 좋아해.
하비에르 네가 제일 좋아하는 시리즈는 뭐야?
루시아 〈종이의 집〉이야. 스페인에서 만든 시리즈지.
하비에르 정말? 나도 그 시리즈 좋아해. 나는 서스펜스, 액션, 미스터리 장르의 시리즈를 좋아해.
루시아 이번 주말에 새로운 에피소드가 나와. 나랑 같이 보지 않을래?
하비에르 그럼, 물론이지. 토요일 오후에 너희 집에 방문할게.

## UNIDAD 6. PARTE II

카를로스 카밀라, 잘 지내니? 너 정말 피곤해 보여.
카밀라 나 너무 지쳤어. 오늘 수업이 총 네 개야. 두 개는 아침, 두 개는 오후.
카를로스 지금은 무슨 수업 들어?
카밀라 지금은 스페인어 수업에 갈 거야. 난 새로운 언어 배우는 걸 좋아하거든.
카를로스 나도 마찬가지야. 근데 수업은 어떠니? 재밌니?
카밀라 응, 정말 즐거워. 친구들과 스페인어로 많이 말하고, 다양하고 참신한 활동들도 해.
카를로스 멋지다! 나도 그 수업 수강하고 싶네. 근데 궁금한 게 하나 있어. 수업에 태블릿 가져가도 되니?
카밀라 그럼, 물론이지. 선생님이 우리한테 수업시간에 태블릿으로 필기하라고 권하셨는걸.

## UNIDAD 7. PARTE I

하비에르 루시아, 이번 방학에 계획이 있니?
루시아 아니, 아직 없어. 너는 뭔가 계획이 있니?
하비에르 그럼 물론이지! 난 멕시코를 여행할 계획이야. 칸쿤 해변에 가 보고 싶거든.
루시아 정말 좋은 생각이야! 나도 일을 시작하기 전에 유럽 지역 중 한 곳을 여행하고 싶어.

하비에르 그럼 유럽 어디로 여행 가고 싶어?
루시아 스페인을 여행하고 싶어. 그 나라엔 여행지가 매우 많거든.
하비에르 멋지다! 어떤 도시를 가 보고 싶니?
루시아 나는 바르셀로나를 방문하고 싶어. 사그라다 파밀리아 성당을 보고 싶거든.
하비에르 훌륭해! 언젠가 나도 그곳을 가 보고 싶어. 가우디의 멋진 작품이잖아.

## UNIDAD 7. PARTE II

루시아 하비에르, 운전할 줄 아니? 요즘 나는 운전면허학원에서 운전을 배우고 있어.
하비에르 아니, 아직. 하지만 나도 졸업하기 전에 배워야 해. 운전면허학원에는 일주일에 몇 번 가?
루시아 일주일에 세 번 가야 해. 그래서 이번 달은 매우 바빠. 우리 같이 배울래?
하비에르 좋은 생각이다! 학교에서 멀리 있니?
루시아 아니, 버스로 30분이면 도착해. 혹시 칸쿤 레스토랑에 가 봤니?
하비에르 멕시코 음식 파는 식당 말이지? 응, 가 봤어.
루시아 운전면허학원은 그 식당 맞은편에 있어.

## UNIDAD 8. PARTE I

하비에르 시간이 진짜 빨리 흐르네. 벌써 12월이야. 믿을 수가 없어.
루시아 크리스마스 주간은 누구와 함께 보낼 거야?
하비에르 언제나처럼 가족들과 함께 보낼 예정이야. 그럼 넌 크리스마스 주간에 뭐 할 예정이야?
루시아 이번에는 미국에 있는 사촌들을 방문하려고.
하비에르 어느 도시를 방문할 예정이야?
루시아 샌프란시스코에 갈 거야. 거기에 사촌이 세 명 있거든.
하비에르 (정말) 좋겠다! 샌프란시스코에서는 어떤 곳을 방문할 예정이야?
루시아 먼저, 금문교(*Golden Gate Bridge*)와 롬바드 거리(*Lombard Street*)를 방문하려고.
하비에르 샌프란시스코에는 유명한 곳이 많지. 트램도 탈 거지?
루시아 그럴 것 같아. 그 후에는 차를 타고 로스앤젤레스로 여행할 예정이야.
하비에르 좋은 생각이야!
루시아 또, 캘리포니아에 있는 미션을 방문하고 싶어. 21개의 미션이 있다고 하더라고.
하비에르 너에게 잊지 못할 여행이 되겠다.

## UNIDAD 8. PARTE II

카를로스 이 수업 후에 뭐 할 예정이야?
카밀라 유튜브에서 La Liga 축구 경기를 볼 예정이야. 넌?
카를로스 이런 우연이! 나도 La Liga를 지켜 보는 걸 좋아해. 네가 가장 좋아하는 팀은 어느 팀이야?
카밀라 나는 FC 바르셀로나 팬이야. 너는?
카를로스 이럴 수가! 나도 역시 그 팀의 팬이야.
카밀라 다음 방학에는 캄노우 경기장을 방문할 예정이야.
카를로스 정말 부럽다! 나도 그 경기장을 가 보고 싶어.
카밀라 (그 경기장은) 1월 1일, 1월 6일, 9월 24일, 12월 25일을 제외하고 연중무휴더라.
카를로스 그럼, 동방박사의 날이나 크리스마스에는 안 여는구나.
카밀라 그렇지. 얼른 가서 내가 좋아하는 선수들을 직접 응원하고 싶어.

## UNIDAD 9. PARTE I

[전화 통화 중]
하비에르 여보세요?
루시아 안녕, 하비에르! 좋은 아침이야. 지금 뭐 하는 중이야? 우리 다음 주에 시험이 있잖아.
하비에르 마침 지금 밀린 숙제에 대해서 생각하고 있었어. 너는 뭐 하는 중이야?
루시아 방금 도서관에 도착해서 시험을 준비하기 위한 책 몇 권을 찾는 중이야.
하비에르 정말 일찍 일어나는구나! 아침 9시인데 이미 도서관에 가 있네.
루시아 장학금을 받으려면 좋은 성적을 받아야 해.
하비에르 너는 항상 장학금을 받잖아. 나는 한 시간 안에 학교로 출발할 예정이야.
루시아 알았어. 우리 곧 보자.

## UNIDAD 9. PARTE II

점원 안녕하세요. 무엇을 도와드릴까요?
루시아 안녕하세요. (저는) 올리브 오일 한 병을 찾고 있어요. 좋은 품질의 것이 있나요?
점원 그렇습니다. 저희는 엑스트라 버진급의 아주 좋은

브랜드 제품을 가지고 있습니다. 스페인산이에요.

루시아 (정말) 좋아요! 몇 개 좀 볼 수 있을까요?

점원 물론이죠.

루시아 이 가게에는 또 뭐가 있나요? 한국에 있는(혹은 한국인) 친구들에게 특산품을 선물하고 싶어요.

점원 투론(스페인식 디저트) 몇 팩을 가져가시는 것을 추천합니다.

루시아 아주 좋은 생각이에요. 투론 한 팩은 얼마인가요?

점원 8유로입니다.

루시아 그럼, 저는 (투론) 세 팩과 올리브 오일 두 병을 살게요.

점원 바로 가져다 드리겠습니다.

루시아 정말 친절하시네요. 감사합니다.

## UNIDAD 10. PARTE I

하비에르 안녕, 루시아? 네 헤어스타일 마음에 들어.

루시아 정말? 어제 미용실에 머리 자르러 갔었어.

하비에르 잘 어울려. 그건 그렇고, 지난주에 뭐 했어?

루시아 저녁에 외식하려고 부모님을 찾아 뵈었어. 지난 토요일은 아버지 생신이었어.

하비에르 잘됐네, 부모님과 어디서 저녁을 먹었어?

루시아 마요르 광장 근처의 페루 레스토랑에서 먹었어.

하비에르 페루의 대표 음식을 주문했겠네?

루시아 응, 그 유명한 세비체를 주문했어. 그거 먹어 볼 만해.

하비에르 멋지네! 언젠가 나도 먹어 보고 싶어.

## UNIDAD 10. PARTE II

하비에르 오랜만이야! 지난 여름 휴가는 어땠어?

루시아 아주 좋았어, 칸쿤에서 일주일 동안 휴가를 보냈어.

하비에르 정말 부럽네! 여행은 어땠어?

루시아 멕시코 친구들과 즐거운 시간을 보냈어.

하비에르 그곳에서 무엇을 했어?

루시아 유명한 델피네스 해변에 가서 일광욕도 하고 수영도 좀 했어.

하비에르 여행에서 또 어떤 일을 했어?

루시아 고고학적으로 의미가 있는 마야 문명 유적지를 보기 위해 툴룸을 방문해서 성, 사원, 아름다운 자연 경관을 보았어.

하비에르 멋지네! 넌 그럴 자격이 있어.

루시아 넌 어땠어? 여름에 흥미로운 일을 좀 했어?

하비에르 가족과 함께 바르셀로나에서 며칠을 보냈어.

## UNIDAD 11. PARTE I

카를로스 안녕, 하비에르! 지난 학기는 어땠어?

하비에르 한 과목에서 낙제해서 별로 좋지 않았어.

카를로스 안됐네! 어떤 과목에서 낙제했어?

하비에르 수학이야. 하지만 다른 과목은 통과했어. (카를로스) 넌 몇 과목을 들었어?

카를로스 선택과목은 세 과목밖에 안 들었지만, 카밀라와 함께 다양한 학술 활동에 참여했어.

카밀라 응, 맞아. 우리는 정말 멋진 활동들을 많이 했어. 무엇보다 좋았던 건 언어 교환 동아리였어. 학생들이 정말 많았어.

카를로스 난 (지난 학기에) 다른 나라에서 온 새로운 친구들을 만나서 매우 만족스러웠어.

## UNIDAD 11. PARTE II

카를로스 얘들아! 산페르민 축제에 대해 아는 사람 있니?

하비에르 물론이지. 스페인 나바라 지방의 팜플로나에서 1324년부터 시작된 축제야.

루시아 어제 TV에서 뉴스를 봤는데, 산페르민의 투우장에서 여러 가지 사건이 일어났다고 하더라.

카를로스 안타깝네! 이 축제가 왜 유명하지?

하비에르 아주 오래된 지역 축제야. 산페르민은 1920년대에 어니스트 헤밍웨이가 소설 『태양은 다시 떠오른다』에서 이 축제를 묘사하면서 세계적인 명성을 얻었어.

카밀라 잘 알고 있네, 하비에르!

루시아 당연하지. 걔는 역사학도거든.

## UNIDAD 12. PARTE I

하비에르 안녕, 루시아! 너는 어린 시절을 기억하니?

루시아 후, 잘 기억은 안 나지만, 부모님과 산세바스티안에 있는 놀이공원에 자주 갔었어.

하비에르 나도 자주 가곤 했어. 그리고 바닷가를 산책하곤 했어.

루시아 바스크 지방에 살았었어? 그건 몰랐네.

하비에르 우리 아버지는 선원이었고 기푸스코아에서 일하셨어. 넌 그때 어떤 애였어?

루시아 난 수줍음이 많아서 집에서 드라마(시리즈)를 자주 봤어. 하지만 스포츠를 좋아했었어. 너는?

하비에르 나는 지금처럼 외향적인 아이였어.
루시아 그때가 그립네.

## UNIDAD 12. PARTE II

카밀라 카를로스, 고등학생 때 친구 많았어?
카를로스 많지는 않았어. 하지만 아주 좋은 친구들이 있었어. 하비에르도 그중 하나였어.
하비에르 그렇게 말해 줘서 고마워! 카를로스도 아주 좋은 친구였어.
카밀라 정말 착하네, 카를로스! 루시아 너는?
루시아 하비에르는 중학교 때 동급생이었고 나를 많이 도와줬어.
카를로스 그건 몰랐네! 하비에르는 어떤 친구였어?
루시아 그는 지금처럼 매우 친절했어. 내가 자존감을 높이고 더 긍정적인 사람이 되도록 도와줬어.
카밀라 감동적이다! 너희들은 정말 좋은 친구야.

부록 II

# 어휘집

| 단어/표현 | 품사 | 뜻 |
|---|---|---|
| a la derecha | 부사 | 오른쪽에, 오른편에 |
| a la izquierda | 부사 | 왼쪽에, 왼편에 |
| a menudo | 부사 | 종종, 자주 |
| a pie | 부사 | 걸어서 |
| a través de | 전치사 | ~을/를 통해 |
| a veces | 부사 | 가끔, 때때로 |
| abierto, ta | 형용사 | 개방적인, 열린 |
| abril | 명사 | 4월 |
| abrir | 동사 | 열다 |
| abstracto, ta | 형용사 | 추상적인 |
| abuelo, la | 명사 | 할아버지, 할머니<br>(남성 복수 명사: 조부모님) |
| aburrido, da | 형용사 | 지루한, 따분한 |
| academia | 명사 | 학원, 학회 |
| académico, ca | 형용사 | 학업의 |
| acampar | 동사 | 캠핑하다 |
| acceder | 동사 | 들어가다, 진입하다 |
| aceite | 명사 | (올리브) 기름, 식용유 |
| acostarse | 동사 | 잠자리에 들다 |
| actividad | 명사 | 활동 |
| activo, va | 형용사 | 활동적인, 활발한 |
| actor, actriz | 명사 | 배우 |
| acuerdo | 명사 | 동의, 일치, 협조 |
| adaptarse a | 동사 | ~에 적응하다 |
| además | 접속사 | 게다가, 더욱이 |
| adicto, ta | 형용사 | ~에 중독된 |
| Administración Empresarial | 명사 | 경영학 |
| Administración y Dirección de Empresas | 명사 | 경영학 |
| adónde, a dónde | 부사 | 어디에, 어느 곳 |
| aficionado, da | 형용사 | 좋아하는, 열중하는 |
| agencia | 명사 | 여행사 |
| agosto | 명사 | 8월 |

| 단어/표현 | 품사 | 뜻 |
|---|---|---|
| agotado, da | 형용사 | 매우 지친, 매우 피곤한 |
| agradable | 형용사 | 붙임성이 좋은, 상냥한 |
| agua | 명사 | 물 |
| ahí | 지시사 | 거기 |
| ahora | 부사 | 지금 |
| ajedrez | 명사 | 체스 |
| ajillo | 명사 | 마늘 |
| al lado de | 부사 | ~의 측면에, 옆에 |
| alcázar | 명사 | (이슬람식) 성(城) |
| alegre | 형용사 | 쾌활한, 명랑한, 즐거운 |
| alegría | 명사 | 기쁨 |
| alérgico, ca | 형용사 | ~에 알레르기가 있는 |
| algo | 부정(不定)어 | 어떤 것, 무언가 (*something*) |
| alguien | 부정(不定)어 | 누군가 |
| alguno, na | 부정(不定)어 | 어떤 것<br>(남성 단수 명사 앞에서는 algún) |
| amable | 형용사 | 친절한 |
| amarillo, lla | 형용사 | 노란색의 |
| América | 명사 | 아메리카 대륙 |
| amigo, ga | 명사 | 친구 |
| amor | 명사 | 사랑 |
| animar | 동사 | 응원하다, 생기를 불어넣다 |
| año | 명사 | ~살, 해, 년 (*year*) |
| anoche | 부사 | 어젯밤 |
| anteayer | 부사 | 그저께 |
| antelación | 명사 | 미리, (시간적인) 선행 |
| antemano | 명사 | 미리, 사전에 |
| antes de | 부사 | ~전에 |
| antiguo, gua | 형용사 | 오래된 |
| aparecer | 동사 | 나타나다 |
| aprender | 동사 | 배우다 |
| aprobado | 명사 | 합격 |

| 단어/표현 | 품사 | 뜻 |
| --- | --- | --- |
| aprobar | 동사 | 합격하다 |
| aprovechar | 동사 | ~을/를 이용하다, 활용하다 |
| apunte | 명사 | 노트 필기, 기록, 메모 |
| aquel, aquella | 명사 | 저것 |
| aquel, aquella | 형용사 | 저 |
| aquí | 지시사 | 여기 |
| árabe | 형용사 | 아랍의 |
| Aragón | 명사 | 아라곤 (지명) |
| árbol | 명사 | 나무 |
| aromático, ca | 형용사 | 향기가 나는 |
| arqueológico, ca | 형용사 | 고고학적인 |
| arrancar | 동사 | 시작하다, 시동을 걸다 |
| arreglar | 동사 | 정리하다 |
| arrepentirse de | 동사 | ~에 대해 후회하다 |
| arroz | 명사 | 쌀 |
| asignatura | 명사 | 교과목 |
| asistir | 동사 | 참가하다, 참여하다, 참석하다 |
| astronomía | 명사 | 천문학 |
| asustado, da | 형용사 | 놀란 |
| atender | 동사 | 응대하다, 돌보다, 주의하다, 유의하다 |
| atento, ta | 형용사 | 주의 깊은 |
| Atlántico, ca | 형용사 | 대서양의 |
| atracción | 명사 | 흥미, 매력 |
| atractivo, va | 형용사 | 매력적인 |
| aula | 명사 | 강의실, 교실 |
| auricular | 명사 | 이어폰 |
| auricular | 형용사 | 청각의 |
| ausencia | 명사 | 결석, 부재 |
| autobús | 명사 | 버스 |
| autoescuela | 명사 | 운전면허학원 |
| autoestima | 명사 | 자존감 |
| avión | 명사 | 비행기 |
| avisar | 동사 | 알리다, 보고하다 |
| ayer | 부사 | 어제 |
| ayudar | 동사 | 돕다, 도와주다 |
| azul | 형용사 | 파란색의 |
| bachillerato | 명사 | 고등학교 |
| bailar | 동사 | 춤추다 |

| 단어/표현 | 품사 | 뜻 |
| --- | --- | --- |
| bajo, ja | 형용사 | 키가 작은, 높이가 낮은 |
| baloncesto | 명사 | 농구 |
| bandeja | 명사 | 쟁반 |
| banquete | 명사 | 연회, 진수성찬, 축하연, 뷔페 |
| bar | 명사 | 술집, 바 |
| barato, ta | 형용사 | 값이 싼 |
| barco | 명사 | 배 (운송수단, 교통수단) |
| barrio | 명사 | 동네, 지역, 구 |
| bastante | 형용사 | 상당한 |
| bastión | 명사 | 보루 |
| batería | 명사 | 타악기, 포대 |
| beber | 동사 | 마시다 |
| beca | 명사 | 장학금 |
| bellas artes | 명사 | 예술학 |
| biblioteca | 명사 | 도서관 |
| bien | 부사 | 잘, 꽤 |
| billete | 명사 | 표 |
| Biología | 명사 | 생물학 |
| blanco, ca | 형용사 | 하얀색의 |
| bocadillo | 명사 | (스페인식) 샌드위치, 보카디요 |
| bolos | 명사 | 볼링 |
| bolsa | 명사 | (모든 종류의) 가방 |
| bolso | 명사 | 핸드백 |
| bonito, ta | 형용사 | 예쁜, 귀여운 |
| botella | 명사 | 병, 유리병 |
| bueno | 감탄사 | 좋습니다 |
| bueno, na | 형용사 | 좋은 |
| buscar | 동사 | 찾다 |
| cabeza | 명사 | 머리 |
| café | 명사 | 커피, 커피숍 |
| cafetería | 명사 | 카페, 커피숍 |
| caja | 명사 | 상자 |
| calidad | 명사 | 질, 품질, 자질 |
| caliente | 형용사 | 뜨거운, 더운 |
| calle | 명사 | 거리 |
| calor | 명사 | 더위 |
| caminar | 동사 | 걷다, 걸어가다 |
| camisa | 명사 | 셔츠 |

| 단어/표현 | 품사 | 뜻 |
|---|---|---|
| campamento | 명사 | 캠핑 |
| campus | 명사 | 캠퍼스 |
| canal | 명사 | 운하, 수로, 해협 |
| cancelar | 동사 | 취소하다, 무효로 하다 |
| cancha | 명사 | 경기장, 코트 |
| canción | 명사 | 노래 |
| cansado, da | 형용사 | 피곤한 |
| cantante | 명사 | 가수 |
| cantar | 동사 | 노래하다 |
| capital | 명사 | 수도 |
| carne | 명사 | 육류 |
| carne de res | 명사 | 쇠고기 |
| caro, ra | 형용사 | 비싼 |
| carrera | 명사 | 전공 |
| carta | 명사 | 편지, 서류 |
| cartera | 명사 | 지갑 |
| casa | 명사 | 집 |
| casi | 부사 | 거의 |
| caso | 명사 | 경우, 사례 |
| castillo | 명사 | 성(城), 성채 |
| casualidad | 명사 | 우연 |
| catalán, na | 형용사 | 카탈루냐의 |
| catedral | 명사 | 대성당 |
| catorce | 명사 | 14, 열넷 |
| celebrarse | 동사 | 행사를 개최하다, 축하하다 |
| cena | 명사 | 저녁 식사 |
| cenar | 동사 | 저녁 식사를 하다 |
| centro | 명사 | 중심, 센터, 중심가 |
| centro comercial | 명사 | 쇼핑센터 |
| centro estudiantil | 명사 | 학생회관 |
| cerca | 부사 | 가까이 |
| cerca de | 부사 | ~에 가까운 |
| cerdo | 명사 | 돼지고기, 돼지 |
| cero | 명사 | 0, 영 |
| cerrado, da | 형용사 | 닫힌, 닫혀 있는 |
| cerrar | 동사 | 닫다, 잠그다 |
| cerveza | 명사 | 맥주 |
| chándal | 명사 | 트레이닝복 |

| 단어/표현 | 품사 | 뜻 |
|---|---|---|
| chico, ca | 명사 | 소년, 소녀 |
| chirimoya | 명사 | 치리모야 (과일) |
| chocolate | 명사 | 초콜릿 |
| cielo | 명사 | 하늘 |
| ciencias | 명사 | 자연과학 |
| ciencias de la computación | 명사 | 컴퓨터 공학 |
| ciencias sociales | 명사 | 사회과학 |
| cierto | 부사 | 물론, 확실히 |
| cinco | 명사 | 5, 다섯 |
| cine | 명사 | 영화관, 영화 |
| ciudad | 명사 | 도시 |
| civil | 형용사 | 국민의, 시민의 |
| clase | 명사 | 수업, 교실 |
| cliente | 명사 | 손님, 고객 |
| club de estudiantes | 명사 | 동아리실 |
| coche | 명사 | 차, 자동차 |
| cocinar | 동사 | 요리하다 |
| coincidencia | 명사 | 우연, 일치 |
| colega | 명사 | 동료 |
| colegio | 명사 | 학교 |
| colombiano, na | 형용사 | 콜롬비아의, 콜롬비아 사람의 |
| comenzar | 동사 | 시작하다 |
| comer | 동사 | 먹다 |
| cómic | 명사 | 만화 |
| comida | 명사 | 음식, 점심 |
| cómo | 의문사 | 어떻게 |
| compañero, ra | 명사 | 동료 |
| compartir | 동사 | 나누다, 공유하다 |
| compasivo, va | 형용사 | 다정한 |
| complejo deportivo | 명사 | 스포츠 콤플렉스 |
| completar | 동사 | 완성하다, 끝내다 |
| completo, ta | 형용사 | 완전한 |
| compra | 명사 | 쇼핑 |
| comprar | 동사 | 사다, 쇼핑하다 |
| computador, ra | 명사 | 컴퓨터 |
| comunidad | 명사 | 커뮤니티 |
| con escalas | 형용사 | 경유하는 |
| con frecuencia | 부사 | 자주 |

| 단어/표현 | 품사 | 뜻 |
|---|---|---|
| concierto | 명사 | 콘서트 |
| concreto, ta | 형용사 | 구체적인 |
| conducir | 동사 | 운전하다 |
| conexión | 명사 | 연결 |
| conjugación | 명사 | 동사활용 |
| conocer | 동사 | (사람을) 알다,<br>(경험으로) 알다 |
| conquistado, da | 형용사 | 정복된 |
| construir | 동사 | 건축하다 |
| consultar | 동사 | 상담하다 |
| consumir | 동사 | 소비하다 |
| Contabilidad | 명사 | 회계학 |
| contar | 동사 | 이야기하다, 말하다 |
| contento, ta | 형용사 | 행복한, 만족한 |
| convencer | 동사 | 설득시키다 |
| copa | 명사 | 컵 |
| Copa Mundial de Fútbol | 명사 | 월드컵 |
| Corea | 명사 | 한국 |
| coreano | 명사 | 한국어 |
| coreano, na | 형용사 | 한국어의, 한국 사람의 |
| correcto, ta | 형용사 | 맞는, 올바른 |
| correo | 명사 | 우편 |
| correo electrónico | 명사 | 이메일 |
| correr | 동사 | 달리다, 뛰다 |
| corrida | 명사 | 투우 경기 |
| cortar | 동사 | 자르다 |
| corto, ta | 형용사 | 짧은 |
| costar | 동사 | 비용이 들다 |
| crear | 동사 | 창조하다 |
| creativo, va | 형용사 | 창의적인 |
| creer | 동사 | 믿다, 생각하다 |
| crimen | 명사 | 범죄 |
| cristiano, na | 형용사 | 기독교의 |
| crítico, ca | 형용사 | 비판적인 |
| cruzar | 동사 | 길을 건너다 |
| cuadro | 명사 | 그림 작품 |
| cuál | 의문사 | 어떤 (것) (*which*) |
| cuándo | 의문사 | 언제 |
| cuánto, ta | 의문사 | 얼마나 많이, 얼마나 많은 |

| 단어/표현 | 품사 | 뜻 |
|---|---|---|
| cuarto | 명사 | 방, 1/4, (시간의) 15분 |
| cuatro | 명사 | 4, 사 |
| cubano, na | 형용사 | 쿠바의, 쿠바 사람의 |
| cuenta | 명사 | 계산서 |
| cuidado | 명사 | 조심 |
| cultura | 명사 | 문화 |
| cumpleaños | 명사 | 생일 |
| curso | 명사 | 코스, 강의, 과정 |
| dar | 동사 | 주다 |
| de | 전치사 | ~(으)로부터, ~의 |
| de vez en cuando | 부사 | 때때로 |
| débil | 형용사 | 연약한 |
| década | 명사 | 시대 |
| decidir | 동사 | 결정하다 |
| decir | 동사 | 말하다 |
| defender | 동사 | 변호하다, 방어하다 |
| definitivamente | 부사 | 확실히, 결정적으로 |
| delgado, da | 형용사 | 날씬한, 마른 |
| delicioso, sa | 형용사 | 아주 맛있는 |
| demás | 형용사 | 나머지의 |
| dentista | 명사 | 치과의사 |
| dentro | 부사 | ~ 안에, 안으로 |
| departamento | 명사 | 학과, 학부 |
| deporte | 명사 | 스포츠 |
| desarrollado, da | 형용사 | 발전된 |
| desayunar | 동사 | 아침 식사를 하다 |
| desayuno | 명사 | 아침 |
| descansar | 동사 | 휴식하다 |
| describir | 동사 | 묘사하다 |
| descubrir | 동사 | 발견하다 |
| desde | 전치사 | ~(으)로부터, ~ 후에 |
| después | 부사 | 이후에 |
| después de | 부사 | ~한 후에 |
| destino | 명사 | 목적지 |
| día | 명사 | 아침, 날 (*day*) |
| dialogar | 동사 | 대화하다 |
| diariamente | 부사 | 매일, 날마다 |
| dibujar | 동사 | 그리다 |
| dibujo | 명사 | 그림, 소묘 |

| 단어/표현 | 품사 | 뜻 |
| --- | --- | --- |
| diciembre | 명사 | 12월 |
| diecinueve | 명사 | 19, 열아홉 |
| dieciocho | 명사 | 18, 열여덟 |
| dieciséis | 명사 | 16, 열여섯 |
| diecisiete | 명사 | 17, 열일곱 |
| diente | 명사 | 치아, 이 |
| diez | 명사 | 10, 열 |
| difícil | 형용사 | 어려운 |
| discutir | 동사 | 토론하다 |
| diseñar | 동사 | 디자인하다 |
| Diseño | 명사 | 디자인학 |
| disfrutar de | 동사 | ~을/를 즐기다 |
| diverso, sa | 형용사 | 다양한 |
| divertido, da | 형용사 | 재미있는, 유쾌한, 즐거운 |
| divertirse | 동사 | 즐기다 |
| divorcio | 명사 | 이혼 |
| doble | 형용사 | 두 배의 |
| doce | 명사 | 12, 열둘 |
| doler | 동사 | ~이/가 아프다 |
| dolor | 명사 | 고통, 아픔 |
| domingo | 명사 | 일요일 |
| dónde | 의문사 | 어디(*where*) |
| dormir | 동사 | 잠을 자다 |
| dormitorio | 명사 | 방, 기숙사 |
| dormitorio universitario | 명사 | 기숙사 |
| dos | 명사 | 2, 둘 |
| durante | 전치사 | ~동안, ~하는 동안에 |
| duro, ra | 형용사 | 단단한, 고된 |
| echar | 동사 | 던지다, 넣다 |
| echar un vistazo | 동사 | 한번 훑어보다 |
| economía | 명사 | 경제학, 경제 |
| ecuación | 명사 | 방정식 |
| educación | 명사 | 교육 |
| ejercicio | 명사 | 운동 |
| él | 대명사 | 그 (3인칭 단수 주격 인칭대명사) |
| el, la, los, las | 관사 | 정관사 |
| electrónico, ca | 형용사 | 전자의, 전자공학의 |
| elegir | 동사 | 고르다, 선택하다 |

| 단어/표현 | 품사 | 뜻 |
| --- | --- | --- |
| ella | 대명사 | 그녀 (3인칭 단수 주격 인칭대명사) |
| ellas | 대명사 | 그녀들 (3인칭 복수 주격 인칭대명사) |
| ellos | 대명사 | 그들, 그 사람들 (3인칭 복수 주격 인칭대명사) |
| emoción | 명사 | 감정 |
| emocionado, da | 형용사 | 신이 난 |
| empanada | 명사 | 엠파나다 (음식) |
| empático, ca | 형용사 | 공감 능력이 높은 |
| empezar | 동사 | 시작하다 |
| empresa | 명사 | 회사 |
| en | 전치사 | ~에, ~ 안에 |
| en particular | 부사 | 특히 |
| en vigor | 형용사 | 유효한 |
| encantar | 동사 | 매혹시키다, ~이/가 즐겁다 |
| encanto | 명사 | 매력 |
| encargado, da | 형용사 | ~을/를 책임진, ~을/를 위임받은 |
| encargar | 동사 | 위임하다, 맡기다 |
| encontrar | 동사 | 발견하다, 찾다 |
| energía | 명사 | 에너지 |
| enero | 명사 | 1월 |
| enfadado, da | 형용사 | 화난 |
| enfermedad | 명사 | 병, 질병 |
| enfermería | 명사 | 간호학 |
| enfermo, ma | 형용사 | 아픈 |
| enfrente de | 전치사 | 맞은편에 |
| enojado, da | 형용사 | 화난 |
| ensalada | 명사 | 샐러드 |
| enseguida | 부사 | 즉시 |
| enseñar | 동사 | 가르치다, 가리키다 |
| entonces | 부사 | 그때, 그래서 |
| entrante | 명사 | 전채 요리 |
| entre | 전치사 | ~ 사이에 |
| entrega | 명사 | 수여, 인도, 한번에 건네지는 물건의 양 |
| entusiasta | 형용사 | 열정적인 |
| enviar | 동사 | 보내다 |
| envidia | 명사 | 부러움 |
| equipo | 명사 | 그룹 |

| 단어/표현 | 품사 | 뜻 |
|---|---|---|
| escalar | 동사 | 오르다 |
| escribir | 동사 | 쓰다 |
| escritor, ra | 명사 | 작가 |
| escuchar | 동사 | 듣다 |
| escultura | 명사 | 조각 |
| ese, esa | 형용사 | 그 (*that*) |
| ese, esa | 명사 | 그것 |
| español | 명사 | 스페인어 |
| español, la | 형용사 | 스페인의, 스페인 사람의 |
| especial | 형용사 | 특별한 |
| especialidad | 명사 | 전공, 특별함 |
| especialmente | 부사 | 특별히 |
| esperar | 동사 | 기대하다, 소망하다 |
| espontáneo, nea | 형용사 | 즉흥적인 |
| estación | 명사 | 역, 계절 |
| estadio | 명사 | 경기장, 대운동장 |
| Estadísticas | 명사 | 통계학 |
| estado | 명사 | 상태 |
| estado | 명사 | 주(州) |
| estar | 동사 | ~한 상태이다, ~에 있다 |
| estar de acuerdo | 동사 | 동의하다 |
| estatura | 명사 | 키, 신장 |
| este, esta | 형용사 | 이 (*this*) |
| este, esta | 명사 | 이것<br>(중성 지시사: esto,<br>복수형: estos, estas) |
| estilo | 명사 | 스타일 |
| estresado, da | 형용사 | 스트레스를 받은 |
| estudiante | 명사 | 학생 |
| estudiantil | 형용사 | 학생의 |
| estudiar | 동사 | 공부하다 |
| estupendo, da | 형용사 | 멋진, 훌륭한 |
| euro | 명사 | 유로화 |
| evento | 명사 | 이벤트 |
| evitar | 동사 | 피하다, 막다 |
| examen | 명사 | 시험 |
| excelente | 형용사 | 훌륭한, 대단한 |
| excepto | 접속사 | ~을/를 제외하고 |
| excursión | 명사 | 소풍 |
| éxito | 명사 | 성공 |

| 단어/표현 | 품사 | 뜻 |
|---|---|---|
| exótico, ca | 형용사 | 이국적인 |
| expresión | 명사 | 표현 |
| extra | 형용사 | 최상의 (extraordinario) |
| extrañar | 동사 | 이상하다 |
| extranjero, ra | 형용사 | 외국의 |
| extrovertido, da | 형용사 | 외향적인 |
| fácil | 형용사 | 쉬운 |
| facturar | 동사 | (짐 등을) 부치다,<br>체크인하다 |
| faltar | 동사 | ~에 빠지다, 빼먹다 |
| familia | 명사 | 가족 |
| famoso, sa | 형용사 | 유명한 |
| fascinar | 동사 | 매혹시키다 |
| favorito, ta | 형용사 | 가장 좋아하는 |
| febrero | 명사 | 2월 |
| fecha | 명사 | 날짜 |
| felicitar | 동사 | 축하하다 |
| feliz | 형용사 | 기쁜, 행복한 |
| feo, a | 형용사 | 못생긴 |
| festival | 명사 | 축제 |
| fiebre | 명사 | 열 |
| fiesta | 명사 | 축제 |
| Filosofía | 명사 | 철학 |
| fin | 명사 | 끝, 마지막 |
| final | 형용사 | 마지막의 |
| Física | 명사 | 물리학 |
| foral | 형용사 | 자치의 |
| francés | 명사 | 프랑스어 |
| francés, sa | 명사 | 프랑스 사람 |
| francés | 형용사 | 프랑스의 |
| frecuencia | 명사 | 반복 |
| frecuentemente | 부사 | 자주 |
| frente | 부사 | 정면에, 맞은편에 |
| frío | 명사 | 추위 |
| fruta | 명사 | 과일 이름 |
| fuera | 부사 | 밖에서, 밖으로<br>(운동 경기에서) 아웃 |
| fuerte | 형용사 | 힘이 센 |
| fuerza | 명사 | 힘 |
| fútbol | 명사 | 축구 |

| 단어/표현 | 품사 | 뜻 |
|---|---|---|
| gallego, ga | 명사 | 갈리시아 사람 |
| gallego, ga | 형용사 | 갈리시아의 |
| ganar | 동사 | 벌다 |
| gana | 명사 | 의욕, 욕구 |
| gastronomía | 명사 | (음)식 |
| gato, ta | 명사 | 고양이 |
| general | 형용사 | 일반적인 |
| generalmente | 부사 | 일반적으로 |
| generoso, sa | 형용사 | 관대한 |
| genial | 형용사 | 멋진, 굉장한 |
| gente | 명사 | 사람들 |
| geografía | 명사 | 지리학 |
| gimnasio | 명사 | 체육관, 짐 (*gym*), 헬스장 |
| globo | 명사 | 풍선 |
| gordo, da | 형용사 | 뚱뚱한 |
| gracias | 감탄사 | 감사합니다 |
| graduarse | 동사 | 졸업하다 |
| gran, grande | 형용사 | (크기가) 큰, 거대한, 위대한 |
| gripe | 명사 | 독감 |
| gris | 형용사 | 회색의 |
| grupo | 명사 | 그룹 |
| guapo, pa | 형용사 | 잘생긴, 예쁜 |
| guay | 형용사 | 좋은, 멋진<br>(= bueno, genial, bien) |
| guerra | 명사 | 전쟁 |
| guiso | 명사 | 스튜 |
| guitarra | 명사 | 기타 (악기) |
| gustar | 동사 | 선호하다 |
| habitación | 명사 | 방 |
| hablar | 동사 | 말하다 |
| hacer | 동사 | 하다 |
| hambre | 명사 | 배고픔 |
| harina (de trigo) | 명사 | 가루 (밀가루) |
| hasta | 전치사 | ~까지 |
| hay | 동사 | ~이/가 있다 |
| hecho | 명사 | 사실, 사건 |
| herir | 동사 | ~을/를 다치게 하다 |
| hermano, na | 명사 | 남동생, 형제,<br>여동생, 자매 |
| hermoso, sa | 형용사 | 아름다운 |

| 단어/표현 | 품사 | 뜻 |
|---|---|---|
| hierba | 명사 | 향신료 |
| hispanohablante | 명사 | 스페인어 화자 |
| hispanohablante | 형용사 | 스페인어 화자의 |
| historia | 명사 | 역사 |
| hombre | 명사 | 사람, 남자 |
| hongo | 명사 | 버섯 |
| hora | 명사 | 시간 |
| horario | 명사 | 시간표 |
| hormiga | 명사 | 개미 |
| horno | 명사 | 오븐 |
| hospital | 명사 | 병원 |
| hoy | 부사 | 오늘 |
| huelga | 명사 | 파업 |
| humanidad(es) | 명사 | 인문학 |
| ibérico, ca | 형용사 | 이베리아의 |
| ida y vuelta | 명사 | 왕복 |
| idea | 명사 | 생각, 아이디어 |
| idioma | 명사 | 언어 |
| igual | 형용사 | 같은, 동일한 |
| ilusión | 명사 | 환상 |
| imaginar | 동사 | 상상하다 |
| imaginativo, va | 형용사 | 상상력이 풍부한 |
| importante | 형용사 | 중요한 |
| imposible | 형용사 | 불가능한 |
| inauguración | 명사 | 개최, 개회 |
| incidente | 명사 | 사소한 일, 사건 |
| incluido, da | 형용사 | 포함된 |
| incluir | 동사 | 포함하다 |
| increíble | 형용사 | 믿을 수 없는 |
| independencia | 명사 | 독립 |
| independentista | 형용사 | 독립의 |
| informal | 형용사 | 격식을 따지지 않는 |
| Ingeniería | 명사 | 공학 |
| Ingeniería<br>arquitectónica | 명사 | 건축공학 |
| Ingeniería industrial | 명사 | 산업공학 |
| Ingeniería mecánica | 명사 | 기계공학 |
| Inglaterra | 명사 | 영국 |
| inglés | 명사 | 영어 |
| inglés, sa | 명사 | 영국 사람 |

| 단어/표현 | 품사 | 뜻 |
|---|---|---|
| inglés, sa | 형용사 | 영국의, 영국 사람의 |
| ingrediente | 명사 | 재료 |
| inolvidable | 형용사 | 잊을 수 없는 |
| instrumento | 명사 | 기구, 기기, 악기 |
| interesante | 형용사 | 흥미로운, 재미있는 |
| internacional | 형용사 | 국제적인 |
| internet | 명사 | 인터넷 |
| introvertido, da | 형용사 | 내향적인 |
| invasión | 명사 | 침공, 침략 |
| invitar | 동사 | 초대하다 |
| ir | 동사 | 가다 |
| irritado, da | 형용사 | 짜증난 |
| jamón | 명사 | 하몬, 햄 |
| joven | 형용사 | 젊은 |
| juego | 명사 | 경기, 놀이, 게임 |
| jueves | 명사 | 목요일 |
| jugador, ra | 명사 | 운동선수 |
| jugar | 동사 | 놀다, 운동하다 |
| juicio | 명사 | 법정, 재판 |
| juicioso, sa | 형용사 | 올바른 |
| julio | 명사 | 7월 |
| junio | 명사 | 6월 |
| junto, ta | 형용사 | 함께 |
| justamente | 부사 | 정확히, 공평하게 |
| kilo | 명사 | 킬로그램 |
| laboratorio | 명사 | 실험실, 랩실 |
| largo, ga | 형용사 | 긴 |
| leche | 명사 | 우유 |
| lechuga | 명사 | 상추 |
| leer | 동사 | 읽다 |
| lejos | 부사 | 멀리 |
| lejos de | 부사 | ~(으)로부터 먼 |
| lengua | 명사 | 언어, 혀 |
| lenguaje | 명사 | 언어 |
| lento, ta | 형용사 | 느린, 더딘 |
| libre | 형용사 | 자유로운 |
| librería | 명사 | 서점 |
| libro | 명사 | 책 |
| limón | 명사 | 레몬 |

| 단어/표현 | 품사 | 뜻 |
|---|---|---|
| limpiar | 동사 | 청소하다 |
| limpio, ia | 형용사 | 깨끗한 |
| lindo, da | 형용사 | 예쁜 |
| Lingüística | 명사 | 언어학 |
| listo, ta | 형용사 | 영리한 |
| literatura | 명사 | 문학 |
| llamarse | 동사 | 이름이 ~이다 |
| llegada | 명사 | 도착 |
| llegar | 동사 | 도착하다 |
| lleno, na | 형용사 | 가득 찬, 가득한 |
| llevar | 동사 | 가져가다 |
| llover | 동사 | 비가 오다 |
| local | 형용사 | 지역의 |
| lógico, ca | 형용사 | 논리적인 |
| luego | 부사 | 나중에 |
| lugar | 명사 | 장소 |
| luna | 명사 | 달 (천체) |
| lunes | 명사 | 월요일 |
| madre | 명사 | 어머니 |
| madrugada | 명사 | 새벽 |
| madrugador, ra | 형용사 | 일찍 일어나는 |
| magnífico, ca | 형용사 | 훌륭한, 환상적인 |
| mago | 명사 | 마술사, 동방박사 |
| maíz | 명사 | 옥수수 |
| maleta | 명사 | 여행가방, 짐 |
| malo, la | 형용사 | 나쁜 |
| mañana | 명사 | 아침, 오전 |
| mañana | 부사 | 내일 |
| manejar | 동사 | 운전하다 |
| mano | 명사 | 손 |
| manzana | 명사 | 사과 |
| mapa | 명사 | 지도 |
| mar | 명사 | 바다 |
| maravilloso, sa | 형용사 | 훌륭한, 환상적인 |
| marca | 명사 | 브랜드 |
| marinero, ra | 명사 | 선원 |
| marinero, ra | 형용사 | 항해의 |
| marrón | 형용사 | 갈색의 |
| martes | 명사 | 화요일 |

| 단어/표현 | 품사 | 뜻 |
|---|---|---|
| marzo | 명사 | 3월 |
| más | 명사 | 더하기 |
| mascota | 명사 | 반려동물 |
| máster | 명사 | 석사 학위 |
| matemáticas | 명사 | 수학 |
| material | 명사 | 재료, 자료 |
| matrícula de honor | 명사 | 전체 최우수 |
| matriculado, da | 형용사 | 수강 신청한 |
| matrimonio | 명사 | 혼인 |
| maya | 형용사 | 마야의, 마야족 사람의 |
| mayo | 명사 | 5월 |
| mayor | 형용사 | 나이가 많은 |
| mediano, na | 형용사 | 중간의, 보통의 |
| medicina | 명사 | 의학 |
| médico, ca | 명사 | 의사 |
| medieval | 형용사 | 중세의 |
| medio, dia | 형용사 | 절반의 |
| mejor | 형용사 | 더 좋은 |
| mejorar | 동사 | 나아지다, 개선하다 |
| melocotón | 명사 | 복숭아 |
| memoria | 명사 | 기억 |
| menor | 형용사 | 나이가 적은, 더 작은 |
| menos | 명사 | 빼기 |
| menú | 명사 | 메뉴 |
| merecer | 동사 | ~할 자격이 있다 |
| merienda | 명사 | 간식 |
| mesa | 명사 | 테이블 |
| mes | 명사 | 달, 월 |
| meter | 동사 | 집어 넣다 |
| metódico, ca | 형용사 | 규칙적인 |
| mexicano, na | 형용사 | 멕시코의, 멕시코 사람의 |
| mi | 소유사 | 나의 |
| mí | 전치격 대명사 | 나에게 |
| miedo | 명사 | 무서움, 겁 |
| miércoles | 명사 | 수요일 |
| mil | 명사 | 1,000, 천 |
| milenario, ria | 형용사 | 천년의 |
| minuto | 명사 | (시간 단위) 분(分) |

| 단어/표현 | 품사 | 뜻 |
|---|---|---|
| mirada | 명사 | 눈길 |
| misa | 명사 | 미사 |
| misión | 명사 | 선교, 미션, 파견, 사명 |
| mismo, ma | 형용사 | 똑같은, 동일한, 바로 그 |
| mitad | 명사 | 절반 |
| mochila | 명사 | 책가방, 백팩 |
| moda | 명사 | 패션 |
| moderno, na | 형용사 | 현대적인 |
| mole | 명사 | 몰레 (멕시코 전통 소스) |
| molestar | 동사 | 귀찮게 하다 |
| momento | 명사 | 순간, 단시간, 지금 |
| montarse en | 동사 | ~을/를 타다 |
| morado, da | 형용사 | 자주색의 |
| mostrador | 명사 | 카운터 |
| movimiento | 명사 | 움직임, 운동 |
| mucho, cha | 형용사 | 많은 |
| muela | 명사 | 어금니 |
| muerto, ta | 형용사 | 죽은, 사망한 |
| mundial | 형용사 | 세계적인 |
| mundo | 명사 | 세계, 세상 |
| museo | 명사 | 박물관 |
| música | 명사 | 음악 |
| musulmán, na | 형용사 | 무슬림의 |
| muy | 부사 | 매우 |
| nada | 부정(否定)어 | 아무것도 아닌 것 (*nothing*), 얼마 안 되는 것 |
| nadar | 동사 | 수영하다 |
| nadie | 대명사 | 아무도 |
| naranja | 형용사 | 주황색의 |
| naranja | 명사 | 오렌지 |
| nativo, va | 명사 | 원어민 |
| natural | 형용사 | 자연의, 자연스러운, 천연의 |
| navegar | 동사 | 항해하다, 인터넷 서핑을 하다 |
| Navidad | 명사 | 성탄 |
| necesidad | 명사 | 필요 |
| necesitar | 동사 | 필요하다 |
| negro, gra | 형용사 | 검은색의 |
| nervioso, sa | 형용사 | 긴장한, 불안해하는 |
| nieve | 명사 | 눈 (*snow*) |

| 단어/표현 | 품사 | 뜻 |
|---|---|---|
| niñez | 명사 | 어린 시절 |
| ninguno, na | 부정(否定)사 | 하나(한 명)의 ~도 (~아니다) (남성 단수 명사 앞에서는 ningún) |
| niño, ña | 명사 | 어린이 |
| noche | 명사 | 밤 (*night*) |
| nombre | 명사 | 이름 |
| nosotros, tras | 대명사 | 우리 (1인칭 복수 주격 인칭대명사) |
| notable | 명사 | (성적) 우수 |
| notable | 형용사 | 우수한, 두드러진, 현저한 |
| notar | 동사 | 깨닫다, 인식하다, 눈치채다 |
| noticia | 명사 | 소식, 뉴스 |
| novela | 명사 | 소설 |
| noviembre | 명사 | 11월 |
| nublado, da | 형용사 | 구름이 낀 |
| nueve | 명사 | 9, 아홉 |
| nuevo, va | 형용사 | 새로운 |
| nunca | 부사 | 절대 (부정 표현) |
| o | 접속사 | 또는 |
| obra | 명사 | 작품 |
| obtener | 동사 | 획득하다 |
| océano | 명사 | 대양 |
| ocho | 명사 | 8, 여덟 |
| octubre | 명사 | 10월 |
| ocupado, da | 형용사 | 바쁜 |
| ocurrir | 동사 | (일이) 일어나다 |
| oferta | 명사 | 특가 |
| oficina del departamento | 명사 | 학과 사무실 |
| ojeada | 명사 | 시선, 눈빛, 흘깃 봄 |
| ojo | 명사 | 눈 (*eye*) |
| oliva | 명사 | 올리브 |
| olvidarse | 동사 | 잊어버리다 |
| once | 명사 | 11, 열하나 |
| ONGs (Organizaciones No Gubernamentales) | 명사 | 비정부 기구(NGO) |
| optimista | 형용사 | 낙천적인, 긍정적인 |
| ordenar | 동사 | 정리하다, 명령하다 |
| organización | 명사 | 기구, 조직 |
| organizar | 동사 | 조직하다 |

| 단어/표현 | 품사 | 뜻 |
|---|---|---|
| otro, tra | 대명사 | 다른 사람(것) |
| otro, tra | 형용사 | 다른, 딴 |
| (p)sicología | 명사 | 심리학 |
| paciente | 형용사 | 차분한, 느긋한 |
| pacífico, ca | 형용사 | 태평양의 |
| padre | 명사 | 아버지 |
| padres | 명사 | 부모님 |
| página web | 명사 | 웹페이지 |
| país | 명사 | 나라, 국가 |
| paisaje | 명사 | 풍경 |
| palacio | 명사 | 회관, 궁전 |
| paquete | 명사 | 패키지 여행, 소포, 포장된 한 단위 |
| para | 전치사 | ~을/를 위하여, ~을/를 목적으로 |
| parcial | 형용사 | 부분의 |
| parque | 명사 | 공원 |
| participar | 동사 | 참가하다 |
| partido | 명사 | 경기 |
| pasado mañana | 부사 | 모레 |
| pasado, da | 형용사 | 지난 |
| pasaporte | 명사 | 여권 |
| pasar | 동사 | 지나가다, 시간을 보내다 |
| Pascua | 명사 | 부활절 |
| pasear | 동사 | 산책하다 |
| paseo | 명사 | 산책 |
| pasión | 명사 | 열정 |
| pata | 명사 | 다리 |
| patata | 명사 | 감자 |
| pedir | 동사 | 주문하다, 요청하다 |
| película | 명사 | 영화 |
| pelo | 명사 | 머리카락 |
| peluquería | 명사 | 미용실, 헤어숍 |
| pena | 명사 | 유감, 미안 |
| pendiente | 명사 | 액세서리, 장신구 |
| pendiente | 형용사 | 매달린, 미해결의, 현안 중인 |
| penicilina | 명사 | 페니실린 |
| península | 명사 | 반도 |
| pensar | 동사 | 생각하다 |
| pensión | 명사 | 펜션 |

| 단어/표현 | 품사 | 뜻 |
|---|---|---|
| peor | 형용사 | 더 나쁜, 더 나쁘게 |
| pequeño, ña | 형용사 | 작은 |
| pera | 명사 | 배 (과일) |
| perder | 동사 | 잃다, 분실하다 |
| perezoso, sa | 형용사 | 게으른 |
| perfecto, ta | 형용사 | 완벽한 |
| perfume | 명사 | 향수 |
| periódico | 명사 | 신문 |
| Periodismo | 명사 | 언론학 |
| permitir | 동사 | 허용하다, 허가하다 |
| pero | 접속사 | 그러나 |
| perro, rra | 명사 | 개 |
| persona | 명사 | 사람 |
| personal | 명사 | 담당자 |
| peruano, na | 형용사 | 페루의, 페루 사람의 |
| pesar | 동사 | 무게가 나가다 |
| pescado | 명사 | 생선 |
| piano | 명사 | 피아노 |
| picar | 동사 | 조금 먹다 |
| pieza | 명사 | 조각 |
| pinchadiscos | 명사 | 디제이 |
| pincho | 명사 | 빵 위에 올린 작은 간식 |
| pintar | 동사 | 그리다 |
| pintura | 명사 | 회화 |
| piscina | 명사 | 수영장 |
| plan | 명사 | 계획 |
| planeador, ra | 형용사 | 계획적인 |
| plato | 명사 | 접시 |
| playa | 명사 | 해변, 바닷가 |
| plaza | 명사 | 광장 |
| pobre | 형용사 | 가난한 |
| pobreza | 명사 | 가난 |
| poco | 형용사 | (부정적으로) 얼마 안 되는, 극히 적은 |
| poder | 동사 | ~할 수 있다 |
| polideportivo | 명사 | 종합스포츠센터 |
| Política | 명사 | 정치학 |
| pollo | 명사 | 닭고기, 닭 |
| poner | 동사 | 놓다 |

| 단어/표현 | 품사 | 뜻 |
|---|---|---|
| ponerse | 동사 | ~이/가 되다 |
| por | 전치사 | ~을/를 통해 |
| por favor | 감탄사, 부사 | (좀) 부탁합니다, 실례합니다 |
| por supuesto | 부사 | 물론 |
| porque | 접속사 | 왜냐하면 |
| positivo, va | 형용사 | 긍정적인 |
| postre | 명사 | 후식 |
| practicar | 동사 | 연습하다 |
| precio | 명사 | 가격 |
| preferir | 동사 | 선호하다 |
| preocupado, da | 형용사 | 걱정하는, 걱정하고 있는 |
| preocuparse | 동사 | 걱정하다 |
| preparar | 동사 | 준비하다 |
| presentación | 명사 | 소개, 프레젠테이션 |
| primero, ra | 형용사 | 첫 번째의 |
| primero | 부사 | 우선 |
| primo, ma | 명사 | 사촌 |
| principal | 형용사 | 주요한 |
| prisa | 명사 | 서두름 |
| probar | 동사 | 시험하다, 맛보다, 입어 보다 |
| problema | 명사 | 문제 |
| procesión | 명사 | 행렬, 퍼레이드 |
| producto | 명사 | 제품, 생산품 |
| profesor, ra | 명사 | 선생님, 교수님 |
| programación | 명사 | 프로그램 |
| pronto | 부사 | 곧 |
| propina | 명사 | 팁 |
| protagonista | 명사 | 주인공 |
| próximo, ma | 형용사 | 다음의 |
| puente | 명사 | 다리, 교량 |
| puerta | 명사 | 문 |
| qué | 의문사 | 무엇 (*what*) |
| quedar | 동사 | 어울리다, 남다 |
| quedarse | 동사 | ~에 머물다 |
| quejarse | 동사 | 불평하다 |
| querer | 동사 | 원하다, ~을/를 좋아하다 |
| quién | 의문사 | 누구 |
| química | 명사 | 화학 |

| 단어/표현 | 품사 | 뜻 |
|---|---|---|
| quince | 명사 | 15, 열다섯 |
| ración | 명사 | 1인분, 한 접시 |
| ramo | 명사 | 작은 가지, 잔가지, 꽃다발 |
| rápido | 부사 | 빠르게 |
| rápido, da | 형용사 | 빠른 |
| raro, ra | 형용사 | 이상한 |
| razón | 명사 | 이성, 일리, 이유 |
| razonable | 형용사 | 합리적인 |
| realista | 형용사 | 현실적인 |
| realizar | 동사 | 실행하다, 실현하다 |
| rebaja | 명사 | 세일 |
| recomendar | 동사 | 추천하다 |
| Reconquista | 명사 | 국토수복 |
| recordar | 동사 | 기억하다 |
| recuerdo | 명사 | 기억 |
| regalar | 동사 | 선물하다 |
| regalo | 명사 | 선물 |
| registrar | 동사 | (짐 등을) 부치다, 등록하다 |
| regular | 형용사 | 보통의 |
| religioso, sa | 형용사 | 종교적인 |
| reloj | 명사 | 시계 |
| remolacha | 명사 | 비트 (*beet*) |
| reportar | 동사 | 알리다, 보고하다 |
| roscón | 명사 | 대형 꽈배기 모양의 빵 |
| reservado, da | 형용사 | 신중한 |
| reservar | 동사 | 예약하다 |
| resfriado, da | 형용사 | 감기에 걸린 |
| residencia (estudiantil) | 명사 | 기숙사 |
| responsable | 형용사 | 책임감 있는 |
| restaurante | 명사 | 식당, 음식점 |
| resultado | 명사 | 결과 |
| reunión | 명사 | 회의, 모임 |
| reunirse | 동사 | 모이다 |
| revolución | 명사 | 혁명 |
| rey | 명사 | 왕, 국왕 |
| rojo, ja | 형용사 | 빨간색의 |
| romper | 동사 | 깨다, 부수다 |
| ropa | 명사 | 의류 |
| rosado, da | 형용사 | 분홍색의 |

| 단어/표현 | 품사 | 뜻 |
|---|---|---|
| roto, ta | 형용사 | 깨진, 부러진, 부서진 |
| rubio, bia | 형용사 | 금발의 |
| sábado | 명사 | 토요일 |
| saber | 동사 | 알다 |
| sabor | 명사 | 맛 |
| sacar | 동사 | (표 등을) 뽑다 |
| sacarse | 동사 | 얻다, 따다, 획득하다 |
| salir | 동사 | 떠나다, 나가다 |
| salón | 명사 | 거실 |
| saltar | 동사 | 뛰어넘다, 뛰어오르다 |
| saltarse | 동사 | 건너뛰다, 빼먹다 |
| salud | 명사 | 건강 |
| saludar | 동사 | 인사하다 |
| saludo | 명사 | 인사 |
| sano, na | 형용사 | 건강한 |
| santo, ta | 형용사 | 거룩한 |
| satisfactorio, ria | 형용사 | 만족스러운 |
| secundaria | 명사 | 중학교 |
| sed | 명사 | 갈증 |
| segundo, da | 형용사 | 제2의, 두 번째의 |
| seis | 명사 | 6, 여섯 |
| seleccionar | 동사 | 선택하다 |
| semáforo | 명사 | 신호등 |
| semana | 명사 | 일주일, 주 |
| semanal | 형용사 | 한 주의 |
| semestre | 명사 | 한 학기 |
| senderismo | 명사 | 하이킹 |
| sentado, da | 형용사 | 앉은 상태의 |
| sentar | 동사 | 앉히다 |
| sentarse | 동사 | 앉다 |
| septiembre | 명사 | 9월 |
| ser | 동사 | ~이다 |
| serie | 명사 | 시리즈물, 시리즈 |
| serio, ria | 형용사 | 진지한 |
| servicio de equipaje | 명사 | 수화물 서비스 |
| servir | 동사 | 섬기다, 봉사하다 |
| siempre | 부사 | 항상, 언제나 |
| siesta | 명사 | 낮잠 |
| siete | 명사 | 7, 일곱 |

| 단어/표현 | 품사 | 뜻 |
|---|---|---|
| simpático, ca | 형용사 | 친절한 |
| sincero, ra | 형용사 | 정직한 |
| sistemático, ca | 형용사 | 체계적인 |
| sobre | 전치사 | ~ 위에, ~에 관하여 |
| sobresaliente | 명사 | 최우수 (성적) |
| sobresaliente | 형용사 | 탁월한 |
| sociable | 형용사 | 사교적인 |
| Sociología | 명사 | 사회학 |
| sol | 명사 | 태양 |
| soleado, da | 형용사 | 태양이 비치는 |
| soler | 동사 | 종종 ~하다 |
| solo | 부사 | 혼자, 단지 |
| sonar | 동사 | 소리가 나다 |
| sopa | 명사 | 수프 |
| sorprendido, da | 형용사 | 놀란 |
| sorteo | 명사 | 추첨 |
| subir | 동사 | 오르다 |
| suceder | 동사 | (일이) 일어나다 |
| sueño | 명사 | 졸음, 잠, 꿈 |
| suerte | 명사 | 운 |
| sufrir | 동사 | 괴로워하다, 견디다 |
| súper | 부사 | 굉장히 |
| suspenso | 명사 | 불합격 |
| tableta | 명사 | 태블릿 |
| taco | 명사 | 타코 |
| talentoso, sa | 형용사 | 재능 있는 |
| también | 부사 | 또한, 역시 |
| tan | 부사 | 그렇게, 이렇게 |
| tanto, ta, tos, tas | 형용사 | 그(이)렇게 많은, 얼마간의, 몇몇의 |
| tapa | 명사 | 덮개, 간단한 안주, 단품 간식 |
| tardar | 동사 | 시간이 걸리다 |
| tarde | 명사 | 오후, 낮 |
| tarea | 명사 | 숙제, 과제, 해야 할 일 |
| tarjeta de embarque | 명사 | 탑승권 |
| teatro | 명사 | 공연장, 극장 |
| teléfono | 명사 | 전화 |
| templo | 명사 | 사원, 절 |
| temprano | 형용사 | 일찍 |

| 단어/표현 | 품사 | 뜻 |
|---|---|---|
| tendencia | 명사 | 경향 |
| tener | 동사 | 가지고 있다, 가지다 |
| teórico, ca | 형용사 | 이론적인 |
| terminar | 동사 | 끝내다 |
| tiempo | 명사 | 시간 |
| tienda | 명사 | 가게 |
| tienda de conveniencia | 명사 | 편의점 |
| tímido, da | 형용사 | 소심한, 수줍은 |
| típico, ca | 형용사 | 전형적인, 고유한 |
| tipo | 명사 | 종류 |
| tocar | 동사 | 연주하다, 만지다 |
| todavía | 부사 | 아직 |
| todo | 대명사 | 모든 것(일), 모두, 전부 |
| todo | 부사 | 완전히, 전부, 모두 |
| todo, da | 형용사 | 모든, 온갖, 완전한 |
| todos | 대명사 | (복수) 모든 사람, 모두 |
| tolerante | 형용사 | 참을성이 좋은 |
| tomar | 동사 | 먹다, 마시다, 잡다, 타다 |
| tomate | 명사 | 토마토 |
| tontería | 명사 | 어리석음 |
| toro | 명사 | 황소 |
| tortuga | 명사 | 거북이 |
| total | 명사 | 합, 총합 |
| total | 형용사 | 전체의 |
| totalmente | 부사 | 완전히, 전면적으로 |
| tour | 명사 | 여행, 투어 |
| trabajador, ra | 형용사 | 근면한 |
| trabajar | 동사 | 일하다 |
| tradicional | 형용사 | 전통적인 |
| traer | 동사 | 가지고 오다 |
| tranquilo, la | 형용사 | 평온한, 차분한 |
| transbordo | 명사 | 경유 |
| transeúnte | 명사 | 행인 |
| tránsito | 명사 | 통행, 교통, 환승 |
| tranvía | 명사 | 전차, 트램 |
| traslado | 명사 | 이전, 위치 이동 |
| trece | 명사 | 13, 열셋 |
| treinta | 명사 | 30, 서른 |

| 단어/표현 | 품사 | 뜻 |
|---|---|---|
| tres | 명사 | 3, 셋 |
| triste | 형용사 | 슬픈 |
| tú | 대명사 | 너 (2인칭 단수 주격 인칭대명사) |
| turista | 명사 | 여행객, 관광객 |
| turístico, ca | 형용사 | 여행의 |
| turrón | 명사 | 달콤한 견과류 디저트 |
| tutear | 명사 | 반말하다, tú를 사용하다 |
| ubicación | 명사 | 위치 |
| último, ma | 형용사 | 최후의, 마지막의 |
| un poco | 부사 | 조금 |
| un rato | 부사 | 잠시, 잠깐 |
| un, una | 관사 | 부정관사 |
| universidad | 명사 | 대학교 |
| universitario, ria | 형용사 | 대학의 |
| uno | 명사 | 1, 하나 |
| usar | 동사 | 사용하다 |
| usted | 대명사 | 당신 (3인칭 단수 주격 인칭대명사) |
| ustedes | 대명사 | 당신들, 너희들 (3인칭 복수 주격 인칭대명사) |
| uva | 명사 | 포도 |
| vacación | 명사 | 방학, 휴가 |
| valenciano, na | 형용사 | 발렌시아의, 발렌시아 사람의 |
| valer | 동사 | ~할 가치가 있다 |
| vario, ria | 형용사 | 다양한 |
| vaso | 명사 | 컵, 잔 |
| veinte | 명사 | 20, 스물 |
| veinticinco | 명사 | 25, 스물다섯 |
| veinticuatro | 명사 | 24, 스물넷 |
| veintidós | 명사 | 22, 스물둘 |
| veintinueve | 명사 | 29, 스물아홉 |
| veintiocho | 명사 | 28, 스물여덟 |
| veintiséis | 명사 | 26, 스물여섯 |
| veintisiete | 명사 | 27, 스물일곱 |
| veintitrés | 명사 | 23, 스물셋 |
| veintiuno | 명사 | 21, 스물하나 |
| venir | 동사 | 오다, 가다 |
| ventana | 명사 | 창문 |
| ver | 동사 | 보다 |

| 단어/표현 | 품사 | 뜻 |
|---|---|---|
| verano | 명사 | 여름 |
| verbo | 명사 | 동사 |
| verde | 형용사 | 초록색의 |
| verdura | 명사 | 채소 |
| vestir | 동사 | 옷을 입히다 |
| vez | 명사 | 회, 순번, 번째, (몇) 배, 때 |
| viajar | 동사 | 여행하다 |
| viaje | 명사 | 여행 |
| vida | 명사 | 삶, 인생 |
| video | 명사 | 영상 |
| videojuego | 명사 | 비디오 게임 |
| viejo, ja | 형용사 | 늙은 |
| viento | 명사 | 바람 |
| viernes | 명사 | 금요일 |
| vino | 명사 | 와인 |
| violeta | 형용사 | 보라색의 |
| violín | 명사 | 바이올린 |
| virgen | 형용사 | 최초의, 새로운 |
| visita | 명사 | 방문 |
| visitar | 동사 | 방문하다 |
| vivir | 동사 | 살다, 거주하다 |
| voleibol | 명사 | 배구 |
| voluntariado | 명사 | 자원봉사활동 |
| vosotros, tras | 대명사 | 너희들 (2인칭 복수 주격 인칭대명사) |
| voz | 명사 | 목소리 |
| vuelo | 명사 | 비행, 항공편 |
| vuelta | 명사 | 한 바퀴 돌림, 회전, 선회 |
| y | 접속사 | 그리고 |
| yo | 대명사 | 나 (1인칭 단수 주격 인칭대명사) |
| yoga | 명사 | 요가 |
| zanahoria | 명사 | 당근 |
| zona | 명사 | 지역 |

부록 III

# 참고자료

## UNIDAD 1

**PARTE I** 스페인어(Español)
https://www.inclusion.gob.es/web/cartaespana/-/el-espanol-una-lengua-con-mas-de-599-millones-de-hablantes

**PARTE II** 스페인 왕립 학술원(Real Academia Española, RAE)
https://www.rae.es

## UNIDAD 2

**PARTE I** 인사(Saludos)
https://www.nytimes.com/es/2016/11/07/espanol/una-guia-de-costumbres-para-el-viajero-cuando-estrechar-las-manos-abrazar-o-besar.html

**PARTE II** 스페인어권 나라들(Los países hipanohablantes)
https://cvc.cervantes.es/lengua/espanol_lengua_viva/pdf/espanol_lengua_viva_2022.pdf

## UNIDAD 3

**PARTE I** 키오스크(Quiosco)
https://dle.rae.es/quiosco
https://www.vogue.es/articulos/quioscos-prensa-revistas-especiales-madrid-barcelona-bilbao
https://terms.naver.com/entry.naver?docId=2071635&cid=42345&categoryId=42345

**PARTE II** 중앙 광장(Plaza mayor)
https://digitalhistory.unite.it/es/territorios/itinerarios-regionales/plazas-mayores/el-origen-y-las-funciones-de-las-plazas-mayores/
https://urbanamente.elmundo.es/plazas-mayores-el-espacio-publico-para-enriquecer-la-vida-vecinal

## UNIDAD 4

**PARTE I** 엠파나다(Empanada)
https://www.britannica.com/topic/empanada

**PARTE II** 엘고르도 복권(El Gordo)
https://english.elpais.com/spain/2023-12-22/spains-huge-christmas-lottery-el-gordo-showers-winners-with-millions-in-prize-money.html

## UNIDAD 5

**PARTE I** 몰레(Mole)
https://www.gob.mx/agricultura/articulos/mole-el-sabor-de-mexico,
https://www.britannica.com/topic/mole-sauce

**PARTE II** 치차 모라다(Chicha morada)
https://www.nytimes.com/2022/10/06/dining/drinks/chicha-morada-purple-drink-peruvian.html

## UNIDAD 6

**PARTE I** 타파스(Tapas)
https://www.britannica.com/topic/tapa

**PARTE II** 망자의 날(El día de Muertos)
https://www.britannica.com/topic/Day-of-the-Dead

## UNIDAD 7

**PARTE I** 마테(Mate)
https://www.britannica.com/topic/mate-beverage

**PARTE II** 반데하 파이사(Bandeja paisa)
Natella Jr, Arthur A, Latin American popular culture, McFarland, 2014

## UNIDAD 8

**PARTE I** 캘리포니아 선교회(Las misiones en California)
https://www.visitcalifornia.com/mx/experience/california-misiones/

**PARTE II** 히스패닉(Hispano, na) / 라티노(Latino, na) / 치카노(Chicano, na)
https://www.britannica.com/story/whats-the-difference-between-hispanic-and-latino

## UNIDAD 9

**PARTE I** 오늘의 메뉴(Menú del día)
https://www.elmundo.es/metropoli/gastronomia/2024/03/15/65eee7f2fdddff4a6a8b4584.html

**PARTE II** 스페인어권 특산품(Los productos típicos de los países hispanohablantes)
https://mundoturismo.es/productos-tipicos-espanoles

## UNIDAD 10

**PARTE I** 핀쵸(Pincho)
https://www.britannica.com/topic/pintxo

**PARTE II** 식사가 포함된 숙박(Pensión completa)
https://dle.rae.es/pensión

## UNIDAD 11

**PARTE I** 시험 성적(Notas de exámenes)
https://www.uv.es/uvweb/universidad/es/estudios-postgrado/informacion-academica-administrativa/convocatorias-calificaciones/calificaciones-1285897761928.html

**PARTE II** 팁(Propina)
https://www.diariodecadiz.es/vivir_en_cadiz/propina-obligatoriaamericana-llega-Espana_0_1782722005.html

## UNIDAD 12

**PARTE I** 은행 업무시간(El horario de los bancos)
https://www.thetimes.com/business-money/economics/article/not-open-allhours-banks-still-restrict-opening-26rc0klxc

**PARTE II** 하루 다섯 번 식사(Comer cinco veces al día)
https://www.britannica.com/place/Spain/Daily-life-and-social-customs